Fondazione Bruno Kessler

Annali dell'Istituto storico italo-germanico in Trento

Quaderni, 101

# Cittadini dimezzati

## I profughi trentini in Austria-Ungheria e in Italia (1914-1919)

di

Francesco Frizzera

Società editrice il Mulino Bologna

FBK - Istituto Storico Italo-Germanico

*Redazione e impaginazione*:
Editoria FBK

FRIZZERA, Francesco
Cittadini dimezzati : i profughi trentini in Austria-Ungheria e in Italia : (1914-1919) / di Francesco Frizzera. - Bologna : Il Mulino, 2018. - 279 p. : ill. ; 22 cm. - (Annali dell'Istituto storico italo-germanico in Trento. Quaderni ; 101)
Nell'occh.: Fondazione Bruno Kessler. - Bibliogr.: p. 263-277
ISBN 978-88-15-27842-5
1. Profughi trentini - Guerra mondiale 1914-1918 - Austria-Ungheria 2. Profughi trentini - Guerra mondiale 1914-1918 - Italia

940.317 436 (DDC 22.ed) Scheda bibliografica: FBK - Biblioteca

Il presente volume è pubblicato con il contributo della Provincia autonoma di Trento e del Dipartimento di Lettere e Filosofia dell'Università degli Studi di Trento

ISBN 978-88-15-27842-5

# Sommario

*Introduzione*

# Una storia europea

Il ricorrere del centenario dello scoppio della Prima guerra mondiale ha portato con sé la pubblicazione di numerosi studi. La mole di iniziative editoriali è tale che anche gli specialisti faticano a stare al passo con le acquisizioni della storiografia.

In questo contesto caotico, in cui si mischiano nuove acquisizioni di rilievo, analisi dalle dimensioni enciclopediche[1] e allargamenti nell'orizzonte spaziale e temporale del conflitto[2], si può individuare una linea di tendenza di lungo periodo, che è giunta a maturazione[3]. Le analisi di stampo culturalista, che hanno visto la nascita nei primi anni Novanta[4], hanno infatti rimpiazzato quasi del tutto le analisi di tipo politico-militare del primo dopoguerra e le interpretazioni di tipo sociale e marxista della seconda metà del secolo scorso[5]. Allo stato attuale della ricerca gli specialisti non concordano sull'applicabilità o meno di questo approccio[6] come chiave interpretativa su vasta

1 J. Leonhard, *Die Büchse der Pandora*; C. Clark, *I sonnambuli*; J. Winter (ed), *The Cambridge History of the First World War.*

2 O. Janz, *1914-1918*. Ancora più esteso spazialmente il progetto editoriale *1914-1918-online. International Encyclopedia of the First World War.*

3 Sulle acquisizioni del centenario ed i suoi limiti: M. Mondini, *Lo sguardo bloccato*, pp. 175-193.

4 S. Audoin-Rouzeau - A. Becker, *14-18.*

5 A. Prost - J. Winter, *Penser la Grande Guerre*, pp. 42-50; J. Winter - A. Prost, *The Great War in History*, pp. 6-25.

6 Sulla categoria di «cultura di guerra»: N. Labanca, *Cultura di guerra*; D. Ceschin, *Culture di guerra e violenze ai civili.* Sull'applicazione di questa categoria nel caso italiano: M. Mondini, *La guerra italiana*; F. Mazzini, *Rappresentazione e realtà*. Sull'applicazione in altri contesti A. Bauerkämper - E. Julien (edd), *Durchhalten!.*

scala[7]. Tuttavia è evidente come le aperture metodologiche e spaziali legate all'attività del gruppo di ricerca, che ha base all'Historial de la Grande Guerre di Péronne, abbiano influito sulla storiografia dell'ultimo trentennio.

Tra le nuove acquisizioni di rilievo legate a questa stagione di studi va menzionata l'attenzione a oggetti d'indagine che in precedenza erano esclusi dalle analisi sul primo conflitto mondiale[8]. In seguito alla pubblicazione del volume *Oubliés de la Grande Guerre*[9] sono entrate nel radar degli storici con maggior frequenza le vicende delle popolazioni civili sfollate ed evacuate, degli abitanti delle aree occupate e dei prigionieri di guerra. Ne è conseguita un'attenzione sempre maggiore verso questi soggetti, che ad oggi ricoprono un'importanza centrale all'interno degli studi sul primo conflitto mondiale in ambito internazionale.

Queste linee d'indagine hanno acquisito con il tempo una diffusione e completezza tale che solo in tempi recentissimi è stato possibile delineare con chiarezza gli sviluppi continentali – e in molti casi extraeuropei – dei singoli fenomeni: le dinamiche di occupazione, di prigionia, i modelli di elaborazione del lutto e di creazione della memoria sono perciò stati i protagonisti della letteratura più innovativa che l'editoria specializzata ha proposto di recente in merito all'analisi del conflitto. Ciò vale anche per il caso degli spostamenti forzati di popolazione nell'Europa della Grande guerra, che rappresentano il quadro interpretativo in cui si colloca questo volume.

Prima della metà degli anni Novanta del secolo scorso gli studi su questo tema erano infatti rarissimi[10]. Solo a partire dal 1997 compaiono le prime analisi su scala nazionale del fenomeno dei profughi di guerra[11]. Queste si moltiplicano nel

[7] R. Cazals - F. Rousseau, *14-18, le cri d'une génération*; F. Rousseau, Recensione a: S. Audoin-Rouzeau - A. Becker, *14-18* e, dello stesso autore, *La guerre censurée*.

[8] J. Winter, *Remembering War*, p. 30.

[9] A. Becker, *Oubliés de la Grande Guerre*.

[10] P. Cahalan, *Belgian Refugee*.

[11] W. Mentzel, *Kriegsflüchtlinge*.

decennio successivo, andando a costruire un caleidoscopio di esperienze nazionali[12], non sempre comparabili tra loro, da cui traspare la trasversalità degli spostamenti di popolazione su scala continentale in concomitanza con l'evento bellico.

I tentativi di interpretare questi movimenti di popolazione secondo chiavi di lettura unitarie hanno preso piede solo una decina di anni fa[13]. Tuttavia, se si fa eccezione per alcune voci enciclopediche[14], il primo volume che tenta di ricomprendere questo fenomeno in un unico quadro concettuale è stato pubblicato solo nel 2017 da Peter Gatrell e Liubov Zhvanko[15]. Va segnalato nondimeno che le vicende degli sfollati sul continente sono ancora lungi dall'essere chiarite nel complesso: non esiste al momento una monografia sui profughi di guerra nell'Impero asburgico[16]; il tema è solo abbozzato per quanto riguarda il *Kaiserreich* tedesco[17]; gli studi sull'area balcanica sono superficiali e alle volte inficiati da chiavi di lettura nazionaliste[18]. Solo in tempi recentissimi, pertanto, è diventato possibile integrare le vicende dei profughi della Prima guerra mondiale nel più ampio filone interpretativo degli spostamenti forzati di popolazione[19]. Non stupisce di conseguenza il fatto che anche studi recenti e accurati fatichino a mettere in relazione diretta l'esperienza dei profughi della Grande guerra con altre migrazioni forzate del

[12] P. Nivet, *Les réfugiés français*; P. Gatrell, *A Whole Empire Walking*; D. Ceschin, *Gli esuli di Caporetto*; M. Amara, *Des Belges à l'épreuve de l'Exil*; P. Purseigle, *'A Wave on to Our Shores'*.

[13] Si vedano P. Gatrell, *World Wars and Population* e, dello stesso autore, *Refugees and Forced Migrants*; in particolare *Refugees and the Nation-State*, a cura di M. Frank - J. Reinisch.

[14] P. Gatrell - P. Nivet, *Refugees and Exiles*; P. Nivet, *Rifugiati*; P. Gatrell, *Refugees*.

[15] P. Gatrell - L. Zhvanko (edd), *Europe on the Move*.

[16] Sul tema ci sono articoli di ottima fattura, ma nessuna monografia: si rimanda a P.M. Judson, *The Habsburg Empire*, p. 543, nota 71; M. Rauchensteiner, *Der Erste Weltkrieg*, pp. 837-841.

[17] R. Leiserowitz, *Population Displacement*, pp. 23-44.

[18] Una panoramica in M. Pissarri, *I crimini contro la popolazione civile*.

[19] P. Ther, *The Dark Side of Nation-States*, pp. 57-86; M. Frank, *Making Minorities History*.

Novecento europeo[20], dato che il contesto generale di questi spostamenti non è ancora stato definito nel dettaglio.

La presente ricerca, che ha ad oggetto le esperienze e le vicende dei profughi trentini durante la Grande guerra, si colloca di conseguenza in questo contesto storiografico. L'episodio, che potrebbe apparire secondario se commisurato al concomitante sfollamento di 16 milioni di civili sul continente europeo, concorre a completare questo insieme di conoscenze che si sta assestando solo ora. Soprattutto, la vicenda stessa dei profughi trentini può essere compresa appieno solo se messa in relazione a quanto accade agli altri gruppi di civili che fuggono o vengono sfollati in contemporanea negli altri Stati ed Imperi europei.

## 1. *Il Trentino come laboratorio di modernità*

Ci si potrebbe chiedere per quale motivo il Trentino è stato scelto come luogo di analisi di queste dinamiche, che emergono con forza proprio durante la Prima guerra mondiale. Il motivo è molto semplice: la regione, per quanto piccola, durante il conflitto diventa un laboratorio di modernità. In questo spazio limitato affiorano, infatti, molti degli elementi di novità che la guerra porta con sé nel Novecento europeo.

Il Trentino, porzione meridionale del *Land Tirol*, faceva parte all'epoca dell'Impero austro-ungarico. Pur trovandosi all'estrema periferia occidentale dell'Impero, rivestiva un importante ruolo strategico-militare[21]. Durante il primo conflitto mondiale l'area trentina divenne perciò campo di battaglia, in seguito all'ingresso in guerra dell'Italia. La zona meridionale della regione fu occupata dalle truppe italiane[22]; quella settentrionale

[20] Il caso più evidente è il classico E.M. KULISHER, *Europe on the Move*. Difficoltà minori, ma pur sempre percettibili in N.M. NAIMARK, *La politica dell'odio*; A. FERRARA - N. PIANCIOLA, *L'età delle migrazioni forzate*; A. FERRARA, *Esodi, deportazioni e stermini*.

[21] N. FONTANA, *La regione fortezza*.

[22] N. LABANCA, *La guerra sul fronte italiano*; per il caso trentino: G. PARMEGGIANI, *Il burocrate va alla guerra*.

venne amministrata dalle autorità militari austriache[23]. Entrambe le aree vennero dunque gestite dai rispettivi eserciti, secondo modalità vicine a una vera e propria dittatura militare[24].

Tra gli scompensi economici, giuridici e sociali che la presenza del fronte e dei militari portava con sé[25], uno dei più evidenti è dato dallo sfollamento coatto di circa 105.000 abitanti della regione, allontanati dalle proprie abitazioni sia dalle autorità austriache (77.000 evacuati, sfollati verso nord) che italiane (29.000 evacuati, sfollati verso sud)[26].

Al contempo, circa 55.000 trentini venivano arruolati come coscritti nelle truppe austro-ungariche e inviati in prevalenza sul fronte orientale a combattere[27], dove in numero consistente – probabilmente 15.000 – vennero fatti prigionieri dall'esercito zarista. L'evacuazione dei civili e la leva in massa degli abili alle armi fu accompagnata da altri movimenti di popolazione, numericamente più ridotti, ma altrettanto significativi in termini di analisi storiografica, poiché coinvolgevano classi dirigenti e figure intellettuali di primo piano. Circa 6-7.000 trentini fuggirono in Italia nel periodo compreso tra l'agosto 1914 e il maggio 1915, andando a costituire un nucleo di profughi piuttosto politicizzato[28]. Altri 700 giovani trentini disertarono e si unirono come volontari alle truppe italiane del Regio Esercito[29]. Infine, un numero non marginale di trentini subì misure di internamento o confino: circa 2.500 persone vennero

23 G. PIRCHER, *Militari, amministrazione e politica in Tirolo.*

24 Per la zona d'occupazione italiana: SEGRETARIATO GENERALE PER GLI AFFARI CIVILI, *La gestione dei servizi civili.* Per la porzione austriaca dell'Impero: J. REDLICH, *Österreichs Regierung*; C. FÜHR, *Das k.u.k. Oberarmeekommando.*

25 M. RETTENWANDER, *Eroismo silenzioso?.*

26 LABORATORIO DI STORIA DI ROVERETO (ed), *Gli spostati*, II, pp. 126, 240. Dati analoghi in F. FRIZZERA, *I profughi trentini nella Grande Guerra*, pp. 149-162.

27 Q. ANTONELLI, *I dimenticati della Grande Guerra*, p. 14; L. SONDHAUS, *In the Service of the Emperor*, pp. 108-109.

28 B. COCEANI, *L'opera della Commissione Centrale di Patronato*; A. QUERCIOLI, *Irredenti, irredentisti e fuoriusciti.*

29 A. QUERCIOLI, *«Italiani fuori d'Italia»*; E. CECCHINATO, *Sotto l'uniforme.*

internate e confinate dalle autorità austriache come potenziali irredentisti[30]; altre 1.500 circa vennero internate dalle autorità italiane che avevano occupato la porzione meridionale del Trentino per sospetti di austriacantismo[31].

La guerra intervenne pertanto come potente elemento di rottura nel frammentare le esperienze di gruppo che caratterizzavano il Trentino prebellico. La popolazione, fosse essa civile o militare, si trovasse questa nell'area controllata dalle truppe italiane o da quelle austriache, fu soggetta a pressioni identitarie fortissime e contrastanti. L'essere contesi tra due Stati imponeva delle scelte, che non possono essere analizzate con i soli mezzi della storiografia, poiché riguardano la percezione di sé e l'autopercezione di gruppo, nonché il concetto stesso di appartenenza e fedeltà. La prospettiva di indagine deve essere, per forza di cose, sovranazionale.

Ne consegue che il Trentino si presenta come un buon osservatorio per studiare processi di identificazione, modalità di controllo – quali l'imposizione di misure di internamento – e, da ultimo, le prassi di gestione della popolazione civile da parte dei militari. Proprio quest'ultimo aspetto riserva caratteri di potenziale novità.

La maggior parte degli studi che si occupano di profughi nell'Europa della Grande guerra ha infatti assunto come riferimento spaziale e come limite *ad quem* il confine statale di riferimento. Gli studi sui profughi di guerra italiani, ad esempio, non prendono in considerazione le esperienze degli «italiani d'Austria»[32]. Questa propensione all'analisi su base nazionale appare evidente se analizziamo i grandi studi sul tema[33]. Questa

[30] C. AMBROSI, *Vite internate*; A. LIVIO, *The Wartime Treatment*.

[31] S. MILOCCO - G. MILOCCO, *«Fratelli d'Italia»*, p. 59; A. MIORELLI, *Trentini internati in Italia*, p. 215.

[32] In maniera indicativa Ceschin dedica un paragrafo ai profughi irredenti in Italia nel noto D. CESCHIN, *Gli esuli di Caporetto*, pp. 209-219, ma la vicenda dei trentini e dei giuliani esuli in Austria-Ungheria rimane esclusa dalla narrazione. Analogamente, dello stesso autore, *Italiani rifugiati*; l'unica eccezione, il recente M. MONDINI - F. FRIZZERA, *Beyond the Borders*.

[33] Cfr. *supra*, nota 12.

scelta ha la sua ragion d'essere: esigenze di razionalità della ricerca impongono di rimanere all'interno di quadri legislativi e istituzionali omogenei; le motivazioni della fuga o dell'allontanamento coatto sono solo raramente comparabili al di là dei confini politici; strutture istituzionali, quali la propensione centralistica o federale dei governi, sommate a caratteristiche contingenti, quali la presenza di minoranze linguistiche o religiose tra gli sfollati, incidono sull'organizzazione dell'assistenza. Tutti questi elementi impongono pertanto la cautela nel mettere a confronto vicende concomitanti nel tempo, ma distanti nello spazio.

Uno degli obiettivi di questo volume sarà quello di mostrare come, a fianco di queste convincenti indagini su base statale, sia opportuno proporre, in alcuni casi ben definiti, valutazioni che superino i confini politici e che confrontino diversi sistemi di assistenza, nel tentativo di coglierne comuni caratteri sovrastatali. Il caso trentino fungerà da campione.

Come si vedrà nel corso della narrazione, l'esperienza di guerra dei profughi trentini è solo all'apparenza un'eccezione nel contesto europeo: dinamiche analoghe di doppia militarizzazione colpiscono ruteni, polacchi, ebrei, tedeschi, armeni, sloveni, croati e francesi dei dipartimenti occupati. Ognuno di questi gruppi si vede tagliato da un confine militare durante il conflitto e i membri delle singole comunità vengono evacuati (oppure fuggono) in due direzioni opposte, venendo a contatto con Stati ed autorità militari differenti, trattamenti diversi a seconda della fedeltà percepita rispetto alla causa nazionale o allo sforzo bellico. Significativamente, si tratta molto spesso di minoranze nazionali o di popolazioni che si trovano a risiedere in territori occupati, sulla cui affidabilità politica i militari dei differenti Stati nutrivano seri dubbi. L'analisi del caso trentino servirà pertanto a proporre chiavi di lettura applicabili in potenza anche alle dinamiche di sfollamento di questi gruppi.

Il tema, data la sua incidenza sulla società trentina dell'epoca (105.000 evacuati su una popolazione di circa 380.000 persone), non è sconosciuto alla storiografia. La riscoperta precoce[34]

[34] D. Leoni - C. Zadra (edd), *La città di legno*.

delle vicende dei profughi ha rappresentato uno degli aspetti più innovativi della ricerca storica trentina dell'ultimo quarantennio, assieme al processo di raccolta e analisi delle scritture popolari[35]. Ne consegue che la storiografia sull'argomento è particolarmente ricca e di ottimo livello metodologico, se si fa eccezione per gli studi a carattere localistico che descrivono le vicende delle singole comunità paesane[36]. Le acquisizioni di questa stagione di studi hanno trovato una descrizione matura e accurata nei due volumi *Gli spostati. Profughi, Flüchtlinge, Uprchlíci. 1914-1919*, editi nel 2015. L'opera è meritoria per l'aver superato i limiti che ancora caratterizzavano la ricostruzione dell'evento: grazie all'analisi di fondi archivistici degli archivi centrali – prima tentata solo da Luciana Palla[37] – i due volumi mettono a comparazione le vicende dei profughi trentini sfollati in Austria-Ungheria e di quelli sfollati in Italia, coprendo una vera e propria lacuna storiografica[38].

Il presente studio poggia perciò le basi sulle spalle solide di una storiografia matura, accurata e stratificata, che ha oramai ricostruito nei suoi aspetti principali gli elementi evenemenziali della vicenda. L'aspetto di novità del volume non starà pertanto nelle acquisizioni legate al solo lavoro d'archivio: queste chiariranno alcuni passaggi di quanto già conosciuto, ma non muteranno in maniera radicale le conoscenze sull'accaduto. La novità di questo lavoro si situerà nell'approccio. Se si può trovare una lacuna nel movimento storiografico appena analizzato, questa sta nella sua parziale applicazione di chiavi di lettura internazionali, nel mancato utilizzo di metodologie provenienti

35 F. Caffarena, *Lettere dalla Grande guerra*.

36 Per un elenco delle pubblicazioni mi permetto di rinviare al mio *L'evacuazione dei profughi trentini*; molto aggiornata pure la bibliografia citata in Laboratorio di storia di Rovereto (ed), *Gli spostati*, II, pp. 341-347.

37 L. Palla, *Il Trentino orientale e la Grande Guerra*. La comparazione delle due vicende è stata trattata in seguito anche in P. Malni, *Fra due patrie*; F. Frizzera, *La doppia evacuazione* e, dello stesso autore, *Spostamenti forzati*.

38 Cfr. F. Frizzera, Recensione a: Laboratorio di storia di Rovereto (ed), *Gli spostati*; H. Heiss, *Così vicini, così lontani*.

dalle scienze affini alla storia e nella conseguente mancanza di peso specifico nel dibattito scientifico internazionale[39].

Al pari di quanto proposto recentemente da Simone A. Bellezza in *Tornare in Italia. Come i prigionieri trentini in Russia divennero italiani*[40], il volume muterà l'approccio interpretativo e analizzerà la vicenda dei profughi trentini nel contesto europeo, senza appiattirsi sul *focus* locale. Più che cambiare il set di fonti da cui si dipana l'analisi, cambieranno le domande di fondo che si è voluto porre alle fonti stesse.

## 2. *«Refugees» o «internally displaced persons»?*

Spostarsi dalle fonti ai concetti di fondo richiede una certa astrazione. In questo caso particolare, la definizione dell'oggetto d'indagine e del termine stesso con cui descrivere il fenomeno non è compito facile. Una definizione internazionalmente accettata del concetto di profugo (*refugee*) viene infatti sviluppata solo nel 1951 dalle Nazioni Unite. Michael Marrus descrive questa acquisizione giuridica come una «una notevole [*startling*] innovazione»[41]. Data l'altezza cronologica in cui trova riconoscimento internazionale il fenomeno del profugato, rimane per noi necessario categorizzare, almeno a grandi linee, questa massa umana in movimento, che ben prima del 1951 si sposta su gran parte del continente europeo.

Di questa necessità erano ben consci anche burocrati e politici dell'epoca, che utilizzano una varietà di termini molto precisi per definire lo sfollato di guerra, a seconda delle modalità dell'allontanamento dalla propria abitazione. In Francia si distingue tra evacuati per motivi militari (*évacués*), fuggitivi della prima ora (*réfugiés*) e rimpatriati dalle zone d'occupazione (*rapatriés*)[42]. In Austria-Ungheria nel linguaggio burocratico si

39 Si vedano al riguardo le valutazioni di N. Labanca, *Introduzione*; M. Mondini, *L'historiographie italienne*.

40 S.A. Bellezza, *Tornare in Italia*.

41 M. Marrus, *The Unwanted*, pp. 94-95.

42 P. Nivet, *Les réfugiés français*, pp. 15-16.

ritrovano di frequente i termini di espulsione (*Vertreibung* o, in alcun casi, *Abschub*), fuga (*Flucht*), allontanamento (*Entfernung*), evacuazione (*Evakuierung*), internamento (*Internierung*) per descrivere le diverse modalità di profugato[43]. In Russia si trovano interpretazioni dello sfollamento come fenomeno spontaneo (*stikhiinoe iavlenie*), come fuga (*begletsy*), come profugato (*bezhentsy*), come allontanamento coatto (*vyselenie*), come pulizia etnica (*ochishchenie*)[44]. Nel caso italiano la burocrazia divide gli esuli in rimpatriati, profughi (indipendentemente dal fatto che fossero cittadini italiani o austriaci), fuoriusciti (rifugiati politici, che avevano fatto una scelta consapevole a favore dell'Italia) e internati[45].

La questione non è semplicemente semantica, come potrebbe apparire a prima vista. Definire in quale di queste categorie trasversali a molte burocrazie europee vadano inseriti i profughi trentini cambia la chiave di lettura del fenomeno. Ad ogni categoria è infatti applicato un diverso coefficiente di violenza nella fase di allontanamento dalle abitazioni. Inoltre, questo incide sulla qualità dell'assistenza. In breve, bisogna capire se il fenomeno del profugato trentino può essere inserito a pieno titolo nel quadro concettuale degli spostamenti forzati di popolazione.

Hermann Kuprian, che più di altri in Austria si è occupato di profugato di guerra, è di questo avviso[46]. Paolo Malni, che ha redatto il miglior studio sui profughi trentini ad oggi reperibile, è scettico al riguardo e sostiene che

> «... la differenza tra fuggiaschi 'volontari' ed evacuati, se è fondamentale nell'indagare le motivazioni degli spostamenti ..., è molto meno importante, e spesso perde quasi ogni significato, quando l'analisi si sposta sulle condizioni concrete in cui i profughi vissero all'interno»[47].

43 H. Kuprian, *Zwangsmigration* e, dello stesso autore, *«Entheimatungen»*.

44 P. Gatrell, *A Whole Empire Walking*, pp. 12-22.

45 D. Ceschin, *Gli esuli di Caporetto*, p. 88.

46 H. Kuprian, *Zwangsmigration*.

47 Laboratorio di storia di Rovereto (ed), *Gli spostati*, II, pp. 15-16.

La tesi di questo libro presuppone che la volontarietà o meno della fuga e la presenza della violenza – esercitata o minacciata – non siano elementi vuoti. Queste dinamiche dicono molto sulle politiche governative e dei militari nei confronti di una determinata popolazione, soprattutto se residente in area occupata o di confine. Allo stesso tempo esplicitano aspetti importanti dei processi di identificazione della popolazione stessa con lo Stato e dei suoi timori nei confronti del nemico o dell'occupante. Indirettamente, la volontarietà o meno della fuga incide sulla possibilità dei profughi di diventare protagonisti del fenomeno e non semplici percettori dell'assistenza[48].

A questi interrogativi, che vanno sciolti e che sono al momento ancora sospesi, si accompagnano molte altre domande, che emergono analizzando la letteratura internazionale. Gli sfollati vengono presentati nel discorso pubblico – o si presentano – come il risultato tangibile della violenza del nemico? Oppure vengono nascosti alla vista perché la loro presenza implica l'ammissione di una ritirata o di una sconfitta militare? Vengono percepiti come disertori civili o come vittime della guerra bisognose di aiuto? Il loro arrivo viene descritto come una calamità o ricomposto nella retorica patriottica? Che peso ha il pregiudizio (nazionale, religioso, propagandistico) nell'orientare i comportamenti di entrambi i gruppi umani? Si innescano meccanismi che fanno presupporre una presunta superiorità culturale o morale degli ospitanti o degli ospitati?

Tutti questi interrogativi sono legati a doppio filo alle modalità di evacuazione e al dispositivo di controllo che i singoli Stati mettono in atto per gestire l'assistenza ai profughi. La questione di fondo da sciogliere è pertanto se lo spostamento sia forzato o meno. In secondo luogo, va chiarito qual è il grado di violenza implicito in questo spostamento e quanto pesi il fatto di essere percepiti come minoranza, solo parzialmente affidabile. Le

[48] K. Koser, *Refugees, Transnationalism and the State*. Secondo l'autore leggere la vicenda dei profughi attraverso lenti transnazionali permette di spostare l'attenzione dalla «agency of the state» alla «self-agency of the refugees», analizzando le loro possibilità di «mobilize against the excesses of state authority», pp. 235-236.

categorie semantiche a cui si è fatto cenno poc'anzi sono fluide: descrivono nella loro gradazione un *continuum*, che va dalla fuga – seppur sulla spinta di fattori esterni – all'evacuazione coatta, cui segue l'evacuazione forzata attuata con l'uso della violenza e, infine, prevede in casi estremi l'uso della violenza come strumento per ottenere l'espulsione[49].

Scopo di questo testo è perciò chiarire dove si situino i trentini in questo *continuum* e, come conseguenza, se i trentini siano da ascrivere alla categoria dei *refugees* o a quella delle *displaced persons*[50]. Sulla base di questo si interpreterà poi la qualità dell'assistenza e gli spazi d'azione rimasti agli sfollati. Va segnalato che, per motivi di aderenza alle fonti, si farà uso nel corso della trattazione del vocabolo «profughi» per descrivere il gruppo dei trentini sfollati: ciò non significa però che il fenomeno vada inteso *ipso facto* come spostamento volontario. Semplicemente risulterebbe astruso utilizzare in più passaggi termini inglesi o non aderenti alle fonti coeve.

## 3. *Né «austriacanti», né nazionali*

La vicenda dei profughi trentini è significativa anche per un'altra ragione. Nel momento in cui si prospetta l'allontanamento forzato dalle proprie abitazioni, i futuri profughi cominciano a vergare in gran numero diari o quaderni di appunti, che poi in alcuni casi verranno rielaborati in memoriali. Queste scritture di guerra ci permettono di analizzare le modalità attraverso cui il conflitto diventa il motore di metamorfosi identitarie complesse anche tra i civili[51]. Come ha scritto Antonio Gibelli

49 D. Stola, *Forced Migrations*, pp. 324-325; A. Ferrara, *Storia, politica e storiografia*, pp. 4-6.

50 Non è casuale che su *1914-1918-online* Peter Gatrell distingua in due distinte voci il tema dei «Refugees» e quello del «Resettlement».

51 Significativi gli studi sui richiamati trentini nell'esercito austro-ungarico redatti da S.A. Bellezza, *Tornare in Italia*; Q. Antonelli, *I dimenticati della Grande Guerra*, e F. Mazzini, «*Cose de laltro mondo*», anche se trattano delle scritture di militari. Per le trasformazioni del mondo mentale dei prigionieri di guerra austro-ungarici: A. Rachamimov, *POWs and the Great War*.

riguardo alle trasformazioni imposte dal conflitto, «non è dunque nel mondo esterno che si verifica il cambiamento decisivo, o almeno non solo in quello, bensì soprattutto in quello interiore»[52].

L'analisi di questi diari e memoriali sarà funzionale alla discussione di alcune teorie inerenti la profondità ed interiorizzazione delle adesioni nazionali e dei concetti di lealtà e fedeltà all'interno dell'Impero asburgico[53]. Lo studio di queste scritture popolari permetterà di verificare in che modo prese di posizione in tema di appartenenza territoriale e di identificazione siano soggette a mutamento nel corso della guerra tra i civili sfollati. Hermann Kuprian, Oswald Überegger e Gerd Pircher notano nei loro studi una crescente disaffezione dei trentini nei confronti dell'idea asburgica durante il conflitto: questo punto di vista è applicabile anche al gruppo dei profughi? E cosa accade ai 29.000 sfollati che vengono inviati in Italia?

Di recente la storiografia e la sociologia hanno proposto schemi concettuali che interpretano l'identità nazionale come il frutto di un processo in continua costruzione e negoziazione, in cui la definizione di confine e l'importanza dell'altro da sé ricoprono un ruolo importante quanto quello della politica di omologazione statale[54]. Pertanto sono oramai numerosi gli autori che individuano la cifra dei meccanismi di identificazione di gruppo nella presenza simultanea e non confliggente di molteplici e sfaccettate sfere identitarie, che creano identificazioni flessibili e fluide[55] e che si polarizzano solo in determinate situazioni[56].

Per quanto riguarda l'area asburgica, queste chiavi di lettura sono state sviluppate partendo dall'esperienza analitica dei casi boemo e galiziano. In questi contesti è stato messo in luce

[52] A. GIBELLI, *L'officina della guerra*, p. 7.

[53] L. COLE - D. UNOWSKY (edd), *The Limits of Loyalty*.

[54] U. ÖZKIRIMLI, *Contemporary Debates on Nationalism*; N. YUVAL-DAVIS, *The Politics of Belonging*; J. HUTCHINSON, *Nations as Zones of Conflict*.

[55] L. COLE, *Differentiation or Indifference?*; G. STOURZH, *The Ethnicizing of Politics*, pp. 307-309.

[56] A.J. MOTYL, *Revolutions, Nations, Empires*, pp. 74-76.

come fossero diffuse tra la popolazione dell'Impero forme di identificazione con il costrutto statale e meccanismi di fedeltà che, per quanto sfaccettati e legati a differenti sfere di riferimento territoriali, portano le persone comuni a sviluppare un diffuso patriottismo[57], solo in parte intaccato dall'attivismo degli agitatori nazionali[58]. Inoltre, è stato notato che un patriottismo diffuso – anche se misconosciuto dalle autorità militari – lascia il posto durante la guerra a critiche verso la capacità dello Stato di tutelare i propri cittadini e alla perdita di legittimità dello stesso[59], con particolare evidenza nel caso dei prigionieri di guerra dell'esercito imperiale[60]. Lo scopo di questo libro è quello di verificare se queste teorizzazioni trovano riscontro anche nel caso trentino, con particolare attenzione al campione dei futuri profughi[61].

Questo gruppo appare infatti come un buon terreno d'analisi di come, in un contesto di rottura, le fedeltà pregresse, i meccanismi di identificazione e i riferimenti territoriali si plasmino e vengano rinegoziati. Ciò è tanto più significativo se assumiamo come punto di partenza l'ipotesi di lavoro di Laurence Cole, che individua negli strati popolari trentini la presenza di una varietà di attitudini nei confronti del problema della nazionalità, intrecciate a loro volta con altre sfere di identificazione sia territoriale (la nazione, la provincia, la città, il villaggio, la valle) che di relazione primaria (la famiglia, il genere, la classe di appartenenza, la generazione)[62].

Questo aspetto dell'esperienza di profugato dei trentini rappresenta il secondo punto d'arrivo di questa analisi. La sua

57 P.M. Judson, *The Habsburg Empire*, p. 4; L. Cole - D. Unowsky (edd), *The Limits of Loyalty*, pp. 2-5.

58 P.M. Judson, *Guardians of the Nation*, p. 6.

59 R. Kučera, *Rationed Life*; M. Healy, *Vienna and the Fall*.

60 A. Rachamimov, *POWs and the Great War*, pp. 212-213.

61 Esistono in letteratura validi tentativi di analizzare l'identità nazionale dei trentini: D. Leoni - C. Zadra, *Classi popolari*; F. Rasera - C. Zadra, *Patrie lontane*.

62 L. Cole, *Differentiation or Indifference?*, p. 99.

trattazione è stata finora aggirata da chi si è occupato della questione, adducendo l'impossibilità di effettuare facili generalizzazioni deducibili dalla lettura di pochi diari. Ne è conseguita un'attenzione limitata ad aspetti concreti e misurabili della ricostruzione, con brevi sortite sul tema dell'identità, che hanno permesso di superare l'ormai vetusta distinzione tra trentini «austriacanti» ed «irredenti», tipica della storiografia nazionalista[63], senza però spingersi oltre in analisi più dettagliate. Il presente lavoro intende proporre un tassello ulteriore a questo insieme di conoscenze, accodandosi a quanto di buono è già stato scritto riguardo all'ampia zona grigia della società trentina che non si può inserire nei due gruppi degli «austriacanti» e dei «nazionali».

Si capirà nel corso dell'analisi come la progressiva definizione di confini sempre più netti rispetto agli altri gruppi[64] e la disillusione nei confronti della capacità di intervento delle due realtà statali in cui gli sfollati sono inseriti concorrano, in maniera lenta ma inesorabile, a fare dell'esperienza di profugato dei trentini anche un percorso di travaglio identitario: questo non sempre è cosciente, a volte è eterodiretto, a volte si esplicita come forma di difesa passiva, ma è individuabile sia nel caso degli sfollati nelle regioni interne dell'Austria-Ungheria, che di quelli evacuati in Italia. La giustapposizione di evidenze tratte dalle scritture soggettive e da fonti istituzionali mostrerà come l'esperienza di sfollamento coincida così con processi di erosione di fedeltà stratificate.

Una precisazione concettuale è necessaria anche in questo passaggio, dato l'uso di una terminologia mutuata dalla sociologia e non sempre neutra. Si è cercato di evitare ove possibile di utilizzare termini connotati, come quelli di «identità nazionali» o di «nazionalismo», dato che appartengono più alla visione degli attivisti e delle elite che non alla prospettiva dei protagonisti di questa vicenda[65]. Nei pochi casi in cui questi termini

[63] R. MONTELEONE, *Un documento inedito*.

[64] P. DUARA, *Historicizing National Identity*, pp. 168-169.

[65] P. THALER, *Una nazione*, p. 523; L. COLE, *Alla ricerca della frontiera linguistica*, p. 502.

verranno utilizzati, si farà riferimento alla griglia concettuale neutra proposta da Umut Özkirimli, che li definisce come una «particular way of seeing and interpreting the world, a frame of reference that helps us make sense of and structure the reality that surrounds us»[66]. Ciò fa dei processi di identificazione un fenomeno cognitivo, un «discorso»[67]. Sulle modalità in cui le persone si identificano con un determinato territorio come strumento di classificazione e contenitore capace di modellare l'immagine di gruppo si farà invece riferimento alle elaborazioni di Liisa H. Malkki[68].

## 4. *Stato e cittadini alla prova della guerra*

Questo volume si pone infine un terzo obiettivo. Dopo aver capito se la vicenda dei profughi trentini si può interpretare con le chiavi di lettura degli spostamenti forzati di popolazione e averne valutato le ripercussioni in termini di identificazione territoriale e di gruppo, rimane da valutare il mutare dei rapporti di forza tra cittadini e Stato e la capacità degli sfollati – o dei loro rappresentanti politici – di diventare attori protagonisti in questa vicenda. Non si tratta di un quesito astratto.

In numerosi contesti europei – e in particolare in quelli dove lo Stato delega alcuni compiti dell'assistenza ad enti terzi – la vicenda del profugato di guerra diventa un fattore di inclusione nella comunità nazionale o, in alternativa, il fattore detonante che fornisce agli attivisti il chiavistello per delimitare i confini del gruppo e acquisire legittimità. Ciò accade rispettivamente nel caso francese e in quello lettone: nel primo i profughi trovano il modo di ricomporre la propria vicenda nella narrativa patriottica[69]; nel secondo le elite, diventando i vettori dell'assistenza, pongono le basi per la nascita di un movimento

[66] U. Özkirimli, *Contemporary Debates on Nationalism*, p. 30.

[67] Per l'accezione in cui si usa il termine «discorso» si veda S. Mills, *Discourse*.

[68] L. Malkki, *National Geographic*.

[69] A. Dowdall, *Communities under Fire*. Sebbene poco studiato, sembra essere assimilabile a questa chiave di lettura anche il caso del *Kaiserreich* tedesco: A. Watson, *Ring of Steel*, pp. 178-181.

nazionale lettone e sviluppano *expertise* gestionali e burocratiche che poi troveranno utilizzo nel nuovo Stato[70].

Gli sfollati trentini sono, almeno in potenza, candidati a seguire un percorso analogo, almeno per quanto riguarda il gruppo di esuli in Italia: si trovano nella madrepatria putativa ed è presente un forte gruppo di fuoriusciti politicizzati che dispone di contatti diretti con le autorità centrali e capacità organizzative. Comprendere quali furono gli elementi peculiari del primo contatto col proprio nuovo Stato dice molto sullo spirito con cui questo gruppo di trentini affrontò il passaggio di cittadinanza al termine del conflitto.

Allo stesso tempo l'altro gruppo, quello degli sfollati in Austria, risulterà un buon indicatore del grado di identificazione dei cittadini austriaci rispetto all'idea statale asburgica e delle cause della fine dell'Impero stesso. La più recente storiografia sull'Impero concorda nell'evidenziare come «istituzioni imperiali condivise, pratiche amministrative, programmi culturali concorrevano a plasmare le società locali in ogni angolo dell'Impero»[71]. Ne emerge un quadro in cui il costrutto imperiale non è per niente debole prima del conflitto e le forme di identificazione dei suoi cittadini con l'idea statale, per quanto sfaccettate, appaiono solide[72].

Le due teorie maggioritarie sull'implosione del fronte interno dell'Impero prevedono che il collasso sia dovuto al movimento centrifugo delle nazionalità da una parte, che porterebbe alla disgregazione del nesso statale, ed all'incapacità dell'Impero di svolgere appieno il suo ruolo di tutela dei diritti dei propri cittadini dall'altro, al punto che sembrerebbe essere l'Impero che si disfa delle nazionalità e non viceversa[73]. Per poter pro-

[70] T. Balkelis, *The Making of Modern Lithuania.*

[71] P.M. Judson, *The Habsburg Empire*, p. 14.

[72] M. Bellabarba, *L'impero asburgico*, pp. 178-220.

[73] A. Rachamimov, *POWs and the Great War*, p. 213. Stesse valutazioni in L. Cole, *Differentiation or Indifference?*, pp. 112-113. P.M. Judson, *The Habsburg Empire*, pp. 385-441 propende per la seconda ipotesi con solidi argomenti.

porre valutazioni al riguardo in relazione ai trentini bisogna misurare il grado di accettazione del nesso asburgico prima del 1914, in un quadro che tenga sì presente l'aumentare della virulenza dei singoli movimenti nazionali, ma che non sottovaluti la contemporanea espansione di rituali e rappresentazioni filo-monarchiche e dinastiche che contribuirono a creare un patriottismo sovranazionale condiviso da larghi strati della popolazione a fianco – o al posto – dell'identificazione linguistico-nazionale[74].

Il caso trentino, anche in questa accezione, rappresenta un tassello importante e che merita di essere indagato nel contesto complessivo dell'Impero. Dando per assodato il fatto che le relazioni di base tra Stato e cittadini all'interno dell'Impero mutarono in termini evidenti durante il conflitto[75], l'analisi di ciò che accadde nel fronte interno (nel nostro caso, inerente i civili sfollati) diventa significativa per comprendere le sorti dello Stato plurinazionale. L'analisi dei meccanismi di assistenza ai profughi, al pari di quanto proposto da Rachamimov attraverso l'analisi dei meccanismi di assistenza ai prigionieri di guerra[76], chiarirà pertanto se siano gli sfollati (o le loro elite) a disfarsi dell'idea imperiale o se, piuttosto, sia la macchina amministrativo-burocratica a dimostrarsi incapace di garantire servizi minimi e minimi diritti di cittadinanza, con la conseguenza di creare disaffezione tra i suoi amministrati.

È chiaro infine che un'analisi di questo tipo risulta centrale per comprendere lo spirito con cui i civili trentini affrontarono il cambio di sovranità, abbandonando il nesso asburgico per essere inglobati nel Regno d'Italia. Solo delle valutazioni che tengono conto di questa evoluzione permettono di comprendere se questo passaggio fu attivamente cercato, passivamente accettato, imposto e digerito a malincuore, se fosse già parte

[74] D. Unowsky, *The Pomp and Politics of Patriotism*; L. Cole, *Nationale Identität eines «auserwählten Volkes»*; A. Watson, *Ring of Steel*, pp. 22-23.

[75] M. Bellabarba, *L'Impero asburgico*, pp. 211-213.

[76] A. Rachamimov, *POWs and the Great War*, pp. 153-213 e, dello stesso autore, uguali conclusioni in *Imperial Loyalties and Private Concerns*.

delle prospettive di queste popolazioni, se fosse visto come desiderabile o detestabile.

L'elemento che accomuna le esperienze dei due gruppi di profughi nelle loro relazioni con lo Stato ospitante è determinato dalla linea politica che le autorità decisero di dare all'assistenza degli sfollati. In entrambi i casi esiste la possibilità teorica di cooptare i profughi nell'assistenza, di proporre modelli di aiuto consensualistici e di impostare una narrazione pubblica dell'esperienza di sfollamento tale da stimolare la creazione di un'assistenza dal basso. In entrambi i casi si deciderà invece di porre l'accento sul controllo più che sull'assistenza, sulla gestione burocratica e anonima più che sulla collaborazione, sebbene i due gruppi di sfollati fossero molto diversi tra loro: da un lato futuri cittadini conquistati alla madrepatria (Italia), dall'altro potenziali traditori agli occhi dei militari (Austria-Ungheria). Allo stesso tempo, però i futuri cittadini erano formalmente cittadini nemici in Italia e i potenziali traditori erano cittadini a tutti gli effetti in Austria.

In entrambi i contesti ci troveremo perciò a descrivere la vicenda di cittadini dai diritti dimezzati, solo in parte tollerati nelle comunità di destinazione e di norma esclusi socialmente a causa della propria provenienza liminale e della propria identità ibrida e sfaccettata, non inquadrabile in modelli rigidi.

Questo volume è il frutto di un lungo lavoro di ricerca, che ha coinciso a grandi linee con la stesura di un progetto e poi di una tesi di dottorato. Gli esiti interpretativi cui è giunto questo testo non sarebbero stati nemmeno ipotizzabili se un'intera generazione di storici non avesse sviscerato con acume, prima di me, l'esperienza dei profughi trentini durante il conflitto, portando alla luce informazioni, documenti e, soprattutto, diari e memorie. A loro va la mia stima. A Paolo Malni, in particolare, devo parte delle conoscenze archivistiche che sono alla base di questo libro.

Inoltre, questo studio non sarebbe stato possibile se attorno a me non fosse stato creato un ambiente di lavoro stimolante e brillante, quale è stata l'esperienza di far parte del team «1914-1918. Trentino-Italia-Europa» (2013-2016), creato presso l'Istituto Storico Italo-Germanico della Fondazione Bruno Kessler di Trento, con la collaborazione del Dipartimento di Lettere e Filosofia dell'Università degli Studi di Trento, sotto la supervisione competente e costante di Marco Mondini. A tutti i membri del gruppo – Anna Grillini, Simone Attilio Bellezza, Francesca Brunet, Alessandro Salvador, Alessandro Livio – e ai docenti che lo hanno animato e che hanno dato il loro apporto scientifico alla ricerca e alla discussione interna – Paolo Pombeni, Marco Bellabarba, Oliver Janz, John Horne, Daniela Luigia Caglioti – va la mia riconoscenza. Senza le discussioni e gli stimoli costanti avuti da loro, il mio orizzonte di letture, di conoscenze e di questioni da sviscerare sarebbe risultato molto più limitato. Inoltre, e non è cosa da poco, è stato anche un piacere lavorare assieme a loro dal punto di vista umano.

Un posto particolare tra i debiti di riconoscenza che ho contratto nella progettazione e stesura di questo lavoro lo occupa il professor Gustavo Corni. Senza la sua caparbietà e il suo interessamento avrei intrapreso una diversa carriera professionale. La sua competenza metodologica e la sua attenzione ai particolari e alla pianificazione sono stati per me un esempio insostituibile, che mi ha aiutato a gestire un *corpus* documentario molto vasto, raccolto in archivi tra loro molto distanti e diversi. Se ho imparato qualcosa su come si conduce una ricerca storica lo devo a lui.

Questo particolare ambiente di lavoro, unico in Italia nel contesto degli studi sul primo conflitto mondiale, mi ha permesso di confrontarmi con molti esperti a livello internazionale, dati i numerosi contatti creati dal gruppo di ricerca. Peter Gatrell, Hermann Kuprian, Oswald Überegger, Matthias Egger, Nicole-Melanie Goll, Gunda Barth-Scalmani, Laurence Cole, Johanna Gehmacher, Sara Lorenzini, Mirko Saltori, Quinto Antonelli, Diego Leoni, Thomas Balkelis, Alex Dowdall, Rok Stergar, Petra Svoljšak, Etienne Boisserie, Ke-Chin Hsia, Richard Lein, Catherine Horel, Pieter Judson, Luca Gorgolini, Jernej Kosi, Peter Techet, Kate Densford, Claire Morelon, Matteo

Ermacora e Matthew Stibbe hanno discusso con me diverse parti di questo lavoro e alcune delle sue ipotesi interpretative durante convegni o seminari, trasmettendomi di volta in volta nuovi stimoli, mai banali.

Dal lato pratico, il lavoro di ricerca è stato agevolato dall'erogazione della borsa di tesi Gerda Henkel, assegnatami dal comitato scientifico dell'Historial de la Grande Guerre di Péronne, e dalla disponibilità dell'Institut für Zeitgeschichte dell'Università di Vienna, che mi ha ospitato durante il mio periodo di ricerca d'archivio. La borsa di dottorato erogata dall'Università degli Studi di Trento in collaborazione con l'Istituto Storico Italo-Germanico della Fondazione Bruno Kessler ha fatto il resto. Potrà sembrare banale, ma senza finanziamenti non si fa ricerca. Le tavole di questo volume sono state realizzate da Filippo Frizzera.

Un pensiero speciale va a Cristina, che ha voluto creare con me una famiglia e che ha incentivato le mie inclinazioni ed interessi, senza mai ostacolarmi e spronandomi a fare sempre del mio meglio.

*Capitolo primo*

# Lasciare il suolo natio

Le modalità di evacuazione dei civili condizionano l'intera esperienza di profugato. Il momento dello sfollamento rappresenta perciò il passaggio determinante dell'intera analisi. È in questa circostanza infatti che la maggior parte delle protagoniste della vicenda comincia a vergare i propri diari, sintomo che l'allontanamento dalle abitazioni viene percepito come evento straordinario, che va dotato di senso anche attraverso il ricorso alla scrittura[1].

Le dinamiche dello sfollamento spiegano molto anche riguardo alla progettualità delle autorità in merito al trattamento da riservare alle popolazioni civili che si trovavano in zona di guerra. Nondimeno, la definizione dei rapporti di forza tra chi si fa carico della decisione di evacuare e chi è deputato a gestire lo stanziamento porta alla luce anche frizioni tra autorità differenti nello stesso Stato e va ad incidere in maniera decisiva sulla strutturazione del *refugees relief*.

Per capire quale fu la molla dello sfollamento dei civili trentini messo in atto sia dalle autorità austriache che italiane, bisogna tuttavia fare un piccolo passo indietro: ciò chiarirà quale peso abbiano giocato aspetti irrazionali nel definire le dimensioni demografiche dell'esodo. Una prima sezione del capitolo sarà perciò incentrata sulle opinioni che i militari (austriaci ed italiani) e le autorità civili (austriache ed italiane) avevano sviluppato riguardo alla potenziale affidabilità nazionale dei trentini. Al contempo, bisogna evidenziare come queste percezioni, spesso semplicistiche e paternalistiche, non cogliessero nel segno il sentire della popolazione civile trentina

1 Q. ANTONELLI, *La guerra delle donne*.

e, in particolare, delle future profughe. Ne consegue che le decisioni sulle modalità di evacuazione (quando, chi e in che modo sfollare) dipesero in misura non marginale da pregiudizi, percezioni errate e precauzioni esagerate. Questa scelta impulsiva segnerà come un marchio indelebile tutta la vicenda di profugato dei trentini, sia in Austria-Ungheria che in Italia.

Solo quando avremo capito in che modo le autorità dei due differenti Stati misero in atto lo sfollamento di questa popolazione di confine, potremo confrontare questa scelta con quanto accade nel quadrante europeo. Si potrà così rispondere al primo quesito di fondo: lo sfollamento dei trentini fu uno spostamento forzato? Se sì, che peso ha la circostanza che i destinatari delle misure di evacuazione provenissero da un'area di confine?

## 1. *«Molto spesso si confonde irredentistico con nazionale e autonomistico». Categorizzare una popolazione*

«Nessun italiano sudtirolese deve essere considerato assolutamente affidabile»[2]: questa valutazione incisiva riassume a grandi linee quale fosse l'atteggiamento del corpo ufficiali asburgico nei confronti dei trentini, intesi come gruppo linguistico. Questa chiosa, che sta in calce ad un *memorandum* redatto nel 1916 per il capo di Stato Maggiore dell'esercito asburgico, non è isolata. Franz Conrad von Hötzendorf, che ricoprì quasi ininterrottamente la carica di capo di Stato Maggiore dell'esercito asburgico dal 1906 al 1917, riporta in un memoriale[3] come

> «... le nostre autorità militari hanno dovuto costantemente affrontare, nei territori di operazione e di retrovia abitati dagli italiani, non solo combattimenti contro le armate nemiche, ma anche le sommosse delle fanatiche popolazioni italiane»[4].

[2] Comando del 17° Corpo d'armata al Capo di Stato Maggiore (*Memorandum* del generale V. Lerch/Ufficio di informazioni) 9 maggio 1916, citato da G. Pircher, *Militari, amministrazione e politica in Tirolo*, p. 45.

[3] L. Palla, *L'irredentismo nel Trentino*. Una copia della trascrizione è reperibile anche in O. Überegger, *Heimatfronten*, pp. 899-919.

[4] L. Palla, *L'irredentismo nel Trentino*, p. 9.

Il binomio lingua d'uso-fedeltà nazionale veniva assunto dai militari come presupposto per interpretare qualsiasi atteggiamento della popolazione. Ne conseguiva, secondo Conrad, che

«... le autorità militari ... dovevano considerare politicamente inaffidabili tutte le persone la cui fidatezza politica non era stata dimostrata e che temevano di manifestare apertamente le loro idee patriottiche»[5].

Queste tendenze generalizzatrici erano così frequenti che anche deputati di lingua tedesca non mancavano di notare come l'autorità militare vedesse «una spia ovunque e dietro ogni tirolese italiano»[6].

Questa propensione dei militari a percepire i trentini come compattamente poco affidabili in termini di lealismo è riscontrata anche in storiografia[7]. L'importanza di questa percezione negativa nei confronti del gruppo linguistico sta nel fatto che, a partire dal 23 maggio 1915, furono proprio i militari a vedersi attribuire i pieni poteri sulla regione[8]. Ne consegue che l'apparato militare austriaco, sulla base delle valutazioni riportate poc'anzi, decise di gestire l'evacuazione dei civili trentini anteponendo in alcuni casi la fobia del pericolo irredentista alle necessità militari o umanitarie che sottostavano ai piani di evacuazione originari, che furono invece redatti dalle autorità civili. La percezione che gli alti gradi dell'esercito avevano dell'affidabilità dei trentini, per quanto pregiudiziale nei presupposti, diventerà perciò uno dei motori dello sfollamento.

Le autorità civili che amministravano il Trentino prebellico e con esse molte personalità di spicco della società trentina stessa erano molto più equilibrate nel fornire valutazioni politiche sul

5 *Ibidem*, p. 28.

6 HHStA, KA, KM Präs 1915, 26-12/1, Baron Di Pauli an Militarkom. Innsbruck, 19 gennaio 1915, in G. Pircher, *Militari, amministrazione e politica in Tirolo*, p. 47.

7 G. Pircher, *Militari, amministrazione e politica in Tirolo*, p. 45; O. Überegger, *L'altra guerra*, pp. 325-333; C. Fuhr, *Das k.u.k Armeeoberkommando*, pp. 81 ss.

8 G. Pircher, *Militari, amministrazione e politica in Tirolo*, p. 41; J.E. Gumz, *The Resurrection and Collapse of Empire*, pp. 14-16.

sentire degli abitanti della regione. Già nel 1912 il luogotenente del Tirolo, Markus von Spiegelfeld[9], notò infatti come negli ambienti militari ed in alcuni ambienti politici «molto spesso si confonde irredentistico con nazionale e autonomistico». Così facendo, egli coglieva nel segno le distinzioni, sottili ma concrete, che caratterizzavano la politica trentina. Si segnalava in questa comunicazione il fatto che tutti gli irredentisti fossero per forza di cose sia nazionali che autonomisti; ma il luogotenente calcava la mano sul fatto che fosse una conclusione sbagliata ritenere irredentista «ogni italiano di orientamento nazionale o autonomista», mettendo in guardia da metodi polizieschi, provvedimenti violenti o proposte di germanizzazione, tutte misure ventilate dall'autorità militare[10]. Nella sua prospettiva era possibile infatti essere consci della propria appartenenza culturale italiana senza che questo significasse sfociare nell'irredentismo; parimenti la richiesta di autonomia o tutela amministrativa e linguistica non portavano necessariamente alla volontà di distacco dal nesso asburgico o ad atteggiamenti filo-italiani[11].

Anche il commissario di polizia di Trento, Max Wildauer, si affiancava nelle valutazioni all'opinione di Spiegelfeld. Nel maggio 1914, in risposta ad un memoriale piuttosto allarmante, stilato dal comandante della Fortezza di Trento (non a caso un militare)[12], il commissario di polizia fece notare al luogotenente di Innsbruck che

> «... la popolazione italiana della regione è leale e patriottica, e perfino nella città di Trento coloro che si possono identificare come portatori di idee radical-nazionali e di tendenze irredentiste rappresentano una cerchia ristretta di persone»[13].

[9] M. Egger, *Aristokratische Kriegserfahrungen*.

[10] R. Schober, *Theodor Freiherr von Kathrein*, pp. 432-433.

[11] O. Überegger, *L'altra guerra*, p. 431.

[12] TLA, *Statth.*, Präs 1914, 1706/1 - XII 76e, n. 479, K.u.K. 14. Korpskommando an Statth. Präs., Innsbruck, 9 maggio 1914, in O. Überegger, *Heimatfronten*, pp. 815-817.

[13] TLA, *Statth.*, Präs 1914, 1706/4 - XII 76e, n. 481, Polizeikomm. Wildauer, Trient, an Statth. Präs., Innsbruck, 25 settembre 1914, in O. Überegger, *Heimatfronten*, pp. 823-833.

Sempre Wildauer annotava che «le manifestazioni per il mantenimento dei diritti legati alla lingua e cultura riportati nella Legge fondamentale non possono essere etichettate come irredentismo»[14]. In sostanza, Wildauer ribadiva il fatto che «la popolazione contadina del Trentino in tema di patriottismo e fedeltà alla patria non è da meno rispetto a quella tedescofona del Land»[15]. Queste valutazioni rispecchiano con precisione quanto si sa sulla lotta politica nel Trentino prebellico: nei tre partiti principali – cattolico, liberale, socialista – il numero degli estremisti nazionali era limitato. Il maggiore di questi partiti – il cattolico – era apertamente lealista e filo-imperiale. Gli aspetti determinanti della lotta politica si incentravano sulla richiesta di un'autonomia separata da Innsbruck e sul rispetto delle peculiarità linguistiche della regione[16].

Non stupisce il fatto che anche i politici trentini leggessero la situazione regionale secondo gli stessi schemi delle autorità di Innsbruck o dei capitani distrettuali. Tra la fine del 1914 e l'inizio del 1915 infatti anche molti trentini scrissero memoriali e rapporti sullo spirito pubblico del loro paese, inoltrati alternativamente agli ambienti ministeriali italiani o asburgici. Tra questi il più ricco di informazioni ed il più citato è il rapporto sulle «Condizioni politiche e morali del Trentino», attribuibile a Giovanni Pedrotti, esponente del liberalismo trentino, fuoriuscito in Italia e uomo di punta dell'irredentismo. In questo memoriale, fatto pervenire allo Stato Maggiore dell'esercito italiano[17], si riportava come

> «... nelle campagne e nelle vallate era predominante l'austriacantismo o un atteggiamento di indifferenza da cui trasparivano, comunque, una mentalità conservatrice, una scelta di lealismo dinastico, per tradizione feudale o influenza del clero»[18].

[14] *Ibidem*, p. 824.

[15] *Ibidem*, p. 822.

[16] E. Tonezzer, *Il corpo, il confine, la patria*, p. 93; R. Monteleone, *Il Trentino alla vigilia della prima guerra mondiale*; U. Corsini, *La questione nazionale*, pp. 596-599.

[17] R. Monteleone, *Un documento inedito*, pp. 27-34.

[18] R. Monteleone, *Il Trentino alla vigilia*, p. 29.

Ad eccezione della città di Trento, di alcuni comuni della val di Sole, di Ala e di alcuni comuni delle Giudicarie, i gruppi di filo-italiani presenti in Trentino erano, sempre secondo Pedrotti, piccoli, ovunque minoritari, sparsi e per lo più isolati dalla gran massa[19]. De Gasperi, pur partendo da posizioni politiche antitetiche, giungeva a conclusioni analoghe[20].

L'interesse di queste valutazioni non va visto solo nella loro sostanziale aderenza a quanto rilevato dalle autorità civili austriache, pur in presenza di diversi relatori. L'aspetto che qui più conta mettere in luce riguarda i destinatari del memoriale di Pedrotti, che in questo caso sono i vertici militari italiani e uomini politici di rilievo del Regno, quali Antonio Salandra, Ferdinando Martini, Leonida Bissolati, Luigi Federzoni e Eugenio Chiesa[21]. Ne consegue che queste valutazioni – non certo rosee dal punto di vista dell'attaccamento dei trentini all'ideale nazionale italiano – erano conosciute e vagliate anche dalle autorità italiane.

Ciò è tanto più interessante, per il fatto che sull'opinione pubblica italiana si stava al contempo riversando un'immagine del Trentino del tutto diversa. Battisti, Larcher e Pedrotti infatti, il 1° ottobre 1914, inviarono a tutti i deputati del Regno una circolare a favore dell'intervento, in cui il quadro politico del Trentino era delineato in pochi tratti:

> «... nelle città trentine, come nei piccoli borghi e nei remoti paeselli, corre oggi un fremito solo: lassù da tutti si attende la redenzione ... Non v'è alcuno che in questo momento non viva con lo sguardo rivolto alla madre patria»[22].

Il concetto veniva ribadito nel corso dei frequenti comizi pubblici cui prese parte Cesare Battisti nei mesi della neutralità italiana e mediante articoli a stampa. A titolo d'esempio, il 13 gennaio 1915 Battisti teneva al Liceo Manzoni di Milano una conferenza dal titolo «L'italianità del Trentino e l'irredentismo

[19] *Ibidem*, pp. 29-30.

[20] U. Corsini, *Il colloquio De Gasperi-Sonnino*, pp. 81-82.

[21] R. Monteleone, *Il Trentino alla vigilia*, p. 29.

[22] B. Rizzi (ed), *Pagine di guerra*, pp. 460-461.

italiano», in cui si sosteneva, tra le altre cose, che «tutta la terra mia freme oggi impaziente nell'attesa della liberazione»[23].

In breve, mentre la propaganda interventista dipingeva un'immagine del Trentino compattamente nazionale ed anelante al ricongiungimento al Regno, i vertici militari e politici italiani erano a conoscenza del fatto che la popolazione trentina fosse in realtà in gran parte fedele alla monarchia asburgica, soprattutto nei settori contadini e nei piccoli centri. Questa distanza tra aspettative dei futuri occupanti e realtà sul campo diventerà centrale nel determinare le politiche di assistenza non appena i civili del Trentino meridionale si troveranno ad essere amministrati dall'autorità militare italiana e, in seguito, ad essere evacuati nel Regno.

È, inoltre, significativo il fatto che per i militari asburgici la popolazione trentina fosse da ritenere potenzialmente inaffidabile e poco patriottica perché in odore di irredentismo, mentre per i militari italiani quella stessa popolazione era da ritenersi compattamente austriacante o fredda nei confronti dell'idea nazionale italiana, ad eccezione del nucleo ristretto di coloro che erano fuggiti in Italia ben prima dell'inizio dell'ostilità[24]. Due differenti corpi amministrativi, un solo soggetto da amministrare, due visioni del tutto contrapposte.

Riassumendo, per le autorità che saranno chiamate a gestire l'amministrazione del territorio trentino a partire dal maggio 1915 e che si occuperanno dello sfollamento della popolazione civile, la chiave di lettura della situazione politica della regione rispecchiava la semplicistica bipartizione amico-nemico, che si declinava nella versione irredentista-austriacante, implicitamente affibbiata all'intera popolazione della regione: i trentini erano eccessivamente irredentisti agli occhi di molti militari di carriera asburgici; erano invece eccessivamente austriacanti nella percezione dei militari italiani. Sulla base di questa dicotomia

[23] C. BATTISTI, *Scritti politici*, p. 240.

[24] ACS, MdG, CS, SGAC, b. 233, «Internamenti-Norme. Fascicolo Generale», 5 febbraio 1916, Comando del V Corpo d'armata al Comando della I armata, Profughi, internamenti di persone sospette dai territori occupati.

verranno perciò stabilite le norme di internamenti, sfollamenti e rimpatrio dei civili. L'opinione più sfumata delle autorità civili asburgiche e delle elite trentine, utile per capire come la situazione reale fosse più complessa, cadde in secondo piano. Le valutazioni irrazionali e pregiudiziali dei militari, per quanto semplicistiche, presero così il sopravvento.

Nel quadro generale dell'analisi va notato come i giudizi delle autorità civili, per quanto più sfumati, rappresentassero comunque il punto di vista dell'autorità e delle elite socio-culturali. In realtà, le sfere di identificazione che caratterizzavano i trentini erano ancora più complesse e non venivano còlte appieno dagli intellettuali dell'epoca, che si aspettavano scelte polarizzate. È necessario scendere a fondo in questa complessità per capire come le future profughe siano forzate durante l'esperienza di sfollamento a rinegoziare le proprie convinzioni in termini di appartenenza territoriale e di gruppo.

La storiografia che si è occupata in tempi recenti di paradigmi di appartenenza, fedeltà e lealtà all'interno dell'Impero asburgico ha mostrato come la cifra dell'adesione delle persone comuni al costrutto imperiale sia di frequente il rifiuto all'identificazione nazionale forte, la persistenza del bilinguismo, la presenza di comportamenti opportunistici, che rimangono avulsi dall'attivismo dei nazionalisti[25]. Questa discussione apre di conseguenza uno squarcio sul modo di intendere il concetto di appartenenza che caratterizzava le elite politicizzate da una parte e le persone comuni dall'altra, segnalando come le masse tendessero, agli occhi degli attivisti e delle autorità, ad apparire «non-nazionali» o, meglio, indifferenti alla nazionalità o poco permeate da patriottismo attivo[26]. È questo il caso delle masse contadine trentine?

Il quadro in cui va letto il paradigma identitario della popolazione rurale trentina deve tener conto della possibile compresenza di differenti poli di identificazione, che sono carat-

[25] P.M. Judson, *Guardians of the Nation*, p. 3; L. Cole, *Alla ricerca della frontiera linguistica*, p. 503; T. Zahra, *Imagined Noncommunities*.

[26] P. Thaler, *Una nazione*, pp. 515-526.

teristici anche di altri gruppi linguistici residenti nell'Impero. La coscienza della propria peculiarità linguistica si somma in questi gruppi alla sempre più presente funzione sociale dei rituali dinastici e del servizio militare[27]. Le sfere di identificazione territoriali possono essere multiple e declinate a seconda del contesto[28]. Soprattutto, le singole sfere di identificazione possono coesistere senza diventare conflittuali[29]. L'elemento territoriale (sia esso locale, regionale, statale), quello linguistico (sia esso connotato in maniera utilitaria, culturale o nazionale), l'elemento nazionale come distinzione rispetto ad altri gruppi presenti nello stesso contesto regionale, il lealismo dinastico e l'adesione a valori statali – spesso connessi con le pratiche di religiosità popolare – contribuiscono tutti a definire un'identità complessa e su più livelli.

Questa modalità di identificazione con il costrutto imperiale difficilmente può essere rinchiusa nella bipartizione irredentista-austriacante, appannaggio delle elite politicizzate e nazionali, che vorrebbero scelte radicali da parte delle popolazioni tra cui operano. Il polimorfismo identitario delle persone comuni viene perciò spesso interpretato come indifferenza alla nazionalità da chi redige memoriali o deve valutare, in pochi tratti, l'attaccamento integerrimo di una popolazione all'una o all'altra causa nazionale.

Una rilevazione delle opinioni sull'adesione nazionale di 355 famiglie di sei diversi comuni del Trentino meridionale, redatta da irredentisti fuoriusciti prima della guerra, mostra bene la distanza che separa le percezioni delle elite dalla realtà sul terreno (tab. 1).

27 L. Cole, *Military Veterans*, pp. 36-61; N.M. Wingfield, *Emperor Joseph II*, pp. 62-85.

28 P. Haslinger - J. von Puttkamer, *Staatsmacht, Minderheit, Loyalität*, pp. 1-16.

29 G. Stourzh, *The Ethnicizing of Politics*, p. 300; cfr. in particolare A. Watson, *Ring of Steel*, pp. 91-99, nota ad esempio come queste molteplici sfere di identificazione portino ad una mobilitazione ordinata, nonostante i timori dell'apparato militare.

Tab. 1. *Scelte nazionali in 5 comuni della Vallagarina nel 1914*

| | austriacanti | nazionali | dubbi | indifferenti | totale |
|---|---|---|---|---|---|
| classi popolari (*Unterschicht*) | 120<br>47,6% | 17<br>6,7% | 24<br>9,5% | 91<br>36,1% | 252 |
| ceti intermedi (*Mittelschicht*) | 15<br>28,3% | 17<br>32% | 3<br>5,6% | 18<br>33,9% | 53 |
| classi alte (*Oberschicht*) | 16<br>32% | 26<br>52% | 5<br>10% | 3<br>6% | 50 |
| totale | 151<br>42,5% | 60<br>16,9% | 32<br>9,1% | 112<br>31,5% | 355 |

*Fonte*: D. LEONI - C. ZADRA, *Classi popolari*, p. 7.

Oswald Überegger ha notato, analizzando i dati, come

«... la quota elevata di indifferenti sul tema nazionale e la bassa percentuale delle posizioni irredentiste mostra chiaramente che l'analisi dei militari [austriaci] si basava su un'inammissibile semplificazione di una realtà nazionale effettivamente più complessa»[30].

La valutazione, a prima vista, sembrerebbe aderire *in toto* alle previsioni delle autorità civili della regione, che nei propri report evidenziavano la presenza di un consistente numero di persone fedeli all'Impero tra le classi popolari.

Tuttavia, va riempito di contenuti il significato delle numerose scelte dubbie o della categorizzazione di indifferenza, sulla base di quanto detto poc'anzi. Nel complesso infatti la quota delle famiglie che aderiscono in maniera netta all'una o all'altra posizione nazionale è elevata nelle fasce sociali medio-alte (l'84% del campione si professa austriacante o nazionale), ma mediocre in quella bassa (il 54,3% del campione prende posizione).

I diari vergati dalle future profughe sono un buon indicatore della complessità identitaria che si nasconde dietro la vaga definizione di «indifferente alla nazionalità». Il caso dei trentini si presta bene a questa analisi e affianca così quanto già si sa dei

[30] O. ÜBEREGGER, *L'altra guerra*, p. 429.

casi boemi e galiziano[31], con la differenza non marginale che, a differenza dei primi due, non è ancora stato concettualizzato[32]. Le scritture soggettive delle future profughe confermano la compresenza di poli di identificazione sovrapposti sia a livello spaziale, che a livello di gruppo. Questi differenti livelli di identificazione vengono chiamati in causa in maniera situazionale, a seconda del contesto d'uso. Proprio sulla compresenza di poli di identificazione variabile interverrà poi la guerra come fattore di rottura, catalizzando prese di posizione che prima del conflitto erano scarsamente interiorizzate.

A questo punto risulta necessaria una nota di metodo, funzionale all'analisi degli ego-documenti. È chiaro che, di fronte alle testimonianze scritte degli illetterati, si pone il problema della quantità. Più nel dettaglio, la casualità con cui le scritture popolari sono giunte a noi ne rende complesso, se non scorretto, l'uso statistico o anche le generalizzazioni. Nelle pagine che seguono si farà il possibile per non ricavare giudizi o opinioni medie da questi testi, pretendendo che incarnino una certa rappresentatività di un campione più generale. Si cercherà piuttosto di «verificare su queste esperienze singolari, internamente complesse, tra loro diverse, la portata generale di processi in atto»[33].

Ciò non significa però che i passaggi che verranno presentati debbano creare un *corpus* antologico dell'esperienza di guerra, senza che da questa se ne ricavino delle informazioni. La sola presenza di una varietà molto marcata di posizioni in termini di identificazione territoriale o fedeltà alternative è già di per sé significativa di come il quadro non sia monolitico come vorrebbero far credere gli attivisti. Al contempo, la compresenza di poli di identificazioni all'apparenza confliggenti anche all'interno dello stesso testo mostrano con chiarezza come per le singole scriventi la compresenza di fedeltà o processi di

[31] L. WOLFF, *The Idea of Galicia*; K. STAUTER-HALSTED, *The Nation in the Village*. Per il Tirolo L. COLE, *Für Gott, Kaiser und Vaterland*.

[32] Uniche eccezioni sono i lavori di Laurence Cole già citati.

[33] A. GIBELLI, *L'officina della guerra*, p. 7.

identificazione spaziale tra loro diversi non venga percepita come ostativa. Alcuni esempi chiariranno la questione.

Il primo riguarda lo spazio territoriale cui fanno riferimento le future profughe: risulta infatti molto difficile immaginare una nazione o un gruppo senza un particolare territorio o una patria immaginata[34]. Qual è il territorio o lo spazio di riferimento delle nostre scriventi prima dell'evacuazione? Questo territorio coincide con i confini politici, statali, linguistici o amministrativi?

La lettura di diari e memorie ci trasmette una concezione fluida dello spazio, in cui coesistono quattro differenti sfere geografiche di riferimento, non esclusive tra loro: si riconoscono nelle annotazioni delle profughe riferimenti al paese-vallata, al Trentino come spazio linguistico, al Tirolo come regione storico-amministrativa e, in misura frequentemente presente, alla monarchia asburgica come spazio collettivo di riferimento.

In primo luogo, sono numerosi all'interno dei diari e delle memorie conservate i riferimenti al paese o alla piccola vallata. Giuseppina Filippi Manfredi, ad esempio, riporta: «Oggi è il giorno di Maria di Caravaggio, questa buona madre che in altri tempi salvò la nostra patria; anche oggi è pregata dalla popolazione perché salvi il nostro paese»[35], identificando il proprio spazio di riferimento con il paese, che assume i caratteri di piccola patria. La stessa accezione si ritrova anche in altri diari: Luigia Senter Dalbosco scrive come «abbiamo dovuto partire da Noriglio nostra patria per fuggire nei deserti dove non mai più pensavamo»[36]; Dominica Daldoss di Vermiglio riporta come la gente «andava spacciando notizie circa la vita che passeranno lontani dalla patria natia»[37]. Significativa

[34] U. Özkirimli, *Contemporary Debates on Nationalism*, pp. 179-183; L. Malkki, *National Geographic.*

[35] *Scritture di guerra 4, Giuseppina Filippi Manfredi*, c. 10 dell'opera a stampa. D'ora in avanti, citando la collana *Scritture di guerra*, si farà riferimento al numero di c. del diario o memoria riportato sull'edizione critica.

[36] *Ibidem*, *Luigia Senter Dalbosco*, c. 1.

[37] FMST, ASP, Dominica Daldoss, Diario, c. 8.

l'annotazione di Adelia Parisi Bruseghini, preoccupata all'idea di «dover lasciare la mia cara patria per diportarmi in terre straniere»[38], ove per terre straniere deve intendersi Innsbruck, che pure si trova nella stessa regione amministrativa.

Da questa prima analisi sembrerebbe chiara un'identificazione spaziale delle future profughe col paese di provenienza. Questa è, probabilmente, la cifra prevalente della loro concezione dello spazio comunitario. Tuttavia non mancano riferimenti a spazi di natura diversa. Troviamo infatti rimandi al Trentino come spazio immaginato. Giuseppina Cattoi ad esempio scrive: «Non si viveva forse agiatamente nel trentino, non vi era forse civiltà, ordine, progresso senza di voi crudeli traditori!!!»[39]. Oppure Amelia Vivaldelli, scagliandosi in un'invettiva contro l'Italia, l'accusa di voler tradire l'Austria «dicendo di voler liberare le signorine Trentine»[40], denotando, se non un'identificazione spaziale, quantomeno la consapevolezza di uno spazio geografico trentino.

A questi rari riferimenti al Trentino come spazio di riferimento si sommano poi i richiami al Tirolo come regione storico-amministrativa. Questi, seppur sporadici, forniscono un buon campione di come le sfere di riferimento spaziale delle future profughe potessero essere fluide. Amelia Vivaldelli, citata poc'anzi, non esita a scrivere che la regione veniva difesa dai «nostri bravi Tirolesi»[41]; Amabile Broz, che si riferisce in un passaggio alla patria come al proprio villaggio-vallata (Vallarsa), alcune righe dopo riporta come il fratello Albino venga richiamato per «diffendere il Tirolo» (e non il Trentino o l'Austria-Ungheria)[42].

In tutta una serie di casi si notano poi riferimenti al costrutto statale asburgico come spazio condiviso. Giuseppina Filippi

38 *Scritture di guerra 4*, *Adelia Parisi Bruseghini*, c. 26.

39 *Ibidem*, *Giuseppina Cattoi*, c. 5. I riferimenti al Trentino si ripetono poi alle cc. 17, 22, 26.

40 *Scritture di guerra 5*, *Amelia Vivaldelli*, c. 5.

41 *Ibidem*, c. 31.

42 *Scritture di guerra 4*, *Amabile Maria Broz*, c. 6.

Manfredi, già segnalata per i riferimenti alla patria paesana, scrive: «ma questa vittoria, bella per la nostra patria, quante madri, spose, fidanzate non avrà messo nel lutto!»[43]. Oppure Cecilia Rizzi Pizzini, riflettendo sulle misure di requisizione, riporta che

> «... chi ne ha certo che fanno bene aiutare la patria ma noi non ne avevamo da regalarle ma credo che per questo non avrà da lamentarsi gli ho regalato un oggetto assai più prezioso del metallo gli ho datto quanto va di più caro al cuor mio il mio amatissimo sposo»[44].

L'astrattezza del concetto richiede l'utilizzo inconsapevole di una personificazione. Ciononostante, non si può evitare di appuntare il riferimento allo Stato come elemento spaziale che dà senso a determinate azioni. Sarebbe inutile portare altri esempi di identificazione, per lo più formale, con lo Stato asburgico, che pure sono numerosi in altri diari.

Ci preme piuttosto sottolineare come si registrino frequentemente casi in cui, a poche righe di distanza, coesistono nello stesso testo due concetti spazialmente distanti fra loro, come appare nei diari di Giuseppina Filippi Manfredi o di Amabile Broz; oppure si notano altri casi in cui i differenti quadri di riferimento spaziale vengono chiamati in causa a seconda del contesto, come leggiamo nel diario di Amelia Vivaldelli.

In definitiva, la percezione dello spazio immaginato e relazionale è fluida e mutevole, al punto che si comprende bene come discorsi nazionali forti e polarizzati fatichino ad attecchire in mancanza di un territorio di riferimento condiviso, soprattutto tenendo presente il fatto che i riferimenti all'Italia come spazio linguistico sono pressoché assenti[45].

Le stesse riflessioni possiamo proporle se prendiamo in considerazione l'analisi del significato affibbiato dalle future profughe

[43] *Ibidem*, *Giuseppina Filippi Manfredi*, c. 7.

[44] *Scritture di guerra 5*, *Cecilia Rizzi Pizzini*, c. 35.

[45] Sono rari i riferimenti all'Italia come spazio linguistico di riferimento. Sono più frequenti invece le invettive e le dichiarazioni di alterità. *Scritture di guerra 4*, *Giuseppina Cattoi*, c. 5.

a due lemmi particolarmente carichi semanticamente («patria» e «italiano»). Di particolare importanza risulta l'uso del termine «patria», che chiarisce, nella sua accezione polisemica, come potessero essere fluide le percezioni spaziali e identitarie delle scriventi. In italiano manca, infatti, una distinzione semantica tra i concetti di *Heimat* e di *Vaterland*. Questa indefinitezza semantica però spiega bene come coesistano nell'accezione delle scriventi dei quadri di riferimento fluidi e interscambiabili, per nulla polarizzati.

Ad esempio è riscontrabile con frequenza il contrasto tra la patria per cui combattono gli uomini (idealizzata e legata spazialmente al costrutto statale asburgico) e quella nominata dalle profughe, più legata al contesto locale. Esemplare in tal caso il testo di Anna Giongo in cui il concetto è espresso in termini vicini alla retorica ufficiale quando tratta gli uomini («la difendono per salvaguardare la patria», «ed il dono della patria non è che un conforto», «famiglia che egli ha lasciato per difendere la patria», «parole di conforto e gratitudine ai guerrieri della patria»)[46], mentre è più intimistico, concreto e legato al territorio trentino o locale quando tratta di sé come profuga («cacciato ... dalla sua casa, dalla sua zolla, dalla sua patria», «lontananza dei cari e della patria»)[47]. Non è questo, peraltro, l'unico caso in cui si denota questa dinamica lessicale: esempi analoghi si possono trarre dai diari di Virginia Tranquillini, Ines Zanghielli e dalla già citata Amelia Vivaldelli[48]. Si tratta in breve di due patrie compresenti nel discorso ma non sovrapponibili, che forniscono il metro di come le identificazioni territoriali fossero fluide.

Stupisce in tal senso segnalare che i riferimenti alla lingua come elemento di identificazione sono piuttosto rari tra le profughe prima della partenza. Questi emergeranno con forza nel contatto con l'altro da sé. Si riscontra però anche in questo caso, come già accaduto per il termine patria, una polisemia

46 FMST, ASP, Anna Giongo, Diario, cc. 1-2.

47 FMST, ASP, Anna Giongo, Diario, c. 2.

48 *Scritture di guerra 5*, *Virginia Tranquillini*, c. 5; *Ines Zanghielli*, c. 6; *Amelia Vivaldelli*, c. 4.

dell'aggettivo «italiano», per cui il termine si può riferire a se stessi, a coloro che parlano italiano, o anche agli altri – ai nemici – nonostante parlino la stessa lingua. Una constatazione che assume caratteri concreti nello sfogo di Giuseppina Cattoi, che scrive: «Mi vergogno di essere vostra coetanea nella lingua italiana, mi vergogno altresì di essere vicina ai vostri confini!!!»[49]. Allo stesso tempo altri profughi annotano con costanza la preoccupazione di venir sfollati in «terre straniere», dove con questa accezione si deve intendere proprio terre in cui non si parla italiano, denotando una consapevolezza della propria peculiarità linguistica all'interno dell'Impero, senza che questa diventi ostativa o predittiva rispetto ad altri tipi di appartenenza. La polisemia diventa così indizio della fluidità di questa sfera di identificazione, in cui coesistono differenti quadri spaziali, comunitari e linguistici di riferimento.

Quando prendiamo in considerazione il gruppo dei profughi trentini come campione d'analisi, parliamo pertanto di una struttura identitaria ben riconoscibile, ma non ostativa al mutamento in determinate condizioni, poiché già in partenza non presenta caratteri di rigidità o di mutualità esclusiva. Ciò sarebbe accentuato dal fatto che, a differenza dei triestini, i trentini condividevano un rapporto con l'altro da sé piuttosto astratto e assertivo, essendo il confine linguistico netto e non avendo sviluppato di conseguenza un'identità monolitica per reazione alla presenza di altri gruppi linguistici o economici concorrenti sullo stesso territorio. Inoltre, il toponimo Trentino – e la conseguente identificazione con un territorio dai caratteri univoci – non era per nulla scontato esistendo una moltitudine di denominazioni ufficiali e non che indicavano il territorio abitato dai tirolesi di lingua italiana[50].

In conclusione i militari austriaci a nord del fronte e quelli italiani a sud si apprestavano ad amministrare la popolazione civile trentina da una posizione di pregiudizio percettivo: i primi ritenevano i trentini potenziali irredentisti; i secondi sapevano, sulla base dei rapporti loro pervenuti, che il movi-

49 *Scritture di guerra 4*, *Giuseppina Cattoi*, c. 5.

50 H. HEISS, *Man pflegt Südtirol*, p. 122.

mento nazionale italiano aveva attecchito poco nelle aree rurali. Questa percezione distorta della realtà, che enfatizza la dicotomia irredentista-austriacante, giocherà un ruolo fondamentale nel determinare le politiche di sfollamento: in entrambi i casi infatti saranno i militari – e non le autorità civili – a gestire l'evacuazione.

Le autorità civili austriache e l'elite culturale trentina – fuggita in Italia in misura massiccia tra l'agosto 1914 e il maggio 1915 o internata in Austria dopo il maggio 1915 – avevano sviluppato una percezione più equilibrata della realtà sul campo. Tuttavia questa giocherà un peso marginale nel determinare le politiche di evacuazione. Queste competenze verranno chiamate in causa solo in seguito, quando entrambi i gruppi tenteranno di incidere sulle politiche di stanziamento e assistenza ai profughi.

Né i militari né le autorità civili avevano tuttavia compreso a fondo i caratteri ibridi delle sfere di appartenenza territoriale ed ideale della popolazione che si trovavano ad amministrare. Ne avevano intuito gli aspetti superficiali, ma faticavano a scendere al fondo[51]. La cifra del sentire dei trentini sfollati, al pari di quanto accade a molti degli altri gruppi linguistici della monarchia, sta nella compresenza di elementi di identificazione tra loro confliggenti: questi si chiamano in causa al bisogno e non sono ostativi ad identificazioni culturali – il sentirsi italiani – o politiche – il sentirsi cittadini dell'Impero – di grado generale. L'esperienza di sfollamento, le privazioni nelle aree di destinazione, la presenza di meccanismi di controllo e di mancata accettazione porteranno le protagoniste a riconsiderare queste sfere di identificazione, irrigidendo i confini tra le stesse[52]. Non si potrà più essere allo stesso tempo roveretani, trentini, tirolesi, austriaci e anche italiani, a seconda del contesto. Questa identità flessibile, come l'ha definita Gerald Stourzh[53], diventerà, al termine della guerra, connotata ed esclusiva.

[51] La stessa difficoltà si riscontra nel caso dei prigionieri di guerra: A. Rachamimov, *POWs and the Great War*, p. 135.

[52] A. Watson, *Ring of Steel*, p. 5, nota queste dinamiche a livello generale in Austria-Ungheria.

[53] G. Stourzh, *The Ethnicizing of Politics*, p. 300.

## 2. *«Dover lasciare la mia cara patria per diportarmi in terre straniere». Lo sfollamento verso nord*

Il 29 luglio 1914 il Ministero dell'Interno austriaco emanava una circolare dal titolo *Direttive per la messa in pratica dell'allontanamento di personale civile dalle città fortificate*[54]. Fino al dicembre 1917[55] questa circolare costituirà l'unico appiglio legislativo sulla base del quale le autorità asburgiche poterono allontanare i civili dalle zone di guerra, fatto salvo il caso delle fughe spontanee. Secondo il testo della circolare, potevano essere allontanati dalle aree fortificate le «persone la cui rapida espulsione sia necessaria per scrupolo militare», i cittadini di Stati nemici, tutti coloro che «non sono originari del luogo, sono sospetti politici o individui inaffidabili», coloro i quali «lasciano volontariamente l'area fortificata nell'imminenza dello scoppio delle ostilità, ovvero che se ne fuggono» e infine «persone che non possono dimostrare di approvvigionarsi a sufficienza e che quindi devono essere allontanate in caso di assedio imminente»[56].

Le autorità civili dei singoli *Länder* austriaci si adeguarono alle disposizioni ministeriali, redigendo piani preventivi di evacuazione della popolazione civile che risiedeva all'interno delle cinture fortificate. Nel caso della Galizia, gli eventi bellici impedirono la definizione di piani preventivi e queste linee guida vennero applicate in maniera discrezionale[57]. Nel Litorale e nel Tirolo ci fu invece il tempo per organizzare lo sfollamento delle categorie di persone indicate nella circolare.

[54] HHStA, AVA, MdI, Präs. 19/3, Zl. 8914/14, Min. des Innern an den Herrn k.k. Statthalter/Landespräsidenten, Direktiven für den Vorgang bei der Entfernung von Zivilpersonen aus permanenten festen Plätzen, sobald dieselben sich in der Kriegsausrüstung befinden, bsw. in den Kriegszustand versetz werden, 29 luglio 1914.

[55] Legge del 31 dicembre 1917 relativa alla protezione dei profughi di guerra, in «Reichsgesetzblatt», n. 15 ex 1918.

[56] HHStA, AVA, MdI, Präs. 19/3, Zl. 8914/14, Min. des Innern an den Herrn k.k. Statthalter/Landespräsidenten, cc. 1-3, 29 luglio 1914.

[57] W. Mentzel, *Kriegsflüchtlinge*, pp. 25 ss. Sulle dinamiche di occupazione della Galizia e di sfollamento dei civili: M. von Hagen, *War in a European Borderland*; V. Prusin, *Nationalizing a Borderland*.

Nella redazione dei piani, le autorità civili si attennero al dettato del testo e si premurarono di individuare anche i luoghi di stanziamento degli evacuati, come previsto da una successiva circolare. Questa demandava poi ai militari il compito di attuare le disposizioni di allontanamento, «non appena l'evacuazione si rendesse necessaria per esigenze di tipo bellico» e sottolineava il fatto che «è fatto obbligo alla popolazione residente l'allontanamento delle località minacciate»[58].

In una prima riunione tenutasi presso il Comando della fortezza di Trento, nel settembre 1914, si ritenne necessario l'allontanamento di circa 26.000 persone residenti nella cintura fortificata di Trento in caso di conflitto con l'Italia[59]. Il primo piano, redatto dalle autorità politiche, prevedeva di allontanare i possibili sfollati nei distretti di Cles e Mezzolombardo, lasciandoli nel Tirolo italiano[60]. Le vicende belliche del fronte galiziano, che videro il progressivo arretramento del fronte con la conseguente fuga ed evacuazione di centinaia di migliaia di civili dalle cinture fortificate di Leopoli, Przemyśl e Cracovia[61], spinsero le autorità civili del Trentino a rivedere al rialzo le stime dei potenziali evacuati. In Galizia, infatti, le «autorità civili fuggirono di fronte all'avanzata russa, lasciando la popolazione senza guida». Ciò cagionò la fuga di centinaia di migliaia di civili, soprattutto di religione ebraica, che temevano i *pogrom* perpetrati dall'esercito russo avanzante. Inoltre, «l'esercito asburgico evacuò i residenti nelle aree fortificate per la loro sicurezza e, nel caso dei ruteni, per la propria», procedendo in molti casi alla distruzione degli abitati rurali che circondavano le aree fortificate[62]. Il risultato fu l'ammas-

58 HHStA, AVA, MdI, Präs 19/3, Zl. 9818/14, Betreff: Kaiserliche Verordnung betreffend den Schutz der zu Zwecken der Kriegsführung aus ihrem Aufenthaltsorte zwangsweise entfernten Zivilpersonen, 14 agosto 1914.

59 TLA, *Statth.*, Präs 1914, 2456 - XII 76c, Polizeikomm. Trento an Statth. Tirol, 21 settembre 1914.

60 TLA, *Statth.*, Präs 1917, 2456/3 - XII 76e, Polizeikomm. Trento an Statth. Tirol, 18 agosto 1914.

61 W. MENTZEL, *Kriegsflüchtlinge*, pp. 36 ss.

62 A. WATSON, *Ring of Steel*, p. 186. Informazioni analoghe in M. RAUCHENSTEINER, *Der Erste Weltkrieg*, pp. 837-841. Dati dettagliati, in particolare

sarsi disordinato di centinaia di migliaia di civili nelle regioni centrali dell'Impero[63], mentre il Ministero dell'Interno veniva avvertito dai militari riguardo alle dimensioni dell'esodo solo a metà settembre 1914[64].

Sulla base di queste esperienze, la Luogotenenza di Innsbruck rivide al rialzo nel marzo del 1915 le stime dei potenziali evacuati: questi assommavano a 23.000 nelle fortezze di Riva e Trento per motivi di approvvigionamento, a cui si sarebbero dovuti aggiungere 15.000 profughi volontari, benestanti o famigliari di militari di stanza nelle fortezze[65]. Il mese successivo vennero di conseguenza approntati i preparativi per l'evacuazione di 40.000 persone dal Tirolo meridionale, di cui 10.000 di lingua tedesca[66]. Un piano di evacuazione più incisivo, elaborato dal commissario di polizia di Trento, che prevedeva la possibilità di allontanare 51.000 civili (di cui 15.000 fuggiaschi volontari)[67], fu ritenuto eccessivo[68].

Sulla base di queste cifre il Ministero dell'Interno ed il luogotenente del Tirolo cercarono, nelle regioni interne dell'Impero, comuni disposti a farsi carico dei trentini[69]. Abbandonata l'idea originaria di stanziare gli sfollati nei distretti settentrionali del Trentino, la seconda opzione venne individuata nei

sulla fuga dei profughi ebrei, in B. Hoffmann-Holter, *«Abreisendmachung»*; M.L. Rozenblit, *Reconstructing a National Identity*; W. Mentzel, *Kriegserfahrungen von Flüchtlingen*, pp. 359-390.

63 Alcune fonti stimano il numero totale degli sfollati nel 1915 a 1,1 milioni: K. Stürgkh, *Denkschrift über die von der k.k. Regierung aus Anlass*, p. 294.

64 M. Rauchensteiner, *Der Erste Weltkrieg*, p. 839.

65 TLA, *Statth.*, Präs 1915, 1193/1 - XII 76e, liegt bei 1916, 19 - XII 76e, Toggenburg an Karl Freiherr, Minister des Innern, 15 marzo 1915.

66 TLA, *Statth.*, Präs 1915, 1193 - XII 76e, liegt bei 1012 - XII 76c2, Franz Rohr an Mil. Kdo, Innsbruck, 7 aprile 1915.

67 TLA, *Statth.*, Präs 1916, 1193 - XII 76e, Polizeikomm. Trento an Statth. Tirol, Betreff: Feste Plätze Zivilpersonen, 27 marzo 1915.

68 TLA, *Statth.*, Präs 1916, 1193/2 - XII 76e, BH Borgo an Statth. Tirol, Betreff: Evak. der Festung Trient, 20 marzo 1915.

69 HHStA, AVA, MdI, Präs 19/3, 1915, Zl. 9056, Evakuierung von Pola, Triest und Küstengebiet sowie Südtirol, 11 maggio 1915.

distretti tedescofoni del Tirolo, che si erano detti disponibili ad ospitare circa 20.000 trentini[70]. Su pressioni del Comando militare di Innsbruck si decise infine che il Tirolo del Nord dovesse essere riservato ai profughi tedescofoni, mentre gli italofoni si sarebbero dovuti inoltrare oltre Salisburgo[71]. Infine il Ministero dell'Interno decise che i circa 30.000 profughi italofoni provenienti dal Tirolo avrebbero dovuto essere inviati in Boemia, Moravia ed Ungheria occidentale, tenendo alcune migliaia di alloggi di riserva in Bassa Austria, Alta Austria e Moravia per i ferrovieri da evacuare in caso di guerra[72]. La stazione di Salisburgo venne individuata come punto di perlustrazione e smistamento dei convogli. Dato il reiterato rifiuto del governo ungherese di alloggiare e sovvenzionare profughi provenienti dalla porzione cisleitanica dell'Impero, si decise infine di alloggiare i potenziali sfollati dal Trentino nei *Länder* austriaci[73].

Come si può vedere, il piano di evacuazione venne redatto in maniera ordinata e teneva conto in maniera pedissequa delle disposizioni legislative, ovvero si limitava ai sospetti in linea politica, agli abitanti delle città-fortezza che non potevano sostentarsi e ai fuggiaschi volontari. La scansione stessa dei convogli degli sfollati venne pianificata con cura[74]. Il numero delle persone da evacuare d'autorità si aggirava sulle 23.000 unità, secondo le stime delle autorità politiche. I comandi

70 TLA, *Statth.*, Präs 1916, 1193/3 - XII 76e, Statth. Tirol an Bezirkshauptmannschaften Tirol, 20 marzo 1915.

71 TLA, *Statth.*, Präs 1916, 1675/12 - XII 76e, Mil. Kdo Innsbruck an Statth. Tirol, Betreff: Räumung von Südtirol, 17 aprile 1915.

72 TLA, *Statth.*, Präs 1916, 1956/23 - XII 76e, Min. des Innern an Statth. Tirol, Telegramm, 5 maggio 1915. Più in dettaglio LABORATORIO DI STORIA DI ROVERETO (ed), *Gli spostati*, II, pp. 47-51; F. FRIZZERA, *L'evacuazione dei profughi trentini*.

73 Sui profughi in Ungheria, che venivano alloggiati solo temporaneamente e a spese del governo austriaco, in particolare se di religione ebraica: M. RAUCHENSTEINER, *Der Erste Weltkrieg*, p. 839; R. NEMES, *Refugees and Antisemitism*, pp. 236-254; R. KLEIN-PEJŠOVÁ, *Beyond the «Infamous Concentration Camps of the Old Monarchy»*.

74 F. MENESTRINA, *In attesa della Guerra contro l'Italia*, p. 213.

militari erano però riusciti, nel frattempo, a far sì che il Trentino, il Tirolo e il Salisburghese venissero esclusi come luogo di stanziamento dei potenziali sfollati.

Il 23 maggio 1915 le autorità militari si videro assegnare i pieni poteri sulla regione, in previsione della guerra con l'Italia[75]. In quel che accadde nel mese successivo si legge tutta la distanza tra le percezioni dei civili e dei militari nei confronti della potenziale affidabilità della popolazione trentina. Non appena si videro assegnare anche le competenze civili sull'area, infatti, i militari cominciarono ad emanare gli ordini di evacuazione della popolazione. In alcuni casi, questi vennero emanati già il 20 maggio e pubblicati il 22[76].

Le modalità degli sfollamenti sono chiarite da un passo diaristico, frequentemente citato: Giorgina Brocchi scrive che ricevette il 26 maggio l'ordine

> «... di evacuare entro il giorno dopo ... Lascio immaginare con che sentimento di dolore meraviglia e angoscia apprendemmo la nostra ... condanna ... In un giorno essere tutti via, lontani in altri paesi stranieri ... con pacchi non superiori ai 5 Kg»[77].

La scansione dei singoli ordini di sfollamento è già stata riportata con cura nel volume *Gli spostati*[78]. È quindi più funzionale all'analisi definire gli spazi d'azione delle autorità, la loro progettualità, i conflitti di competenze, più che elencare le singole disposizioni di evacuazione, che possono invece essere riportate graficamente.

L'elemento che più colpisce è dato dall'incisività delle misure di allontanamento dei civili. Entro il 10 giugno 1915 erano già passate dalla stazione di perlustrazione di Salisburgo 52.425 persone; qui nei soli giorni del 29 e 30 maggio 1915 giunsero

[75] G. PIRCHER, *Militari, amministrazione e politica in Tirolo*, p. 41.

[76] LABORATORIO DI STORIA DI ROVERETO (ed), *Gli spostati*, II, pp. 57 ss.

[77] *Scritture di guerra 5, Giorgina Brocchi*, cc. 9 ss.

[78] LABORATORIO DI STORIA DI ROVERETO (ed), *Gli spostati*, II, pp. 57-73. Per l'aspetto soggettivo: D. LEONI - C. ZADRA (edd), *La città di legno*; L. PALLA, *Scritture di donne*.

rispettivamente 11.977 e 7.740 persone sfollate, facendo collassare il sistema di assistenza e di instradamento[79]. In totale, al termine del processo di evacuazione, gli sfollati furono più di 77.500[80], contro i 40.000 ipotizzati nel marzo 1915. Di questi, solo 6.000 si possono considerare fuggiaschi volontari, che trovarono rifugio nel Tirolo a nord del Brennero[81]. Va inoltre tenuto conto del fatto che Conrad von Hötzendorf, in un memoriale redatto nel 1916, dichiarerà riguardo alle modalità di sfollamento che i civili «non poterono essere tutti allontanati immediatamente a causa delle limitate capacità delle uniche linee ferroviarie»[82], fornendo il metro della volontà dei militari. Rispetto ai piani di sfollamento redatti dalle autorità civili ci troviamo perciò di fronte ad un intervento molto più radicale.

Questa radicalità è determinata dallo sfollamento di località che si trovavano al di fuori delle cinture fortificate e di cui non era stata prevista l'evacuazione. Già il 23 maggio il capitano distrettuale di Rovereto scriveva alla Luogotenenza di Innsbruck, segnalando che «l'azione di evacuazione in Sudtirolo, in seguito a nuove disposizioni dell'autorità militare, ... sta assumendo una dimensione che va oltre al piano originario»[83]. Nei giorni seguenti venne sfollata l'intera area circostante la città di Rovereto, cui si sommavano la val di Gresta, la val di Ledro e la bassa valle del Leno, per un totale di 20.000 civili.

Sulla base delle informazioni che riceveva da Innsbruck, il Ministero dell'Interno intimò il 31 maggio ai comandi militari

[79] HHStA, AVA, MdI, All. 19, Zl. 31425/15, STL Salzburg an Min. des Innern, 22 giugno 1915.

[80] Cifre più precise non possono essere fornite, a causa dei limiti delle rilevazioni statistiche. Il dato è comunque attendibile: LABORATORIO DI STORIA DI ROVERETO (ed), *Gli spostati*, II, p. 126; F. FRIZZERA, *I profughi trentini nella Grande Guerra*, pp. 149-162.

[81] HHStA, AVA, MdI, Präs Varia, Zl. 71242/17, Übersicht der mittellosen Kriegsflüchtlinge auf dem Stande vom 1 Oktober 1917.

[82] L. PALLA, *L'irredentismo nel Trentino*, pp. 31-32.

[83] TLA, *Statth.*, Präs 1915, 1193 - XII 76e, liegt bei 1916/19 - XII 76e, Bezirkshauptmann Kajetan von Scolari, Rovereto, an Statthalterei-Präsidium Innsbruck, 28 aprile 1915.

di cessare le evacuazioni, che avevano raggiunto proporzioni non previste, e di limitarsi all'arresto delle persone sospette[84]. Questa richiesta rimase tuttavia lettera morta e le autorità militari locali proseguirono negli sfollamenti: durante la prima settimana di giugno vennero infatti evacuati altri 10.000 civili dal circondario di Caldonazzo[85]. I provvedimenti di evacuazione inoltre non terminarono con la fine della primavera e, sebbene in misura numericamente più ridotta, continuarono con lo sfollamento dei paesi circostanti Borgo, di quelli limitrofi al passo del Tonale, degli abitati della valle del Chiese prossimi alla Sella di Lardaro e, infine, della bassa Vallarsa, di alcuni residenti in frazioni delle valli di Fiemme e Fassa e degli italofoni del comune di Vadena/Pfatten nel 1916: in totale altre 12.000 persone. In sostanza, l'intera fascia a ridosso del fronte fu liberata dalla popolazione civile, andando ben oltre i piani originari redatti dalle autorità politiche, che erano limitati ai residenti nelle cinture fortificate. L'ordine di evacuazione forzosa colpì così circa 70.000 civili, contro i 23.000 previsti in fase iniziale (tav. 1).

L'elemento quantitativo però non è l'unico aspetto di interesse: è molto più pregnante quello qualitativo, che è centrale per capire le ragioni di questa misura pervasiva. Al riguardo si possono proporre molti esempi. Il primo riguarda la totalità dell'azione nella fascia prossima al fronte. Molti civili, infatti, tentarono di aggirare l'ordine di sfollamento. Questi si allontanarono comunque, dato che l'ordine era tassativo, ma non salirono sui convogli collettivi, cercando rifugio da parenti e conoscenti nei paesi limitrofi. Il loro numero non è marginale: nei soli distretti di Trento, Rovereto, Tione e Cavalese, nell'autunno 1915 si trovavano quasi 10.000 profughi (2.319 nel distretto di Rovereto, 2.602 in quello di Trento, 4.777 in quello di Tione, 184 in quello di Cavalese). Di questi meno di 3.000 avevano avuto il permesso di stare in loco: si tratta

[84] HHStA, AVA, MdI, Präs 19/3, Zl. 22299, Evakuierung suedlicher Grenzgebiete, 31 maggio 1915.

[85] TLA, *Statth.*, Präs 1915, 1193/91 - XII 76e, liegt bei 1916/19 - XII 76e, BH Borgo a Statth. Präs, Evakuierung, 5 giugno 1915.

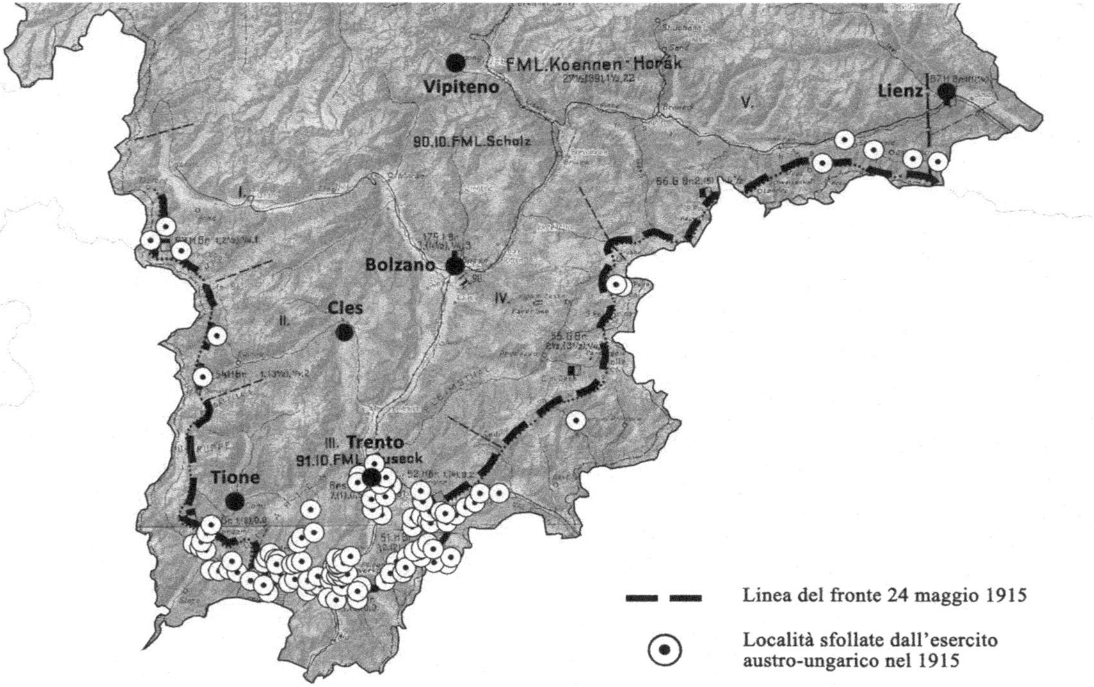


Tav. 1. *Evacuazioni austro-ungariche dal Tirolo meridionale (1915).*

di profughi della valle del Chiese e delle valli di Fiemme e Fassa e fiduciari di singoli comuni[86].

In linea di principio la presenza di questi sfollati su suolo Trentino non avrebbe dovuto disturbare le azioni militari, poiché avevano tutti trovato alloggio a debita distanza dal fronte, in località non evacuate. In realtà le autorità militari ordinarono l'allontanamento di queste persone dai paesi in cui avevano trovato alloggio. Il Comando della *52° Halb Brigade* ordinò ad esempio nell'agosto 1915 l'evacuazione di tutti coloro che erano giunti a Pergine e dintorni dopo il 23 maggio. A tale scopo organizzò un convoglio profughi per il 1° settembre. Sul treno salirono 630 persone[87]. Il 27 settembre il capitano distrettuale di Rovereto avvertì tutti i profughi del distretto che entro il 15 ottobre avrebbero dovuto lasciare i propri alloggi temporanei e recarsi oltre Brennero[88]. Si trattava in tutto di circa 2.800-3.000 persone[89]. Ne vennero allontanate 1.100, poiché le altre dimostrarono di poter essere di pubblica utilità. Anche nel distretto di Tione le autorità militari chiesero, nel settembre 1915, l'espulsione di 3.600 profughi per far posto a uomini di truppa, dando la precedenza nell'espulsione ai circa 2.000 profughi del distretto di Riva. Il capitano distrettuale di Tione trovò il modo di espellere solo i profughi senza mezzi, ovvero 1.600 persone[90]. Ordini di questo tipo si ripeterono

[86] TLA, *Statth.*, Präs 1916, 1193 - XII 76e, BH Rovereto an Statth. Tirol, Betreff: Evidenz KFL, 2 ottobre 1915; *Statth.*, Präs 1916, 1193 - XII 76e, BH Trento an Statth. Tirol, Betreff: Evidenz Kriegsflüchtlinge, 15 settembre 1915; *Statth.*, Präs 1916, 3907/444 - XII 76e, BH Cavalese an Statth. Tirol, Betreff: Evak. Von Predazzo, Panchià, Ziano, 4 agosto 1916; *Statth.*, Präs 1916, Res. 1110 - XII 76e, 9 luglio 1915, 52. Halb. Brig. Kdo, in 3520/221, BH Borgo an Statth. Tirol, 8 agosto 1915.

[87] TLA, *Statth.*, Präs 1916, 4092/266 - XII 76e, BH Borgo an Statth. Tirol, Betreff: Evakuierung, 23 settembre 1915.

[88] TLA, *Statth.*, Präs 1916, 4093/276 - XII 76e, BH Rovereto an Statth. Tirol, 27 settembre 1915.

[89] TLA, *Statth.*, Präs 1916, 4293/283 - XII 76e, BH Rovereto an Statth. Tirol, Betreff: Evak. der im Bezirke Rovereto aufenthaltenden Flüchtlinge, 3 ottobre 1915.

[90] TLA, *Statth.*, Präs 1916, 4093/271 - XII 76e, BH Tione an Statth. Tirol, Betreff: Unterkunft der Truppen. Abschub der Flüchtlinge, 27 settembre 1915.

ossessivamente fino al dicembre 1915. In sostanza, non era la minaccia militare al luogo di residenza a cagionare *ipso facto* lo sfollamento. Anche altre motivazioni spingevano i militari ad allontanare i destinatari della misura di evacuazione dai paesi in cui avevano trovato rifugio temporaneo.

Alcune disposizioni di allontanamento mostrano più di altre quali fossero i timori dei militari. I fiduciari che erano rimasti in un primo tempo a Levico (260 persone) e a Caldonazzo (330 persone) vennero allontanati nell'estate 1915, perché una pattuglia italiana era giunta fino a Levico «senza che questo venisse segnalato dalla popolazione»[91]. I 1.700 abitanti di Vermiglio (val di Sole) vennero sfollati per motivi analoghi: il Comando militare della zona sosteneva che l'artiglieria italiana avesse colpito le postazioni d'artiglieria nei pressi del paese prima ancora che i pezzi austriaci entrassero in azione, per cui si supponeva che gli italiani avessero conosciuto l'ubicazione delle postazioni per tradimento[92]. Nel caso del comune di Roncegno lo sfollamento dei civili venne addirittura causato dal bombardamento del paese da parte delle artiglierie austriache che, a detta del capitano distrettuale, intendevano dissuadere la popolazione dal consegnarsi agli italiani[93]. Si capisce così come i timori dei militari riguardo all'affidabilità dei trentini siano il motore delle evacuazioni in casi singoli, ma si intuisce anche come questo timore faccia da sfondo non esplicitato ad altri ordini di allontanamento, altrettanto pervasivi e preventivi.

La possibilità di far ricorso all'uso della violenza come corollario degli ordini di sfollamento è inoltre ben chiara a chi ricopre posti di comando. Del tutto indicativo è quanto accade sull'altopiano di Brentonico, ad ovest di Rovereto, che dopo l'inizio delle ostilità rimase per giorni nella terra di nessuno. In seguito a ripetuti contatti tra la popolazione di Brentonico e le truppe

[91] TLA, *Statth.*, Präs 1916, Res. 1110 - XII 76e, 52. Halb. Brig. Kdo, in 3520/221, 8 agosto 1915, BH Borgo an Statth. Tirol, 9 luglio 1915.

[92] TLA, *Statth.*, Präs 1916, 1193/235 - XII 76e, BH Cles an Statth. Tirol, Betreff: Evakuierung Vermiglio, 24 agosto 1915.

[93] TLA, *Statth.*, Präs 1916, 4092/266 - XII 76e, BH Borgo an Statth. Tirol, Betreff: Evakuierung, 23 settembre 1915.

italiane[94] i comandi austriaci di stanza in zona ordinarono «un regolamento di massa per la popolazione di Brentonico, che già in tempo di pace si era dimostrata scarsamente fedele all'Imperatore, a causa dell'atteggiamento traditore assunto». Poiché la soluzione del problema mediante la tattica consueta non era perseguibile («Non è più possibile un'evacuazione»), si ovviò al problema con mezzi militari: «Rimane possibile soltanto l'annientamento delle loro abitazioni mediante fuoco d'artiglieria da Biaena»[95].

Esempi analoghi di scarsa considerazione dell'affidabilità della popolazione si possono riscontrare in altre zone del Trentino. Il 4 giugno il *Landesverteidigungskommando Tirol* ordinò che

> «... devono essere presi immediatamente come ostaggi gli irredentisti in tutte le località che non sono ancora state occupate dal nemico ..., in cui è risaputo che la popolazione ha tendenze irredentiste (ad esempio Borgo, Mori ecc.). Deve essere comunicato alla popolazione che, in seguito al più piccolo atto di tradimento da parte loro ..., le persone prese in ostaggio verranno passate per le armi e le località interessate verranno distrutte o incendiate senza riguardi»[96].

La conseguenza pratica di questa percezione di inaffidabilità dell'elemento italiano del *Land* trova infine esplicito riscontro in alcune disposizioni di evacuazione: in seguito al bombardamento di un convoglio ferroviario in arrivo alla stazione di Rovereto avvenuto il 3 agosto 1915 viene ad esempio ribadito dal *Landesverteidigungskommando Tirol* il mandato ai singoli comandi territoriali di poter evacuare, al minimo segnale di sospetto, la popolazione italiana residente lungo la linea del fronte e lungo la ferrovia Bolzano-Rovereto[97]. Queste precau-

[94] HHStA, AVA, MdI, Präs 19/3, Zl. 19186/1915, Information IV, betreffend das Verhalten der Italiener in den besetzten Gebieten, agosto 1915.

[95] HHStA, KA, NFA, 11. Armee, LVKT, Op. n. 299, Telegramm, 7 giugno 1915.

[96] HHStA, KA, NFA, 11. Armee, LVKT, Op. n. 294, Fraternisieren der irredent. gesinnten Teile der Bevölkerung mit den italienischen Truppen, 4 giugno 1915.

[97] TLA, *Statth.*, Präs 1916, 1193/216 - XII 76e, Räumung von Südtirol, LVKdo Tirol an Statth. Tirol, Evakuierung der Orte in der Verteidigungslinie, 4 agosto 1915.

zioni portarono all'evacuazione della popolazione italofona (267 persone) di Vadena/Pfatten[98], località dove pochi anni prima era stato fondato un asilo della Lega Nazionale, nonostante il paese si trovasse a più di 60 km dal fronte.

Si tratta di casi singoli, che vanno però inseriti in un contesto generale. Quanto pesasse questa percezione di inaffidabilità nel guidare le azioni dei comandi militari si può intuire se teniamo presente il fatto che, nell'estate 1915, tutto il personale ferroviario di lingua italiana in servizio sulla tratta Bolzano-Rovereto venne sostituito con «personale affidabile di lingua tedesca»[99]; inoltre molti comandi di stanza sulla linea di confine – ovvero gli stessi che ordinavano le evacuazioni – considerarono «tutti i soggetti al 'Landsturm', tutti i gendarmi e tutti i finanzieri di lingua italiana come sospetti», con la conseguenza che andavano «inseriti in compagnie di lavoratori ed inviati nell''Hinterland'»[100].

Già questi elementi esplicitano come lo spostamento verso l'interno fosse forzoso. Gli spazi di autodeterminazione del proprio alloggio temporaneo erano minimi e circoscritti alla possibilità di trasferirsi nel Tirolo a nord del Brennero. Inoltre l'uso della violenza come mezzo coercitivo, pur non essendo esplicitato, era valutato come alternativa in casi estremi.

Il carattere coercitivo dello spostamento si intuisce anche in altre disposizioni. Il mezzo di pressione dell'evacuazione è infatti funzionale ad ottenere obiettivi politici ed economici nella visione dei militari. Chi non si conformava alle disposizioni di introduzione della toponomastica tedesca in regione era passibile di sfollamento: è il caso della stazione di retrovia di San Michele all'Adige, che minacciò di evacuare i comuni del proprio settore, nel caso in cui segnali stradali e insegne

[98] TLA, *Statth.*, Präs 1917, 5842/3 - XII 76e, Bezirkshauptmann Bozen an Mitterndorf Barackenlager, 9 novembre 1917; *Statth.*, Präs 1916, 3907/442 - XII 76e, Räumung von Südtirol, Pfatten Evakuierung, 26 luglio 1916.

[99] TLA, *Statth.*, Präs 1916, 19 - XII 76e.

[100] HHStA, KA, NFA, 11. Armee, LVTirol, Op. n. 299, Bugzille 91 an LVKmdo Tirol, 7 giugno 1915.

pubbliche non fossero stati tradotti in tedesco[101]. Inoltre, le truppe utilizzarono il mezzo di pressione dell'evacuazione per ottenere dalle persone che ancora abitavano il Trentino «generi alimentari superflui, mezzi di trasporto e altri materiali utili dal punto di vista militare»[102]. Allo stesso tempo le politiche di evacuazione erano funzionali al reclutamento sul territorio della manodopera utile ai fini dell'economia bellica, mediante la ricerca sui treni di tutta la manodopera maschile adulta: venne infatti istituita a Bolzano una speciale commissione di ispezione dei convogli di profughi che, nel solo periodo tra il 28 maggio ed il 3 giugno, prelevò ben 1.173 persone (di cui solo 10 scese volontariamente) dai 15 treni profughi passati nei 7 giorni presi in considerazione[103]. Inoltre, tra chi restava, lo spettro dell'allontanamento fungeva da sistema di controllo per evitare disordini o comportamenti devianti: il 22 dicembre 1915, ad esempio, 8 lavoratrici militarizzate di Besenello, che sembravano lavorare con poca lena ai lavori di fortificazione, vennero evacuate per punizione, non essendo più utili in loco[104].

Per comprendere la differenza sul campo tra le dinamiche di profugato (*refugees*) e di spostamento forzato (*displacement*) è utile confrontare quanto appena detto con le concomitanti politiche di evacuazione dei paesi del Sudtirolo tedesco e del Tirolo orientale che rientravano nel raggio d'azione delle artiglierie italiane. Anche in questo caso circa 2.300 abitanti dei comuni di Dobbiaco/Toblach, Sillian, Sesto/Sexten, Gomagoi e Obertilliach dovettero abbandonare le proprie abitazioni, in seguito a ripetuti bombardamenti da parte italiana[105]. Poiché però sui

[101] G. Pircher, *Militari, amministrazione e politica in Tirolo*, p. 103.

[102] HHStA, AVA, MdI, Präs 19/3, Zl. 11199, Evakuierung südlicher Grenzgebiete, 31 maggio 1915.

[103] TLA, *Statth.*, Präs 1916, 2459/86 - XII 76e, Räumung von Südtirol, Bezirkshauptmann Borgo an Statth. Tirol, Evakuierung: Auswahl von Arbeitern, 3 giugno 1915.

[104] TLA, *Statth.*, Präs 1916, 5461/359 - XII 76e, BH Rovereto an Statth. Tirol, 22 dicembre 1915.

[105] TLA, *Statth.*, Präs 1916, 311/394 - XII 76e, Räumung von Südtirol, Beschießung der Ort Toblach, 2 marzo 1916; *Statth.*, Präs 1916, 1193/264 - XII 76e, Räumung von Südtirol, Gerichtsbezirk Sillan an Statth. Tirol, 18

cittadini di lingua tedesca non pendeva alcuna valutazione di inaffidabilità politica, essi non vennero allontanati in maniera forzosa o preventiva: vennero semplicemente invitati ad abbandonare le proprie abitazioni poiché non se ne poteva garantire l'incolumità. Chi voleva rimanere in loco poteva farlo, a proprio rischio e pericolo. Inoltre gli evacuati poterono portare con sé il proprio bestiame, che non venne requisito. Gli sfollati furono alloggiati nei paesi limitrofi, appena al di fuori del raggio d'azione delle artiglierie, nonostante le disposizioni ministeriali non prevedessero la presenza di profughi sussidiati in Tirolo.

Esemplare è il caso di Sesto/Sexten. Il 31 luglio 1915 si palesò la necessità di evacuare 900 persone dalla località, su richiesta del Comando locale di San Candido/Innichen; il paese era infatti soggetto a bombardamento da parte delle artiglierie italiane ed aveva già contato per questo motivo 3 morti e 2 feriti[106]. Qui si nota il differente comportamento dei militari nei confronti dei tirolesi di lingua tedesca rispetto ai tirolesi di lingua italiana: nei primi due mesi del conflitto non era stato creato il cordone sanitario libero dai civili tipico dell'area trentina e lo sfollamento veniva preso in considerazione solo in caso di pericolo oggettivo. Nelle comunicazioni alla Luogotenenza si segnalò che, sebbene

> «... non si possano assumere garanzie concrete per la sicurezza della popolazione, poiché il villaggio può essere trasformato in un mucchio di rovine nel giro di un'ora, un'evacuazione coatta del paese per motivi militari non sembra necessaria»[107].

Va da sé che i «motivi militari» che sottintendono la necessità dell'evacuazione riguardano più che altro l'affidabilità politica della popolazione.

settembre 1915; *Statth.*, Präs 1916, 3395/209 - XII 76e, Räumung von Südtirol, Bezirkshauptmann Linz an Statth. Tirol, Evakuierung Sexten, 4 agosto 1915; *Statth.*, Präs 1916, 3396/214 - XII 76e, Räumung von Südtirol, Obertilliach: eventuelle Räumung, 5 agosto 1915.

[106] TLA, *Statth.*, Präs 1916, 3394/206 - XII 76e, Räumung von Südtirol, BH Lienz an Statth. Tirol, 31 luglio 1915; *Statth.*, Präs 1916, 3395/209 - XII 76e, Räumung von Südtirol, BH Lienz an Statth. Tirol, 3 agosto 1915.

[107] TLA, *Statth.*, Präs 1916, 3395/209 - XII 76e, Räumung von Südtirol.

Ancora più interessante il passaggio successivo: la popolazione veniva invitata a lasciare volontariamente il paese, specificando che chi voleva rimanere lo faceva a proprio rischio e pericolo. I profughi volontari avrebbero avuto tempo tre giorni – e non una manciata di ore – per segnalare la propria volontà al parroco e avrebbero potuto «senza alcuna difficoltà essere alloggiati nei paesi limitrofi del distretto non minacciati dal fuoco italiano». Il tutto mentre altri 9 civili morivano sotto i bombardamenti, il 3 agosto 1915[108].

In una situazione analoga a quella dei profughi trentini si adottò perciò una soluzione differente, che denota il peso concreto che ebbe la percezione di «potenziale inaffidabilità» delle autorità militari nei confronti dei cittadini austriaci di lingua italiana. Dopo le evacuazioni di Levico e Caldonazzo ad esempio era stato notificato ai civili residenti nei paesi limitrofi che «chiunque fosse stato scoperto [nei paesi evacuati] sarebbe stato passato immediatamente per le armi»[109]; in condizioni analoghe, ma molto più vicino al fronte, i residenti di Sesto/Sexten potevano continuare a vivere nelle proprie case. Non molto diverse le considerazioni relative all'evacuazione del comune di Obertilliach, a pochi chilometri di distanza, ma nel Tirolo orientale[110].

Riassumendo, la scelta delle autorità militari di evacuare forzosamente una fetta consistente dei civili trentini, creando una fascia disabitata in prossimità del fronte, va letta nel contesto più generale delle politiche che quella stessa classe militare mise in atto sul territorio tra il 1915 e il 1918. Il Comando del fronte sud-occidentale, infatti, si propose di trasformare l'intera vita regionale durante il conflitto, riformando l'apparato amministrativo, promuovendo l'elemento tedesco nelle zone di

[108] TLA, *Statth.*, Präs 1916, 3395/209 - XII 76e, Räumung von Südtirol.

[109] TLA, *Statth.*, Präs 1916, 3728/234 - XII 76e, Räumung von Südtirol, BH Borgo an Statth. Tirol, Betreff: Evakuierung von Caldonazzo, 24 agosto 1915.

[110] TLA, *Statth.*, Präs 1916, 3396/214 - XII 76e, Räumung von Südtirol, BH Lienz an Statth. Tirol, Betreff: Obertilliach. Eventuelle Räumung, 5 agosto 1915.

confine, estendendo la giurisdizione militare, controllando la stampa, creando una zona di protezione al confine, riformando scuola e chiesa, sorvegliando l'associazionismo, tedeschizzando la toponomastica[111].

Anche il momento in cui avviene lo sfollamento incide infine sulle sue modalità: le evacuazioni venivano ordinate dopo che l'esercito asburgico aveva già fatto esperienza della guerra sul fronte galiziano. I ruteni divennero il capro espiatorio della sconfitta dell'autunno 1914 in Galizia, ma questo clima provocò una stretta nei confronti di qualsiasi movimento irredentista: la psicosi che colpì i militari asburgici, dagli altri gradi fino alla truppa, convinti di essere accerchiati da una popolazione infedele pronta a pugnalare alle spalle l'esercito, costituì il precedente che portò ad un collegamento naturale tra irredentismo e tradimento. Quel che pesava era la percezione di inaffidabilità[112]. Nel diario di Joseph Redlich si riporta, ad esempio, che Conrad von Hötzendorf giustificasse la sconfitta militare sul fronte orientale del settembre 1914 accusando di spionaggio la popolazione rutena, con le seguenti parole:

> «Noi combattiamo sulla nostra terra come se fossimo in territorio nemico. Dappertutto vengono impiccati ruteni sul posto. I russi ricevono informazioni per mezzo dei bambini dei contadini ed escono da ogni palude con l'aiuto dei traditori ruteni»[113].

La conseguenza di tale visione fu la creazione di una leggenda della pugnalata alla schiena che trovò circolazione pubblica fino agli anni Trenta e che, nell'immediato, trovò riscontro sulla stampa nazionale tedesca[114]. L'*Armeeoberkommando* fece propria questa interpretazione[115] e le evacuazioni dalla Galizia avvennero con modalità spesso brutali, cui fecero da corollario il saccheggio dei villaggi, l'internamento di circa 7.000 persone

[111] G. PIRCHER, *Militari, amministrazione e politica in Tirolo*, pp. 76-77.

[112] *Ibidem*, p. 92.

[113] F. FELLNER, *Schicksalsjahre Österreichs 1908-1919*, II, pp. 262-265.

[114] W. MENTZEL, *Kriegsflüchtlinge*, pp. 93-94.

[115] HHStA, KA, KÜA, Zl. 7410, Das Galizien der Gegenwart.

fra notabili e semplici cittadini[116] e, da ultimo, l'impiccagione senza processo di un numero imprecisato di ruteni[117] durante la ritirata dell'esercito asburgico[118]. Ne consegue che le misure di evacuazione successive tennero conto di questa esperienza.

Alla luce di tutto ciò, si può ragionevolmente sostenere che l'evacuazione dei trentini, messa in atto dalle autorità asburgiche, possa essere inserita nel quadro concettuale degli spostamenti forzati di popolazione. Gli spazi di volontarietà rimasti per decidere se, come e dove fuggire sono minimali. È prevalente l'imposizione. Pur in un contesto di minor violenza esercitata, dato che lo sfollamento non avviene in concomitanza della ritirata dell'esercito, si segue lo stesso *pattern* già applicato e affinato durante le evacuazioni dal fronte orientale. Questo elemento inciderà indirettamente sulla qualità dell'assistenza che i trentini riceveranno nell'interno e sulle loro possibilità di inserire la vicenda di profugato nella narrativa patriottica.

Le cause che portano allo sfollamento sono molteplici. Non mancano fattori umanitari o puramente militari, che guidano le valutazioni delle autorità civili nella redazione dei piani di sgombero preventivo. Tuttavia il pregiudizio guida l'azione dei militari in molti passaggi e diventa elemento cogente dell'evacuazione: questa è di conseguenza preventiva, massiccia e pervasiva. Si crea di fatto una vera e propria zona cuscinetto alle spalle del fronte, dove i civili sono assenti. La violenza non è quasi mai esercitata in maniera esplicita, come invece accade in altri contesti, come quello galiziano. Tuttavia i mezzi coercitivi sono ben presenti e sfruttati come minaccia: lo sfollamento è funzionale a limitare comportamenti devianti, a requisire senza indennizzo beni primari, a raccogliere forza lavoro, a raggiungere obiettivi politici. Le concomitanti misure di internamento, molto più pervasive di quanto ipotizzato dalle

[116] G. Hoffmann - N.M. Goll - P. Lesiak, *Thalerhof 1914-1936*.

[117] Le stime variano dalle 12.000 alle 60.000 impiccagioni sommarie. H. Hautmann, *Die österreichisch-ungarisch Armee*; A. Holzer, *Das Lächeln der Henker*, p. 75.

[118] H. Leidinger - V. Moritz - K. Moser - W. Dornik, *Habsburgs schmutziger Krieg*.

autorità civili[119], danno il metro di come non fosse tollerata un'opposizione a queste misure.

Acquisisce senso così la valutazione del fenomeno proposta da Alcide De Gasperi, non certo un estremista, che descrive le modalità di sfollamento con queste parole:

> «Si sa con certezza, per esempio riguardo al Trentino, che almeno il 70% delle persone allontanate non fu evacuato sulla base di motivazioni economiche o puramente militari, ma sulla base di motivazioni parzialmente militari, cioè per motivi polizieschi, e questi in realtà non furono evacuati – questo è un termine eufemistico – ma esiliati»[120].

Con questo stigma i trentini vennero inviati, alloggiati e sussidiati nell'interno dell'Austria-Ungheria.

## 3. *«Rapirci dalla nostra carissima patria dicendo che viene a liberarci dagli oppressori e barbari tedeschi». L'evacuazione verso sud*

A pochi giorni di distanza dalla dichiarazione di guerra dell'Italia all'Austria-Ungheria, l'intera fascia di confine del Trentino venne a trovarsi sotto l'autorità delle truppe italiane. L'esercito asburgico si era infatti arroccato fin da subito su posizioni facilmente difendibili, abbandonando l'area meridionale della regione. Le autorità italiane amministrarono il territorio conquistato come zona d'occupazione e venne creato a tal fine un ente militare *ad hoc*: il Segretariato generale per gli Affari civili[121]. L'area, per quanto limitata nella superficie, ospitava infatti circa 56.000 civili, poiché il *Landesverteidigungskommando Tirol* aveva ordinato di non procedere allo sfollamento dei paesi che si trovavano a sud della linea di difesa[122]. Anche

[119] Si veda C. AMBROSI, *Vite internate.*

[120] HAUS DER ABGEORDNETEN, *Stenographische Protokolle*, p. 916.

[121] SEGRETARIATO GENERALE PER GLI AFFARI CIVILI, *La gestione dei servizi civili*; G. PARMEGGIANI, *Il burocrate va alla guerra*, pp. 131-201; A. STADERINI, *L'amministrazione italiana.*

[122] TLA, *Statth.*, Präs 1916, 1193/146 - XII 76e, LVKdo Tirol an Statth. Tirol, Betreff: Evak. Brentonico, 4 luglio 1915.

qui si poneva, di conseguenza, la questione del trattamento da riservare alla popolazione civile.

Le scelte operate dall'autorità militare italiana differiscono da quelle adottate dalle autorità asburgiche. Ciò si riscontra non tanto nelle modalità dello sfollamento – anche in tal caso si procederà ad un'evacuazione massiccia – quanto nella sua progettualità e conduzione. Il primo elemento di discrimine infatti è dato dalla presenza o meno di piani preventivi di evacuazione. Nel caso austriaco questi piani erano stati approntati; in quello italiano non era lo stesso, nonostante la lunga neutralità. Lo Stato maggiore dell'esercito venne infatti tenuto a lungo all'oscuro sui piani delle autorità politiche italiane in merito alla neutralità e venne messo a conoscenza con ritardo della stipula del Trattato di Londra. Inoltre, il Trentino era considerato un fronte secondario, su cui si doveva dispiegare solo un'azione difensiva[123]. Ciò non toglie che piani per lo sgombero dei civili non vennero approntati nemmeno per l'area giuliana ed isontina. Se ne deduce che, almeno in linea teorica, uno sfollamento degli irredenti verso l'interno del Regno non era stato preso in considerazione o, quantomeno, non era valutato come opzione.

Questa valutazione trova riscontro nei piani di Agostino D'Adamo, responsabile del Segretariato generale per gli Affari civili. Secondo quest'ultimo

> «... l'occupazione doveva pertanto non solo apportare l'assetto sommario del paese e la sicurezza dell'ordine pubblico, ma significare anche tangibilmente, fin dal primo momento, l'effettività della redenzione, lo stabilimento della libertà, l'attuazione della solidarietà nazionale negli istituti civili e negli ordinamenti della vita sociale»[124].

In linea di principio si preferiva perciò amministrare la popolazione redenta direttamente sul territorio. Non a caso il Comando supremo ribadì in una nota del 7 aprile 1916 al Comando della I armata che

[123] M. Mondini, *Il capo*, pp. 137-180.

[124] Segretariato Generale per gli Affari Civili, *La gestione dei servizi civili*, p. 9.

«... per questioni morali ... l'attuazione degli sgombri, specie in centri di qualche importanza, dovrebbero, compatibilmente colle esigenze militari, attuarsi solo quando si rendessero assolutamente necessari»[125].

In sintonia con queste linee guida, il numero degli sfollamenti messi in atto durante il primo anno di occupazione fu piuttosto limitato. Il numero totale dei trentini che vennero allontanati tra il maggio 1915 e il maggio 1916 non supera infatti le 3.000 unità. In due casi le evacuazioni furono legate a timori di spionaggio (Condino, Castione di Brentonico, in tutto 1.500 persone)[126]; negli altri si trattava di comuni costantemente sotto tiro d'artiglieria (Ronchi, Campostrini, Caoria, Livinallongo)[127]. In molti altri casi, nei quali la situazione dei civili era comunque precaria data la vicinanza al fronte, si decise di non ordinare lo sgombero coatto. Esemplare quanto accade nel comune di Borgo Valsugana: un'evacuazione dell'abitato – in parte già sfollato dagli austriaci e soggetto a sporadico tiro d'artiglieria – veniva infatti vietata dal Segretariato generale per gli Affari civili nel gennaio 1916, sia per le difficoltà di trovare alloggio nel Regno, sia per il conseguente aggravio per l'erario che ciò avrebbe comportato[128], a meno che ai comandi militari di zona «non dovesse risultare in modo non dubbio intenzione nemico distruggere città»[129].

Va, nondimeno, notato che i residenti delle zone occupate non intendevano abbandonare le proprie abitazioni, benché queste fossero soggette a rischi oggettivi: sebbene i commissari civili avessero proposto l'esodo spontaneo come opzione, D'Adamo

125 G. PARMEGGIANI, *Il burocrate va alla guerra*, p. 181, che cita a sua volta AUSSME, fondo E2, b. 40, fasc. «Sgomberi popolazioni».

126 I. BUTTERINI (ed), *Condino-Piemonte e ritorno*; pp. 52-53, n. 79; per gli abitanti di Castione ACS, MdG, CS, SGAC, b. 222, n. 23223, generale Brusati a Segretariato generale per gli Affari civili (d'ora in poi SGAC), sfollati «perché ritenuti infidi», 13 dicembre 1915.

127 ACS, MdG, CS, SGAC, b. 222, n. 4763, commissario civile di Borgo Barbieri a SGAC, 23 gennaio 1916; CS, SGAC, b. 222, n. 4497, generale Negri a SGAC, 20 febbraio 1916.

128 ACS, MdG, CS, SGAC, b. 222, n. 3655, SGAC a commissario civile di Strigno, 20 gennaio 1916.

129 ACS, MdG, CS, SGAC, b. 222, n. 3655.

notava che la popolazione «non si allontanerà se lo sgombero non le viene tassativamente ordinato ... Le disposizioni prese dal Comando di Divisione per facilitare l'esodo spontaneo sono rimaste fin qui quasi senza effetto»[130].

In sostanza, si preferiva allontanare gli elementi pericolosi[131], ed evitare di irritare la popolazione da poco redenta, nei confronti della quale si faceva largo uso della politica del bastone e della carota. Nei rari casi in cui si procedette alle evacuazioni ci si concentrò su centri abitati che si trovavano sotto tiro diretto delle artiglierie: ciò accade anche nei due casi in cui i comandi evidenziarono la potenziale inaffidabilità dei residenti come concausa dello sfollamento. Inoltre, a differenza delle autorità militari asburgiche, che non tolleravano i tentativi di stanziamento temporaneo degli sfollati nei comuni limitrofi a quelli di evacuazione, questa prassi era accettata dal Segretario generale per gli Affari civili: su 715 evacuati del comune di Campostrini, 188 decisero di fermarsi in altre località della Valsugana ed ottennero il permesso dalle autorità civili[132]; lo stesso accadrà ad altri 450 sfollati dell'altopiano di Brentonico, che nel maggio 1916 otterranno il permesso di stanziarsi ad Ala[133] (tav. 2).

Questo *mudus operandi* non era basato soltanto sulle valutazioni del Segretariato generale per gli Affari civili, ma trovava importanti appoggi anche in area governativa. L'onorevole Luigi Federzoni, ad esempio, in seguito all'occupazione dell'area isontina, comunicò a Salandra che era opportuno «non far sapere nulla al paese» riguardo allo spirito pubblico dei territori

[130] ACS, MdG, CS, SGAC, b. 218, n. 1129-7, Appunto per il sig. segretario generale SGAC, 28 agosto 1916.

[131] ACS, MdG, CS, SGAC, b. 218, n. 1129-7: «Le autorità militari ... provvederanno, valendosi delle facoltà loro concesse, ad allontanare per gruppi le persone la cui presenza sia da ritenersi pericolosa e comunque inutile allo svolgersi delle operazioni».

[132] ACS, MdG, CS, SGAC, b. 218, n. 52837, commissario civile di Borgo Barbieri a SGAC, Oggetto: Sgombri, 27 luglio 1916.

[133] ACS, MdG, CS, SGAC, b. 218, n. 47806, commissario civile Foschini a SGAC, Oggetto: Allontanamento di indigenti da Ala, 12 luglio 1916.

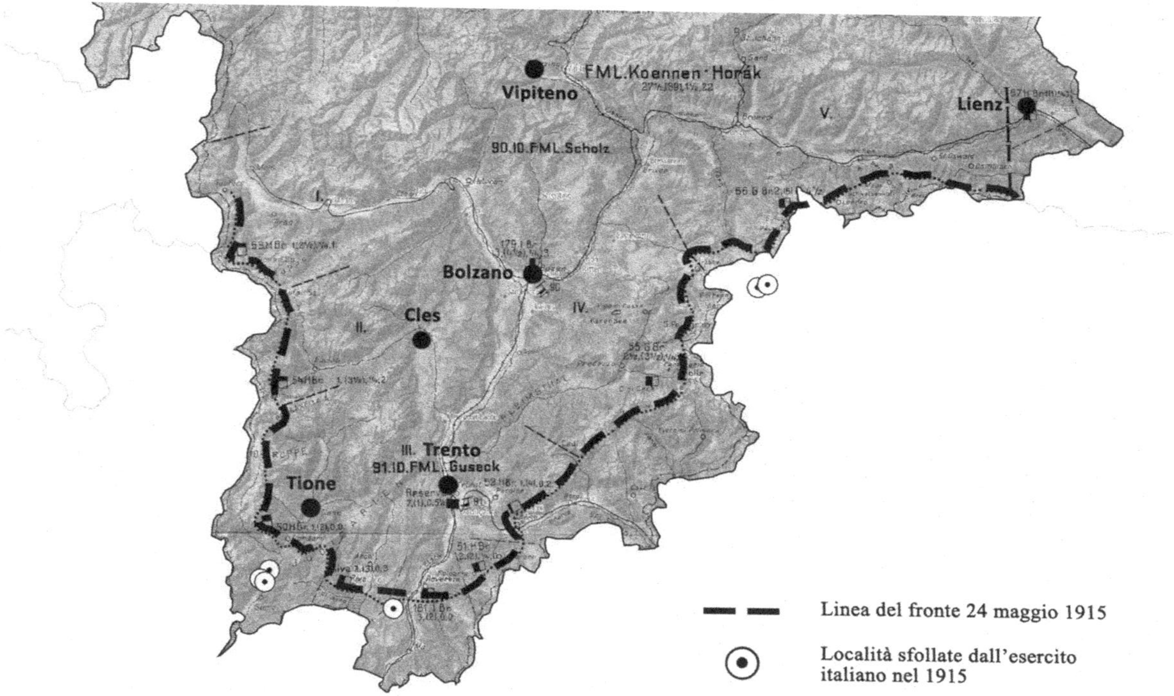


Tav. 2. *Evacuazioni italiane dal territorio trentino (1915).*

occupati, dove i soldati italiani venivano accolti con freddezza[134]. Il governo non mancava poi di sottolineare il costo per l'erario legato al mantenimento dei profughi nell'interno, chiedendo di limitare le evacuazioni allo stretto necessario. Si preferiva infatti effettuare sgomberi ridotti di persone sospette[135], a cui si ricorse senza molte remore e in misura massiccia[136], e solo in caso di necessità estrema – o di estrema avversione all'occupazione – si sfollava tutta la popolazione civile, che invece veniva lasciata nei villaggi anche in situazioni molto precarie dal punto di vista della sicurezza[137]. Le motivazioni politiche dell'occupazione rivestivano perciò un peso nel determinare le politiche di sfollamento.

In questa fase si denota una forte discrasia tra le politiche di trattamento dei civili in zona di guerra messe in pratica dalle autorità austriache e da quelle italiane. Nell'area trentina a sud del fronte non sono attestati sfollamenti preventivi; la radicalità dei provvedimenti è meno marcata, dato che gli sfollati possono decidere se stanziarsi nei comuni limitrofi; non viene creato un cordone sanitario libero da civili, sebbene i comandi militari fossero anche in tal caso piuttosto dubbiosi sull'affidabilità politica dei nuovi amministrati. Si nota in questo frangente il fatto che fosse possibile, in una situazione ambientale e militare analoga a quanto accadeva a

[134] P. Melograni, *Storia politica della grande guerra*, pp. 28-29.

[135] ACS, MdG, CS, SGAC, b. 218, Telegramma n. 17403, tenente Jacini a SGAC, 26 aprile 1916, dove si riporta che «si sono presi accordi per sgombero totale [Borgo] ove fosse necessario, e per sgombero ridotto persone sospette, ove come è più probabile, necessità si limiti a questo».

[136] Il comandante del XXIX Corpo riferisce al Comando della I armata ad esempio che «le misure di polizia militare [ergo gli internamenti] sono state adottate su larga scala e su basi profonde, ma non le ritengo sufficienti», in G. Parmeggiani, *Il burocrate va alla guerra*, p. 181, che cita AUSSME, fondo E2, b. 40, fasc. «Sgomberi popolazioni».

[137] ACS, MdG, CS, SGAC, b. 218, n. 1129-7, Appunto per il sig. segretario generale SGAC, 28 aprile 1916, dove si riporta come «la situazione della popolazione civile di Borgo, Olle, Telve di Sopra, Telve di Sotto deve considerarsi assolutamente precaria; i villaggi di Telve di Sopra e Telve di Sotto sono stati in gran parte rovinati dall'incendio provocato dallo scoppio delle granate nemiche».

nord del fronte, adottare soluzioni diverse da quelle per cui optarono i comandi asburgici: i commissari civili italiani si limitano all'allontanamento selettivo mediante internamento di tutti i sospetti[138]. Per ragioni politiche non allontanano invece gli altri civili.

Questa prassi di intervento era destinata a cambiare con l'offensiva austriaca del maggio 1916. In seguito all'attacco sferrato sugli altopiani e al conseguente spostamento del fronte verso sud, i militari italiani furono costretti ad arretrare, abbandonando molte delle zone occupate nel maggio-giugno 1915. In questo frangente decisero di evacuare la popolazione civile, portandola verso l'interno in concomitanza con la ritirata delle truppe. In meno di 15 giorni circa 26.000 trentini vennero così sfollati con la forza e inviati nelle province italiane. La rapidità dell'azione, che non era stata pianificata, fece sì che il tutto avvenisse in un contesto caotico.

Circa 4.050 evacuati provenivano dall'altopiano di Brentonico e dalla Vallagarina[139] a nord di Ala: questa non fu invece sgomberata, per «motivazioni politiche e patriottiche»[140]. La Vallarsa fu abbandonata dai militari in tutta fretta: il commissario civile Aldo Vassena inviò l'ordine di evacuazione a tutte le frazioni della vallata, «con l'avvertimento però che chi voleva rimanere era libero di restare»[141]. In totale i profughi che seguirono – spesso con la forza – gli italiani erano circa 1.500; i restanti poco più di 1.000. Nella Valsugana e nel Tesino gli ordini di evacuazione vennero emanati tra l'8 maggio e il 2 giugno 1916, per un totale di 15.348 persone[142].

[138] I trentini che vennero internati dalle autorità militari italiane furono circa 1.500: si veda A. MIORELLI, *Trentini internati in Italia*, pp. 203-256.

[139] LABORATORIO DI STORIA DI ROVERETO (ed), *Gli spostati*, II, p. 231.

[140] ACS, MdG, CS, SGAC, b. 218, n. 44691, commissario civile di Ala a SGAC, Telegramma, 5 luglio 1916.

[141] ACS, MdG, CS, SGAC, b. 218, n. 36598, Pro memoria sullo sgombero della Vallarsa e sistemazione dei profughi a Legnago e Castello e Bevilacqua, tenente Aldo Vassena, 7 giugno 1916.

[142] ACS, MdG, CS, SGAC, b. 218, n. 25205, prefetto Vittorelli a SGAC, 7 maggio 1916.

A questi dovevano poi aggiungersi circa 1.400 profughi che avevano lasciato con mezzi propri i comuni di Spera, Samone, Strigno, Villagnedo, Bieno[143], Castelnuovo, Scurelle, Carzano[144] e si erano stanziati provvisoriamente tra Cismon e Bassano[145]. Infine vennero evacuati anche 3.500 civili dal Primiero; di questi, circa 3.000 poterono tornare nelle proprie abitazioni già nel corso dell'estate, per evitare che il governo dovesse farsi carico del mantenimento degli sfollati fino al raccolto dell'estate 1917[146], dato che il distretto non era stato occupato.

Il numero dei civili sgomberati, a questo punto, non mutò fino al termine delle ostilità, nonostante le attività belliche dell'estate 1918 avessero cagionato serie preoccupazioni per l'incolumità della popolazione civile ancora residente nei distretti occupati della Vallagarina e della valle del Chiese[147] (tav. 3).

Nel complesso, le due ondate di evacuazione (estate-autunno 1915, giugno 1916) avevano causato l'allontanamento di circa 29.000 civili dai distretti occupati dalle truppe italiane. Di questi, circa 3.000 afferenti ai comuni di Canal San Bovo, Siror e Fiera di Primiero poterono tornare nelle proprie abitazioni dopo pochi mesi, poiché il distretto non era stato invaso. Lo stesso dicasi per alcune centinaia di civili della Vallagarina e dell'altopiano di Brentonico, che alla spicciolata e caso per caso ottennero il permesso di tornare alle proprie abitazioni. Ne consegue che il numero degli sfollati coatti verso le regioni italiane non superava la cifra di 26.000 persone al termine del conflitto[148].

143 ACS, MdG, CS, SGAC, b. 218, n. 31353, commissario civile Barbieri a SGAC, Telegramma, 21 maggio 1916.

144 ACS, MdG, CS, SGAC, b. 218, n. 31006, commissario civile Barbieri a SGAC, Telegramma, 21 maggio 1916.

145 ACS, MdG, CS, SGAC, b. 218, n. 31921, generale Etna a SGAC, 24 maggio 1916.

146 ACS, MdG, CS, SGAC, b. 218, n. 38587, Varola a SGAC, Telegramma, 13 giugno 1916.

147 LABORATORIO DI STORIA DI ROVERETO (ed), *Gli spostati*, II, pp. 234-235.

148 *Ibidem*, p. 236. Dati analoghi in REGIO COMMISSARIATO DELL'EMIGRAZIONE, *Censimento generale dei profughi*; M. BROZ, *Profughi trentini* (1993), p. 24.

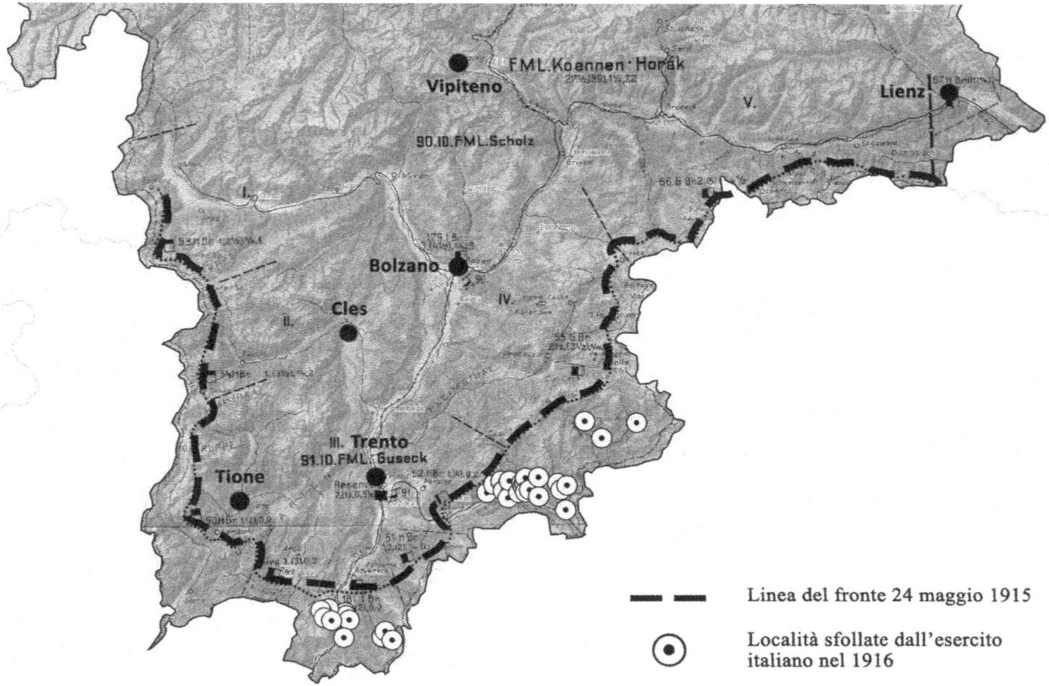


Tav. 3. *Evacuazioni italiane dal territorio trentino (maggio 1916).*

L'indistinta serie di ordini di sgombero non deve distogliere l'attenzione dai nodi concettuali. Il primo riguarda l'aspetto forzato dello spostamento e l'uso della violenza. A prima vista lo sfollamento sembra dettato da impellenti necessità di ordine militare: in molti paesi infatti la partenza dei civili avviene sotto il bombardamento. Alcuni abitati, in particolare nel Tesino e nella Vallarsa, vengono colpiti ripetutamente durante l'avanzata austriaca. Scendendo nel dettaglio si notano tuttavia particolari che incidono sulla valutazione dell'operato dei militari italiani. Lo sfollamento infatti è accompagnato dalla minaccia dell'uso della violenza nei confronti di chi non si adegua all'ordine.

Secondo la testimonianza di Amabile Maria Broz l'ordine di sgombero venne notificato in Vallarsa da due finanzieri, ma al rifiuto di partire «le guardie si arrabbiarono, me ne anno deto d'ogne qualità, maledissero il sangue nostro ci dissero veri austriacanti e continuarono mille ingiuramenti». Al contempo gli abitanti delle frazioni di Obra venivano seguiti dai militari, che «gli obligavano di proseguire il camino altrimenti gli minaciavano la fucilazione»[149]. La mattina seguente venne chiarito che chi voleva andare con gli italiani poteva avviarsi verso il passo di Pian delle Fugazze, mentre chi voleva restare poteva farlo. Nonostante ciò, «erano tutti li italiani cattivissimi ... vennero tanti soldati e fecero partire la maggior parte di persone, minaciando il bombardamento di tutto il paese»[150].

A prescindere dal fatto che la memoria di Amabile è in parte inficiata da un evidente attaccamento all'Austria e da un'avversione piuttosto sensibile contro gli italiani[151], rimane il fatto che l'allontanamento dalle abitazioni è coercitivo. La stessa impressione si ricava analizzando nel dettaglio gli ordini di evacuazione dei comuni del Primiero. Anche in tal caso l'ele-

[149] *Scritture di guerra 4*, *Amabile Maria Broz*, cc. 19-25.

[150] *Ibidem*.

[151] *Ibidem*, p. 29, Amabile dichiara riguardo allo sfollamento che gli italiani «perfidi nostri traditori vedendo che a viceversa andavano a Trento vole vendicarsi contro di noi a voluto proprio farci vedere la libertà che ci veniva portando: libertà di venire a rapirci e rubarci tutto quanto noi possedevamo».

mento della volontarietà dello sgombero veniva meno, poiché i comandi militari chiarirono fin da subito che chi rimaneva in loco «verrà considerato come spia»[152]. Riguardo alla Valsugana la relazione pacata del commissario civile Carlo Barbieri lascia trapelare, tra le righe, dinamiche simili:

> «Furono migliaia di persone – piene di amarezza e di dolore – che, riluttanti e incerte, dovettero essere persuase ad andarsene; furono migliaia di donne e di bambini, che dovettero essere poste nei treni, mentre movimenti di truppe e materiali si avvicendavano e si incrociavano confusamente»[153].

La testimonianza va integrata con quella di testimoni oculari dello sgombero che, interrogati dalle autorità austriache dopo la riconquista del distretto, dichiararono che «la popolazione solo a forza aveva abbandonato piangendo le proprie abitazioni»[154].

Come si evince da queste testimonianze, se analizzato nel dettaglio, lo sfollamento assume i dettagli dello spostamento forzato a tutti gli effetti. In misura ancora maggiore rispetto alle evacuazioni attuate dalle autorità austriache a nord del fronte, emerge in tal caso come l'uso della violenza sia connaturato all'azione di sgombero. L'evacuazione dei trentini messa in atto dai militari italiani si configura così come un accaparramento nazionale a tutti gli effetti: non sussistendo più le condizioni per conquistare cuori e menti della popolazione irredenta, si ripiega su una conquista fisica dei civili.

Questa insistenza sul tema della volontarietà o meno dello spostamento potrebbe sembrare molto accademica e distante dalla percezione degli attori dell'epoca. In realtà proprio in questo contesto acquisisce rilevanza. Il fatto che circa 1.200 abitanti della bassa Vallarsa venissero abbandonati dalle autorità italiane per ragioni logistiche fece sì che questi venissero percepiti dalle autorità asburgiche come fedeli e leali

152 L. Palla, *Il Trentino orientale e la Grande guerra*, p. 207, che riporta l'ordine di sgombero del comune di Canal San Bovo.

153 ACS, MdG, CS, SGAC, b. 218, n. 52837, commissario civile Borgo a SGAC, Oggetto: Sgombri, 27 luglio 1916.

154 TLA, *Statth.*, Präs 1916, 3086 - XII 76c2, Vermögensbeschlagnahme bei verräterischen Handlungen, 26 maggio 1916.

all'Impero[155]. L'essere rimasti volontariamente sotto il tiro d'artiglieria in attesa dell'arrivo delle truppe austriache venne interpretato dai comandi militari asburgici come una scelta di campo plebiscitaria, a differenza di ciò che accadde per gli abitanti della Bassa Valsugana. Le autorità militari austriache, che come abbiamo già visto condividevano una visione pessimistica dell'affidabilità nazionale dei trentini, avviarono dopo la rioccupazione della Valsugana indagini riguardo all'esodo della popolazione. Contrariamente alle osservazioni delle autorità civili, sostennero che l'esodo degli abitanti verso le regioni italiane doveva essere per forza di cose volontario con la seguente argomentazione:

> «... andrebbe tenuto come punto fermo, il fatto che la popolazione a suo tempo, quando il nemico si avvicinava, aveva avuto sufficiente tempo e possibilità di abbandonare il territorio che sarebbe stato conquistato e fuggire verso l'interno».

Secondo le autorità asburgiche, la conseguenza logica di questo comportamento sarebbe da rilevare «nella constatazione certa che la popolazione se ne fuggì da sola [verso le regioni italiane] coi propri attesi liberatori in seguito al fallimento dell'occupazione»[156]. Di conseguenza

> «... è ora del tutto indifferente se ciò è avvenuto a causa dell'odio per il potere austriaco, o per timore del castigo che ci si doveva attendere per l'intesa con il nemico, o perché persuasi dai caporioni irredentistici; deve essere messo finalmente in chiaro che propri concittadini infedeli non devono aspettarsi alcuna indulgenza, bensì il castigo che si sono meritati e che anche subiranno»[157].

In conclusione, l'evacuazione dei trentini a nord e a sud del fronte si può mettere a confronto solo superficialmente.

155 Per loro venne chiesto un trattamento di riguardo, separandoli dai «profughi sudtirolesi inaffidabili». HHStA, AVA, MdI, All. 19, Zl. 50785, Evaquierung von Vallarsa (Brandtal); Unterbringung in Mitterndorf, besondere Fürsorge, 20 settembre 1916.

156 TLA, *Statth.*, Präs 1916, 25898 - XII 76e, Kdo der SW Front an Statth. Innsbruck, 29 maggio 1916.

157 TLA, *Statth.*, Präs 1915, 2684 - XII 76e, Rückkehr der Flüchtlinge in das vom Feinde gesäuberte Gebiete, 25 maggio 1916.

Sono molto differenti le politiche pianificatorie, la radicalità delle azioni preventive, le dinamiche di utilizzo effettivo della violenza come mezzo attivo per agevolare lo sgombero, gli aspetti collaterali allo sfollamento stesso, quali la possibilità di procedere a requisizioni, raccogliere forza lavoro, imporre misure politiche minacciando lo stesso come rappresaglia.

In entrambi i casi, seppur sulla base di motivazioni differenti, si può però parlare di spostamento forzato di popolazione. Gli spazi di volontarietà sono minimi. L'azione, quando intrapresa, è coercitiva e radicale. È evidente che nello stato d'eccezione i militari possono far uso del mezzo dell'internamento o, in casi estremi, della violenza. Le ragioni umanitarie o puramente militari non sono mai gli unici motori dello sfollamento ma, in entrambi i casi, sono accompagnate da altri motivi, decisamente più connotati dal punto di vista politico: il potersi disinteressare dell'affidabilità dei residenti nell'area di operazioni militari a nord del fronte; la conquista fisica dei nuovi cittadini della nazione a sud del fronte.

## 4. *«La popolazione se ne fuggì da sola coi propri attesi liberatori». Evacuati o fuggiaschi?*

Analizzata in quest'ottica locale, l'evacuazione dei trentini si chiarisce nei suoi contorni. Si nota come le prassi di evacuazione vengano attuate a prescindere dai confini politici, indipendentemente dall'autorità che ordinano lo sgombero, dalla cittadinanza e dalle categorie di appartenenza linguistica o politica degli sfollati. Entrambi gli eserciti decidono infatti di sfollare i civili; in entrambi i casi non si può negare che tra le ragioni dello sfollamento sia presente una volontà umanitaria, connessa a ragioni di indole militare, che si mischia però a calcoli politici di sottofondo. Sebbene i trentini siano cittadini austriaci, vengono evacuati dal proprio esercito; sebbene siano italiani irredenti, vengono evacuati da quello italiano. Sono tuttavia meno evidenti le potenziali alternative di cui disponevano gli attori in campo. Per capire come valutare questa evacuazione dobbiamo perciò inserirla nel quadro delle scelte possibili.

Nel chiarire i contorni concettuali del fenomeno degli spostamenti di popolazione in Europa tra la metà dell'Ottocento e la metà del Novecento[158], Antonio Ferrara e Niccolò Pianciola decidono scientemente di utilizzare la categoria di *forced migration* (che non a caso viene adottata nel titolo del volume), sebbene alcuni studiosi preferirebbero sostituirla con quella di *forced removal*[159]. I due autori spiegano la loro preferenza con cura:

> «... si è scelto di continuare ad utilizzare la categoria di 'migrazione forzata' ... proprio perché conserva un'ambiguità: se in generale ci occupiamo di spostamenti in cui è sempre presente una forma di coercizione, in alcuni casi una somma di scelte individuali ha condotto alla decisione di partire da parte di intere comunità, e ha anche determinato la tempistica dello spostamento»[160].

Proprio in questa valutazione sta il primo punto focale. Non tutti i movimenti di civili dal fronte verso l'interno che caratterizzano l'Europa della Grande guerra hanno assunto il carattere di spostamenti coatti, quale è invece il caso dei trentini. Sono numerose le circostanze in cui i civili, pur sulla spinta di fattori esterni, decidono in autonomia il momento della partenza, la direttrice dello spostamento, nonché la sua motivazione intrinseca, che diventa parte della strategia per farsi accettare dalla comunità ospitante.

Il caso più noto è quello dei profughi francesi (circa 500.000 persone) e belgi (altri 450.000) che nell'autunno 1914 fuggirono di fronte all'avanzata tedesca[161]. Il fenomeno è strettamente connesso al *topos* delle barbarie tedesche compiute durante i giorni di agosto e settembre 1914, cui fa da contraltare il mito opposto dei franchi tiratori[162]. Fatto sta che costoro non

158 A. FERRARA - N. PIANCIOLA, *L'età delle migrazioni forzate*, p. 14.

159 A. LÜDTKE, *Explaining Forced Migration*.

160 A. FERRARA - N. PIANCIOLA, *L'età delle migrazioni*, p. 405, n. 2.

161 P. NIVET, *Les réfugiés français*, pp. 169-172; P. PURSEIGLE, «*A Wave on to Our Shores*», p. 428.

162 J. HORNE - A. KRAMER, *German Atrocities 1914*; P. NIVET, *Les réfugiés française*, p. 292.

vengono evacuati da un esercito, ma si rifugiano nell'interno[163]. Compiono una scelta volontaria che li connota positivamente, a differenza di quanto accade ai rimpatriati francesi del 1916 che, per essere stati in contatto coi tedeschi, vengono accolti al loro ritorno in patria con l'appellativo di *boches du nord*[164].

Non è molto diverso il caso dei profughi di Caporetto. Come ben notato da Daniele Ceschin, il riversarsi nell'interno del Regno di una massa di persone in fuga portò con sé la necessità di collocare

> «... il dramma dei civili all'interno di un racconto patriottico per quanto possibile credibile, capace cioè di tenere insieme la giustificazione della fuga e la barbarie del nemico esterno, i rinnovati e consacrati doveri della resistenza e la minaccia disfattista del nemico interno»[165].

La rappresentazione dell'esilio in patria dei veneti e dei friulani «assurse dunque a carattere dello sforzo patriottico degli italiani, anche per coloro che appartenevano al sottobosco dell'assistenza e della propaganda»[166]. Valutazioni analoghe le fornisce Ferrara per gli esuli russi, polacchi e lettoni che fuggirono dai territori dell'Impero zarista invasi dall'esercito tedesco nel 1915[167]. Infine Alexander Watson, riflettendo sugli esiti dell'invasione russa del 1914 in Prussia orientale e sul riversarsi nell'interno del *Reich* di circa 800.000 civili, sostiene che «l'occupazione inflisse grandi sofferenze agli abitanti della Prussia orientale ma, contro-intuitivamente, rafforzò il già ampio sforzo bellico tedesco», poiché gli evacuati «portarono i tedeschi che vivevano nella Germania centrale e occidentale faccia a faccia con le conseguenze dell'invasione», con l'effetto di «unire la popolazione tedesca e di cementare la solidarietà nazionale»[168].

[163] Sul concetto semantico di «profugere» come rifugiarsi all'interno si veda D. CESCHIN, *Gli esuli di Caporetto*, p. XII.

[164] P. NIVET, *Les réfugiés française*, pp. 377 ss.

[165] D. CESCHIN, *Gli esuli di Caporetto*, p. 47.

[166] *Ibidem*, pp. 52-53.

[167] A. FERRARA, *Storia, politica e storiografia*, p. 5.

[168] A. WATSON, *Ring of Steel*, pp. 179-180.

In questo gruppo di «esuli volontari» rientra anche una piccola fetta dei trentini, che finora abbiamo menzionato solo *en passant*: si tratta dei circa 7.000 fuoriusciti che tra il luglio 1914 e il maggio 1915 lasciarono il Trentino e fuggirono in Italia, spesso disertando, in alcuni casi per opportunismo, in molti per evitare il possibile internamento in caso di conflitto[169]. Proprio nel confronto tra i trattamenti riservati ai due gruppi di trentini in Italia – fuggiaschi da una parte e evacuati dall'altra – capiremo nel prossimo capitolo quanto pesi la modalità di abbandono delle proprie abitazioni nel determinare la qualità dell'assistenza e i diritti connessi alla figura del profugo. Nel caso dei fuggiaschi volontari infatti il dispositivo di violenza e coercizione che viene applicato è minimale, sebbene sia evidente che la fuga sia determinata da un evento esterno.

Ci sono poi casi più ibridi, come quello degli ebrei galiziani e della Volynia, che fuggono in territorio austriaco[170]. Costoro non sono l'oggetto di misure di evacuazione ordinate da parte dell'autorità; non esiste una progettualità alla base del loro allontanamento, anche se è evidente il fatto che la loro fuga sia vista con soddisfazione, quantomeno dall'amministrazione zarista[171]. Costoro fuggono per il timore delle truppe cosacche avanzanti e in seguito a *pogrom* minacciati o messi in atto dalla popolazione civile polacca e ucraina che vive nelle stesse città e villaggi dei fuggiaschi[172]. Vengono poi evacuati nel momento in cui il loro numero e le loro condizioni materiali sono tali da non poterne più garantire il sostentamento nelle città di prima destinazione, complici anche pregiudizi civilizzatori e paure preconcette delle autorità austriache[173]. Ci troviamo qui a metà strada tra la fuga e l'esodo, tra la scelta e l'espulsione.

169 FMST, Arch. E, b. 52, fasc. 4, nn. 34-36, Unione Economica Nazionale per le Nuove Provincie d'Italia [1917]; R. Monteleone, *La politica dei fuorusciti*.

170 W. Mentzel, *Kriegsflüchtlinge*, pp. 25-30; P. Gatrell, *A Whole Empire Walking*, p. 18.

171 *Ibidem*.

172 B. Hoffmann-Holter, «*Abreisendmachung*», p. 30.

173 *Ibidem*, pp. 22 ss.

C'è poi il caso delle evacuazioni coatte, ordinate dai militari. La vicenda dei trentini non è l'unica sul quadrante europeo. Anche lo sfollamento dei residenti in centinaia di villaggi polacchi dei dintorni di Przemyśl e Cracovia segue dinamiche analoghe: in questo caso la popolazione viene evacuata perché residente nel circondario delle città fortificate[174]; anche 500.000 cittadini francesi vengono sfollati nel 1915 per necessità militari[175]. Molto più in massa, anche coloni tedeschi ed ebrei della Russia occidentale vengono evacuati con la forza, sotto la spinta di pressioni politiche[176]. Lo stesso accade ai ruteni nel 1914[177] e agli abitanti della Bucovina nel 1916[178].

In tutti questi casi si denota un progressivo crescere dell'uso della forza, delle pratiche di internamento massiccio e, in alcuni casi, della violenza ingiustificata come corollario dello spostamento. Ciò è particolarmente evidente nel caso degli sfollamenti di ebrei e tedeschi in Russia e dei ruteni nell'Impero asburgico. Queste «migrazioni forzate», attuate dai militari sulla base di contingenze belliche, nascondono alle volte obiettivi politici di lungo periodo e sono seguiti da piani di radicale riorganizzazione del territorio – Antonio Ferrara la chiamerebbe «chirurgia demografica»[179] – che valutano tra le opzioni lo spostamento non temporaneo della popolazione chiamata in causa. È questo il caso dei ruteni, dei coloni tedeschi in Russia, degli sfollamenti di cittadini di religione ebraica dalla Russia occidentale.

Si delinea così un *continuum*, che va dalla fuga volontaria – pur sulla spinta di fattori esterni – all'espulsione forzata, accompagnata da violenze ed internamenti, che sono il presupposto per piani politici più radicali, anche se solamente

[174] W. Mentzel, *Kriegsflüchtlinge*, pp. 47-53.

[175] P. Nivet, *Les réfugiés française*, pp. 37 ss.

[176] P. Gatrell, *A Whole Empire Walking*, pp. 21 ss.

[177] W. Mentzel, *Kriegsflütlinge*, pp. 92-110.

[178] Haus der Abgeordneten, *Stenographische Protokolle*, p. 901.

[179] A. Ferrara, *Beyond Ethnic Cleansing*.

abbozzati[180]. Tra i due poli estremi stanno le evacuazioni forzate, ordinate dai militari per ragioni di tipo bellico, ma che nascondono in molti casi valutazioni multifattoriali. È il caso degli sfollati trentini. L'incisività di queste misure sarà maggiore nei confronti di gruppi considerati non affidabili o potenziale ostacolo allo sforzo militare; minore e finalizzata a limitare lo spostamento all'indispensabile nel caso di gruppi ritenuti affidabili o utili in loco. La concomitante presenza di massicce misure di internamento nei confronti di appartenenti allo stesso gruppo è un indicatore attendibile del fatto che il gruppo è percepito, almeno superficialmente, come potenziale *enemy within* da parte delle stesse autorità che sono preposte allo sfollamento.

Questa varietà di migrazioni forzate, tra loro estremamente differenti, viene ricompresa in tutti gli Stati belligeranti sotto la vaga etichetta di profugato di guerra: in Francia ci sono i *réfugiés*, in Italia i *profughi*, in Austria-Ungheria i *Flüchtlinge*, in Gran Bretagna i *refugees*, in Russia i *bezhentsy*. È in realtà del tutto evidente come esista una differenza tra fuggiaschi che hanno abbandonato tutto per scappare alle violenze del nemico (o che perlomeno così si presentano all'opinione pubblica) e sfollati appartenenti ad un gruppo evacuato con la forza per scrupoli militari, del quale molti membri sono internati, accusati di spionaggio e che parlano la stessa lingua del nemico. La gestione dei profughi una volta giunti nell'interno dei rispettivi Stati deve perciò tener presente queste differenze interne: starà alle autorità civili decidere se nello strutturare il modello di assistenza sia preferibile privilegiare la compartecipazione dei profughi all'amministrazione oppure mettere l'accento sul controllo.

La modalità dell'evacuazione e l'accento sul carattere forzato dello spostamento condizioneranno tuttavia la qualità dell'aiuto e le libertà civili che i profughi si vedranno assegnare una

[180] È il caso dell'Impero asburgico, nel quale i militari propongono piani insediativi di lungo periodo in Galizia, nonostante l'ostilità delle autorità civili: P.M. Judson, *The Habsburg Empire*, pp. 390-393. Per l'Impero zarista: P. Gatrell, *A Whole Empire Walking*, pp. 22-26.

volta giunti nell'interno. Incideranno sulla loro possibilità di essere attori dell'assistenza o semplici percettori della stessa. Graveranno nel definire una superiorità morale degli ospitanti rispetto agli ospitati. Ricadranno sulle modalità con cui verranno presentati nel discorso pubblico: fratelli da salvare ed aiutare in alcuni casi, ospiti sgraditi da nascondere alla vista perché simulacro della ritirata militare in altri, marea umana pericolosa e incontrollabile in altri ancora. Tutto ciò sarà oggetto del prossimo capitolo.

*Capitolo secondo*

# Profughi nel proprio Stato

Il 12 luglio 1917 Alcide De Gasperi riassumeva con queste parole la vicenda dei profughi del fronte meridionale davanti ai propri colleghi deputati austriaci: «i profughi sono stati trattati perciò non come fossero cittadini, ma più o meno bene a seconda delle valutazioni individuali e delle singole interpretazioni, come oggetti da amministrare»[1]. A sud del fronte, in Italia, la gestione dell'assistenza non appare migliore e mostra fin da subito i suoi limiti. Un articolista anonimo, scrivendo su «La Libertà», organo di stampa dei fuoriusciti trentini, sbotta nel 1918: «Gli irredenti, o sono austriaci, e allora vanno trattati come tali. O sono italiani e si trattino dunque da italiani»[2]. A corollario di questo articolo, sullo stesso giornale un altro anonimo chiosava, un mese dopo: «Si dovrà altamente meravigliarsi se, quando che sia, non ritorneranno ai loro paesi con sentimenti antitaliani davvero!»[3].

Già queste citazioni ci fanno capire come l'organizzazione dell'assistenza agli sfollati non si limiti a compiti burocratici di gestione della miseria e della marginalità sociale tramite la corresponsione di sussidi e l'individuazione di alloggi. Questo è un elemento centrale del lavoro di *refugees relief*, ma non è l'aspetto su cui ci concentreremo. In gran parte infatti questa analisi è già stata condotta con perizia nei volumi *Gli spostati*

[1] Haus der Abgeordneten, *Stenographische Protokolle*, p. 916. Analoghe le parole di Pittoni: «Man hat die Flüchtlinge nicht als Mitmenschen oder als Menschen überhaupt behandelt, sondern als Sachen, als lästige Sachen, die man von der Grenze wegschleppen muss»; *ibidem*, p. 913.

[2] F.Z., *I nostri profughi*, p. 3.

[3] *Dalle colonie profughi*, pp. 1-2.

e *La città di legno*, per cui sarebbe arduo aggiungere elementi innovativi. Soprattutto, l'analisi delle pratiche di assistenza minuta e delle condizioni di vita degli sfollati luogo per luogo non fanno parte dell'obiettivo che si propone questo lavoro, che suggerisce una comparazione di livello generale.

Per prima cosa ci interessa mettere in relazione l'evento dello sfollamento con le modalità di creazione di un sistema di assistenza nell'interno. Quest'ultimo mette in primo piano le necessità del controllo o evidenzia la corresponsabilità dei profughi nella gestione dell'aiuto? Queste decisioni incidono nel rapporto tra cittadini e Stato?

In secondo luogo analizzeremo le narrative connesse all'arrivo dei profughi trentini e le confronteremo con quelle connesse all'arrivo di altri gruppi di sfollati: devono essere nascosti alla vista? O sono presentati come compatrioti bisognosi di aiuto? Sono il simulacro della sconfitta o della patria da salvare? Sono potenzialmente pericolosi dal punto di vista igienico, religioso, morale? Oppure sono una risorsa? Verrà narrata la vicenda di una figura ibrida dal punto di vista delle tutele e della presentazione nel discorso pubblico, che perde (o non acquista del tutto, nel caso italiano) i connotati della cittadinanza e diventa oggetto da amministrare e cittadino dai diritti dimezzati.

In terzo luogo la permanenza nell'interno, a contatto con le popolazioni ospitanti, porta ad un mutamento nella percezione di gruppo: tensioni economiche ed identitarie spingono gli sfollati – ma anche gli ospitanti – a riconsiderare le proprie sfere di appartenenza: come individuiamo questi cambiamenti nelle scritture soggettive? Come cambiano i rapporti tra residenti e ospiti col passare del tempo?

Solo al termine del terzo capitolo avremo una risposta a queste domande, intrecciate tra loro. A quel punto si capirà come le citazioni proposte all'inizio del capitolo incarnino il nocciolo della questione.

## 1. *«Da cittadini a oggetti da amministrare». Profughi in Austria-Ungheria*

«Senza una metta, senza destinazione»[4]: con queste parole Cecilia Pizzini descrive il suo viaggio verso le regioni interne dell'Impero, in seguito all'evacuazione. La breve citazione ci pone subito all'attenzione il primo elemento di analisi: fatta eccezione per i fuggiaschi di religione ebraica della prima ora, che si mossero nell'agosto 1914 e raggiunsero Vienna prima che il Ministero dell'Interno austriaco si rendesse conto di quanto stava accadendo[5], gli altri profughi austriaci persero implicitamente il diritto all'autodeterminazione del luogo di stanziamento. La loro destinazione veniva decisa da altri.

Le modalità del viaggio dicono molto di come il dispositivo forzoso dell'evacuazione si ripercuota fin da subito nel trattamento che viene poi riservato all'interno: il viaggio avveniva su carrozze bestiame, era vietato abbandonare il convoglio prima della stazione di perlustrazione, la destinazione era ignota. Il motivo era semplice: secondo la Luogotenenza di Innsbruck «tra questi profughi potrebbero nascondersi facilmente elementi pericolosi, la cui presenza sarebbe da evitare, in seguito alle esperienze galiziane»[6].

Data la diffusione di questi timori, anche le esperienze dei pochi che riuscivano a fermarsi a Innsbruck perché fuggiti con i treni di linea in previsione dell'evacuazione forzata furono negative fin dal primo momento: vennero ingiuriati e insultati per strada e l'«Allgemeiner Tiroler Anzeiger» li accusò di aver lasciato volontariamente beni di prima necessità nei villaggi abbandonati per agevolare l'avanzata delle truppe italiane[7].

4 La citazione è ripresa dal libro di A. MIORELLI, *«Senza una metta, senza destinazione»*.

5 A. WATSON, *Ring of Steel*, p. 186; B. HOFFMANN-HOLTER, *Abreisendmachung*, p. 30.

6 TLA, *Statth.*, Präs 1916, 1193/63 - XII 76e, BH Innsbruch an Statth. Tirol, Betreff: Abschub der Zivilbevölkerung, 26 maggio 1915.

7 G. PIRCHER, *Militari, amministrazione e politica in Tirolo*, pp. 51-52.

Coloro che giungevano nella stazione di perlustrazione di Salisburgo coi convogli collettivi non trovavano accoglienza migliore: don Pegoretti, curato di Pietramurata, nota come a Salisburgo

> «... fummo trattati piuttosto da prigionieri di guerra o malfattori, anziché da poveri esuli in terra straniera. Sulla faccia ci dicevano causa della guerra. Forse ci ritenevano regnicoli o cospiratori come i Galiziani. Se fossimo rimasti colà ancora un giorno, forse saremo morti d'inedia e di privazioni»[8].

De Gasperi stesso maturò impressioni analoghe, sottolineando come

> «... i profughi dovettero passare notti terribili all'aperto o in un'umidissima tettoia di mattoni. Il disordine era spaventoso, lo smistamento dei treni avveniva in modo che i profughi dello stesso paese si trovavano divisi, anzi i membri della stessa famiglia venivano trasportati in provincie diverse»[9].

I trentini condividevano con la maggior parte degli altri profughi dell'Impero la circostanza di essere stati sfollati con la forza dalle aree di confine. Questo elemento faceva sì che venissero inseriti, fin da subito, nel quadro legislativo esistente. Questo era stato elaborato dal Ministero dell'Interno austriaco per la gestione dell'assistenza dei profughi ruteni, ebrei e polacchi, giunti nell'*Hinterland* dell'Impero a partire dall'agosto 1914. Dato che per il trattamento e la dislocazione degli sfollati si fece ricorso in prima istanza alle disposizioni emanate dal Ministero della Guerra, che inserì i profughi nella categoria delle persone pericolose per lo Stato[10], venne previsto fin da subito l'allontanamento degli stessi dalle aree di operazione militare e il concentramento in un numero limitato di *Länder* nel cuore della Duplice monarchia (Alta Austria, Bassa Austria, Stiria settentrionale, Boemia e Moravia)[11]. Le autorità civili ne presero atto e in linea di principio non misero in discussione questa decisione nel momento in cui si trovarono ad amministrare gli sfollati giunti nell'interno. Il luogotenente del Tirolo

[8] D. Leoni - C. Zadra (edd), *La città di legno*, p. 32.

[9] *Ibidem*.

[10] W. Mentzel, *Kriegsflüchtlinge*, pp. 211-212.

[11] O. Überegger - M. Rettenwander, *Leben im Krieg*, p. 63.

Toggenburg, ad esempio, si mostrò contrario allo stanziamento di profughi di lingua italiana in Tirolo, adducendo difficoltà di approvvigionamento e lamentando che «l'inserimento improvviso di una tal massa di cittadini stranieri in cerca di cibo nei comuni in oggetto dovrebbe avere conseguenze catastrofiche» poiché «l'atteggiamento della popolazione di lingua tedesca nel caso dell'ingresso in guerra dell'Italia contro di noi fa temere l'esplosione di eccessi e di un odio fanatico nei confronti di tutto ciò che è italiano»[12]. La situazione che si venne a creare nel vicino Vorarlberg è analoga: le autorità militari ottennero che tutte le persone inaffidabili residenti nei distretti di Feldkirch e Bregenz, vale a dire profughi e quanti erano lì emigrati durante la guerra, venissero allontanati[13], colpendo l'intero gruppo linguistico italiano.

Un problema analogo si poneva nel caso del Salisburghese, che era stato inizialmente individuato (il 19 aprile) come meta di parte dei profughi trentini (11.000)[14]: anche in questo caso per disposizioni dell'autorità militare il *Land* non poté accogliere i profughi italofoni, essendo stato dichiarato zona di retrovia, sebbene si trovasse molto distante dal fronte[15]. Infine, anche nelle regioni che non erano zona di operazioni, i comandi militari vietarono l'alloggiamento di profughi nei pressi delle linee ferroviarie principali e a sud della *Südbahn*, sempre per timori di spionaggio[16], replicando anche in questo

12 TLA, *Statth.*, Präs 1915, 1193/1 - XII 76e, liegt bei 1916/19 - XII 76e, Räumung der befestigten Plätze in Südtirol von Zivilpersonen, Statth., Toggenburg an Karl Freiherr von Heinold, Minister des Innern, 14 marzo 1915.

13 TLA, *Statth.*, Präs 1917, 8/362 - XII 76c 2, Landesverteidigungs Kdo Tirol an Statth. Tirol, 9 giugno 1915; *Statth.*, Präs 1918, 2215 - XII 76c, Statth. Tirol an Erzhog Eugen, 14 gennaio 1917; Bezirkhauptmann Feldkirch an Statth. Tirol, 18 gennaio 1917; Kriegsüberwachungsamt an Statth. Tirol, 21 marzo 1917.

14 HHStA, AVA, MdI, Präs 19/3, Zl. 7975, Evakuierung von Pola, Triest und Südtirol, 19 aprile 1915.

15 HHStA, AVA, MdI, Präs, 19/3, Zl. 7923, Evakuierung von Pola, Triest und Südtirol zu 5737 vom 5. April 1915, 19 aprile 1915.

16 HHStA, AVA, MdI, Präs, 19/3, Zl. 11854/14, Instruktion betreffend die Beförderung und Unterbringung von Flüchtlingen aus Galizien und der

caso l'associazione tra popolazioni profughe ed elementi politicamente pericolosi.

In breve, rimanevano a disposizione delle autorità per il dislocamento dei profughi italofoni (e meridionali in generale) soltanto la Bassa Austria, parte della Stiria e dell'Alta Austria, la Boemia, la Moravia e, eventualmente, i Comitati ungheresi, anche se in tal caso il governo di Budapest faceva affidamento su fondi austriaci per l'assistenza e poneva l'accento sulla temporaneità dello stanziamento[17].

Il mancato sgombero dei ferrovieri delle linee meridionali permise ai trentini di essere stanziati nelle sole regioni cisleitaniche, nonostante il numero di profughi fosse maggiore rispetto alle previsioni iniziali. I giuliani e gli istriani invece furono inviati in grandissima parte in Ungheria e Moravia nei primi mesi di profugato e solo nell'autunno 1915 vennero reindirizzati dall'Ungheria alla Stiria, dove si erano liberati posti prima occupati da profughi polacchi[18]. La questione dei profughi di guerra, quasi esclusivamente provenienti dalla porzione austriaca dell'Impero, divenne di conseguenza un ulteriore elemento di frizione fra governo austriaco ed ungherese: al pari della gestione delle scarse derrate alimentari, il governo di Budapest «trattò la questione degli sfollati come un problema puramente austriaco e rifiutò l'assistenza»[19].

I trentini vennero così accolti in Moravia (19.135 profughi in 19 diversi Capitanati distrettuali), Boemia (15.798 profughi in 39 Capitanati distrettuali), Bassa ed Alta Austria (rispettivamente 12.726 e 12.974 sfollati). Nel Salisburghese e nel Tirolo a nord del Brennero (rispettivamente 2.064 e 5.904 persone) rimasero coloro che rinunciavano ai sussidi statali e

Bukovina, 15 settembre 1914. Le stesse disposizioni adottate per i profughi del nord-est verranno confermate per i profughi del sud; si veda, AVA, MdI, All. 19, Zl. 20066/15, Flüchtlingfürsorge. Unterbringung im Etappenraum, 1° maggio 1915.

17 Si veda *supra*, cap. I, nota 73.

18 P. Malni, *Fuggiaschi*.

19 A. Watson, *Ring of Steel*, p. 201.

potevano mantenersi coi propri mezzi[20]; altri 6.000 profughi circa poterono rimanere in Trentino, perché sfollati da vallate laterali, distanti dalle linee ferroviarie e in cui il fronte era tranquillo. Tra gli allontanati, seppur sulla base di una misura giuridica differente, vanno infine conteggiati circa 2.500 internati e confinati, concentrati a Katzenau (Alta Austria), nelle *Internierungsstationen* della Bassa Austria e in alcuni rari casi nel Tirolo settentrionale[21] (tav. 4).

Come si nota, il meccanismo di instradamento dei profughi implementato dalle autorità austriache tra il settembre 1914 e il maggio 1915 si prestava maggiormente a mettere in evidenza gli elementi di controllo che quelli di cooptazione e gestione partecipata dell'aiuto. Nella lista delle priorità cui prestare attenzione nel definire il luogo di destinazione spicca l'elemento della potenziale pericolosità, che spinge le autorità a dislocare i profughi a debita distanza dal fronte e da installazioni militari.

Questa tensione verso il controllo non stupisce, dato che in tutti gli Stati belligeranti si nota una contrazione delle libertà civili[22]. Gatrell nota come i profughi vengano percepiti di norma come diversi ed incontrollabili, e pertanto assoggettati ad un controllo più stringente rispetto alle persone comuni[23]. Nel momento in cui si spostano, assumono infatti su di sé tutti i caratteri della marginalità sociale e il gruppo dominante o più numeroso «usa i propri valori, esperienze, cultura come standard per misurare gli altri gruppi e trovarli mancanti di qualcosa, escludendoli o ritenendoli complementari a se stessi»[24]. Per questo motivo diventano ovunque i destinatari di particolari attenzioni per quanto riguarda la regolazione degli spostamenti.

[20] Dati tratti da LABORATORIO DI STORIA DI ROVERETO (ed), *Gli spostati*, II, pp. 122-123; le informazioni sono riferite al 1916, ad evacuazioni terminate.

[21] A. LIVIO, *L'amministrazione dell'internamento*, pp. 43-68.

[22] Per l'Austria: P.M. JUDSON, *The Habsburg Empire*, p. 387. Per l'Italia: G. PROCACCI, *L'internamento di civili*.

[23] P. GATRELL, *A Whole Empire Walking*, pp. 4-5.

[24] *Ibidem*, p. 6.

Tuttavia i profughi degli Imperi zarista o asburgico, oltre ad incarnare molti dei caratteri della marginalità sociale per eccellenza – nomadismo, vagabondaggio, accattonaggio – si caratterizzavano per essere nazionalità minoritarie o gruppi religiosi non sempre ben accetti[25]. Possiamo comprendere di conseguenza la predisposizione delle autorità nel tentare di disciplinare questo gruppo, che usciva da categorizzazioni sociali costituite. Torna perciò a galla nel trattamento dei profughi la necessità, per le autorità di inizio Novecento, di disciplinare, controllare, conoscere in maniera scientifica la società[26].

In questo contesto tutti gli Stati belligeranti si organizzano per censire i profughi, regolarne gli spostamenti, definirne i luoghi di stanziamento e i sussidi, regolare le possibilità di lavoro: tutto ciò era infatti funzionale a strutturare l'aiuto. Questa invasione delle competenze dello Stato nella sfera personale può essere però mitigata da altri aspetti: su tutti la cooptazione dei profughi stessi nel meccanismo di aiuto e la presenza di un'assistenza immediata a livello locale, che fa da contrappeso con i suoi rapporti umani positivi alle imposizioni burocratiche dello Stato. Ciò si nota in molte realtà europee: su tutte spicca il caso della Gran Bretagna[27]. In Austria tuttavia questo avviene solo in maniera superficiale; è molto intenso invece, come abbiamo già intuito, l'intervento dello Stato nel limitare le libertà.

Appena giunti nell'interno, dopo essere stati smistati e separati nelle *Perlustrierungsstationen*, i trentini fecero esperienza di un'assistenza precaria e della presenza pervasiva dell'elemento coercitivo. La prassi della perlustrazione degli sfollati e l'organizzazione dello smistamento in campi e villaggi somiglia molto al dispositivo di filtraggio messo in atto nel 1918 per il rimpatrio degli ex prigionieri di guerra austro-ungarici dalla Russia e risponde agli stessi obiettivi: come nota Rachamimov, «la politica di rimpatrio prescritta dall'AOK era una combinazione di

[25] *Ibidem*, p. 8.

[26] M. Foucault, *Sorvegliare e punire*.

[27] K. Storr, *Excluded from the Record*.

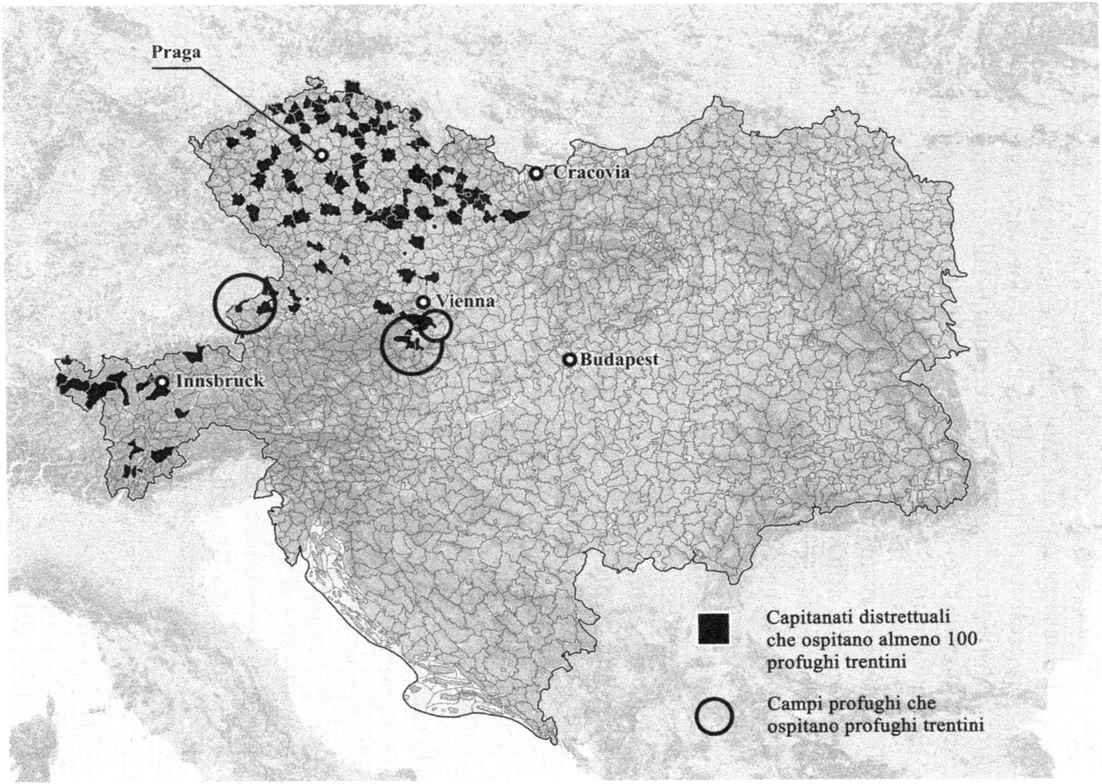


Tav. 4. *Dislocazione dei profughi trentini in Austria-Ungheria* (1916).

precauzioni ..., di misure punitive, investigative e didattiche»[28]. L'8 giugno 1915 venne inviata perciò a tutte le Luogotenenze una circolare in cui il Ministero dell'Interno sottolineava che i profughi «devono essere accolti come cittadini fedeli»; questa premura, affiancata alla conferma che le disposizioni restrittive già prese per i profughi galiziani dovevano valere anche per i profughi del sud, era determinata dalla convinzione che «nell'interno riceveranno un'accoglienza scortese» a causa del «legame culturale e linguistico col nuovo nemico»[29].

Il Ministero avanzava questa precisazione ben sapendo che i comuni e i Capitanati distrettuali ospitanti non erano inclini all'accoglienza positiva: quando a fine agosto 1914 aveva chiesto ai singoli Capitanati quali di loro erano disposti ad ospitare, in caso di bisogno, profughi o, in alternativa, cittadini di altri Stati belligeranti, ricevette risposte contrastanti, a seconda delle autorità interpellate. La questione era essenziale, poiché il regolamento generale riguardante la dislocazione dei profughi prevedeva che questi fossero inviati nei singoli comuni solo se questi avessero preventivamente dato il proprio benestare allo stanziamento[30]. Proprio da Austria Inferiore e Austria Superiore – future destinazioni dei trentini – giunsero le risposte più negative.

Il capitano distrettuale di Gmünd (Bassa Austria) scrisse ad esempio che «in questo distretto non c'è neppure un comune che si è detto disponibile ad ospitare disertori di altri eserciti, profughi o persone sospette di altri Stati». Le tre categorie venivano così ricomprese, nella visione delle autorità locali, in un unico contenitore permeato di negatività. Risposte analoghe giunsero da tutti gli altri Capitanati del *Land*[31]. Responsi dello stesso tenore, se non più duri, pervennero al Ministero

[28] A. RACHAMIMOV, *POWs and the Great War*, p. 194.

[29] HHStA, AVA, MdI, All. 19, Zl. 27858/15, Min. des Innern an polit. Landeschefe, 8 giugno 1915.

[30] HHStA, AVA, MdI, All. 19., Zl. 11854, Unterbringung von Flüchtlingen. Allgemeine Grundsätze, 6 settembre 1914.

[31] NÖLA, *Statth.*, Präs., Sign. P, XIIa, Zl. 70/4, BH Gmünd an Min. des Innern, 29 luglio 1914.

da Alta Austria[32] e Slesia[33]. La conseguenza pratica di queste risposte – oltre alla scontata avversione dei capitani distrettuali all'accoglienza dei profughi, che si tramuta in negligenze nell'applicazione delle normative ministeriali – sta nel fatto che il Ministero venne costretto a stanziare i profughi trentini dislocati in queste regioni in edifici abbandonati, locali pubblici, fabbriche dismesse (tra queste, ad esempio, quelle di Mitterndorf[34] o Göslabruck)[35] dove le condizioni igieniche e abitative erano peggiori che nei villaggi, trattandosi di alloggi di emergenza.

Riassumendo, la preventiva avversione dei capitani distrettuali e dei sindaci verso l'accoglienza dei profughi nelle regioni tedescofone incide sulla qualità della prima assistenza. Non stupisce pertanto il fatto che le maggiori situazioni di disagio si registrino proprio in questi contesti, dove i profughi vengono apertamente accostati a figure pericolose per lo Stato. Anche in Boemia e Moravia, sebbene in misure meno radicali, si assiste ad episodi sporadici di questo genere: la Luogotenenza di Praga, premurandosi di «considerare la triste situazione delle persone diventate senzatetto senza che ne avessero colpa», non mancava di sottolineare che «bisognava usare ferrea disciplina nei confronti di elementi pericolosi»[36]. Leoni e Zadra riportano casi di accettazione fredda o sospettosa a Brünn (Moravia), dove «molti ... del popolino non sapevano dove abitiamo [e] ci credettero regnicoli, anzi qualcuno perfino spie», etichettando i profughi come «infedeli, traditori»[37]. Nei distretti a maggioranza ceca, tuttavia, lo stanziamento in villaggi di piccoli gruppi di

[32] HHStA, AVA, MdI, All. 19, Zl. 44160, Unterbringung von Flüchtlingen in Oberösterreich. Sicherstellung von Unterkunften, 19 novembre 1914.

[33] HHStA, AVA, Präs, 19/3, Zl. 10472, 11 agosto 1914.

[34] NÖLA, *Statth.*, Präs., Sign. P, XIIa, Zl. 968/315, Unterbringung der evakuierten Bevölkerung, 21 ottobre 1914.

[35] NÖLA, *Statth.*, Präs., Sign. P, XIIa, Zl. 1291/442, BH St. Pölten an Statth. Präs., 17 novembre 1914.

[36] HHStA, AVA MdI, All. 19, Zl. 25982/15, K.K. Statth. Präs in Böhmen an die Herren Vorstände aller Bezirkshauptmannschaften, 2 giugno 1915.

[37] D. Leoni - C. Zadra (edd), *La città di legno*, p. 43.

sfollati si prestava meglio a garantire la gestione dell'assistenza spicciola e i rapporti interpersonali.

Il quadro generale che ne emerge è a tinte fosche. Gli elementi che avevano caratterizzato l'evacuazione, tra cui la percezione di scarsa affidabilità, si replicavano spesso anche all'interno. Qui le autorità locali diventano ulteriore ostacolo alla normalizzazione, prediligendo il controllo alla cooptazione. In primo luogo ci si preoccupò che la popolazione trentina venisse separata nei singoli comuni al fine di garantire un rapporto di assoluta inferiorità della popolazione evacuata rispetto a quella autoctona; questa misura doveva essere rispettata con rigore nel caso della popolazione cittadina di Trento e Rovereto[38]. Questa norma rimandava direttamente al regolamento generale sul trattamento dei profughi emanato nel settembre 1914, che prevedeva una percentuale massima di profughi del 2% per ogni comune al fine di garantire controllo e sorveglianza da parte della popolazione autoctona, più affidabile dal punto di vista nazionale[39]. Una nota della Luogotenenza di Brünn (Moravia) del 20 maggio 1915 chiariva come i profughi alloggiati nei comuni venissero

«... sorvegliati strettamente ... in particolare mediante le già citate misure di censura e mediante provvedimenti di espulsione nei campi di concentramento dei coloro che mostrano comportamenti criticabili»[40].

Sia nelle procedure di instradamento e definizione della località di stanziamento, che nelle prime disposizioni assistenziali si nota così come le autorità austriache tendessero ad enfatizzare gli elementi di controllo dirigistico della problematica.

I profughi però non si limitano a interpretare il ruolo di meri percettori dell'assistenza. Provano in alcuni casi a proporsi

[38] HHStA, KA, AOK, GZNB, Abt. D, Zl. 1078, Entfernung der Zivilbevölkerung Südtirols und des Küstenlandes, 16 giugno 1915.

[39] Kaiserliche Verordnung dell'11 agosto 1914, in «Reichsgesetzblatt», 1914, n. 213, betreffend den Schutz der zu Zwecken der Kriegsführung aus ihrem Aufenthaltsorte zwangsweise entfernten Zivilpersonen, § 6.

[40] HHStA, AVA, MdI, Präs., 19/3, Zl. 10256, Statth. Präs Mahren an Min. des Innern, Staats- und Sicherheitspolizeiliche Sondernmaßnahmen wegen der galizischen Flüchtlinge, 20 maggio 1915.

attivamente per migliorare la propria condizione: adottano il linguaggio patriottico, propongono migliorie, fanno confronti, mettono a disposizione competenze organizzative, in un processo che Pieter M. Judson chiamerebbe di «state building from below»[41]. Esemplare il caso di don Celestino Brigà che, dopo aver visitato tutte le colonie profughi della Alta e Bassa Austria, si rivolge in questi termini alla Luogotenenza di Sankt Pölten: «noi siamo austriaci, buoni fedeli austriaci che portano il peso della guerra più che tutti gli altri ed abbiamo il sacrosanto diritto di essere ben trattati»; quindi propone una serie di migliorie e di adeguamenti alle disposizioni statali[42]. In molti casi sono i profughi stessi a contattare le autorità superiori o i propri referenti politici avanzando richieste e segnalando incongruenze nell'applicazione delle normative ministeriali[43].

Il risultato di queste attività è però significativo dello spazio d'azione che si vuol lasciare agli sfollati: o i Capitanati distrettuali negavano prontamente ogni addebito senza approfondire la questione[44] o, in maniera più sintomatica, mettevano sotto indagine il redattore della richiesta. È proprio il caso di Brigà: il Capitanato di Pöggstall lo definisce «aizzatore» e tenta di inibirne la libera circolazione[45]. La Luogotenenza di Innsbruck vaglia minuziosamente tutte le sue dichiarazioni e i suoi spostamenti. Sebbene non ci siano addebiti formali a suo carico, viene sorvegliato strettamente da questo momento in poi e ne viene limitata la possibilità di circolare nell'Impero.

41 P.M. Judson, *The Habsburg Empire*, pp. 395 ss.

42 NÖLA, *Statth.*, Präs., Sign. P, XIIa, Zl. 4049, don Celestino Brigà an Statth. Präs St. Pölten, 2 agosto 1915.

43 HHStA, AVA, MdI, All. 19, Zl. 41810, Betreff: Fürsorge für die Flüchtlinge aus dem Süden, verschiedene Beschwerde, 31 luglio 1915.

44 NÖLA, *Statth.*, Präs., Sign. P, XIIa, Zl. 3004/2, K.K. Landesgendarmeriekommando n. 1, Mödling an Statth. Präs., Betreff: Italienische Flüchtlinge in Mitterndorf; Beschwerden, 13 luglio 1915.

45 NÖLA, *Statth.*, Präs., Sign. P, XIIa, Zl. 4050, 9 agosto 1915, BH Pöggstall an Statth. Präs, Betreff: Flüchtlinge, Unterbringung, z. Zl. 4049/6 P vom 26 luglio 1915.

È indicativo in tutto ciò il fatto che la collaborazione dei rappresentanti politici dei profughi stessi alla gestione dell'assistenza venga inibita. Il deputato Valentino Pittoni riporta come

«... i deputati non potevano visitare i profughi, i loro rappresentanti non potevano aiutarli, loro non potevano scrivere e sui giornali non poteva comparire nulla. Dopo che io stesso ero stato privato della libertà di movimento in zona di guerra, pregai un mio collega di visitare i profughi, affinché anche noi venissimo edotti delle loro condizioni ... e potessimo portare all'attenzione delle autorità preposte che cosa si poteva fare. Signori, anche il titolo dell'articolo e la firma del mio collega vennero censurati»[46].

La possibilità per i profughi di migliorare la propria situazione mediante la collaborazione nella gestione dell'emergenza o la creazione di un'immagine pubblica positiva diventano perciò esigue o addirittura nulle fin dal primo momento, incidendo in maniera negativa sul rapporto iniziale di convivenza tra trentini e popolazione locale.

Un'immagine positiva dei profughi, nel frattempo, non emerge nemmeno nel discorso pubblico. Anzi, le autorità stesse concorrono a fornire una visione del fenomeno tale da mettere in evidenza gli elementi di pericolosità dello sfollato, sia in termini culturali che morali. In una pubblicazione del 1915, edita dal Ministero dell'Interno e intitolata *Staatliche Flüchtlingsfürsorge im Kriege 1914/15*, l'arrivo dei profughi viene presentato in questi termini: «questa marea che si incanala verso l'*Hinterland* porta nuovi problemi sociali ed etnici»[47]. Al pari di quanto accade nel caso dell'Impero russo, questi concittadini vengono assimilati ad una piaga biblica, una marea, una valanga. Sono percepiti come una calamità, in parte per il loro numero, in parte per le loro condizioni di marginalità ed alterità, in parte per il carattere di incontrollabilità dei loro movimenti.

Friedrich Ritter von Wieser, vice-segretario ministeriale che si occuperà della gestione dei profughi nell'*Hinterland*, pubblica nel 1915 un articolo in cui i profughi provenienti dal nord-est

[46] HAUS DER ABGEORDNETEN, *Stenographisches Protokolle*, p. 913.

[47] K.K. MINISTERIUM DES INNERN, *Staatliche Flüchtlingsfürsorge*, p. 4.

dell'Impero vengono definiti «alla stregua di un violento flusso, che ... prende la forma di una potentissima alluvione»[48]. Per i funzionari del Ministero perciò i profughi vengono percepiti come una calamità, da inquadrare e controllare. Il profugo acquisisce, nell'accezione che diventa propria della burocrazia asburgica, una connotazione negativa che va oltre l'impressione della massa incontrollata e della miseria materiale. L'idea dell'abbandono dell'abitazione viene messa in relazione con quella della diserzione e della pericolosità politica. Uno dei primi atti dell'amministrazione asburgica in tal senso ha ad oggetto, non a caso, il «trattamento di disertori, fuggiaschi e sospetti»[49], categorie che vengono assimilate dal punto di vista concettuale e nel trattamento. In tutti gli atti in cui viene discusso il tema dei profughi dalle autorità militari o civili dell'Impero, la connotazione che assume il concetto di profugo è relazionata a quella di «incapacità», «vagabondaggio», con una valutazione moraleggiante[50]. Queste rappresentazioni e valutazioni portano, di conseguenza, a misure restrittive e poliziesche nei confronti dei profughi, ritenuti pericolosi a prescindere[51].

Ciò accade perché nel 1914 l'arrivo dei profughi è inaspettato e le uniche misure elaborate dal governo per il trattamento della popolazione civile provenivano dalla sezione del *Kriegsministerium* che si occupava del trattamento di prigionieri di guerra, internati e sospetti. Come abbiamo già visto, le autorità civili fecero proprie le disposizioni già redatte per i prigionieri di guerra e gli internati, adottandole anche per i profughi. Nel settembre 1914 venne prevista anche per questi la creazione di un *Barackensystem* come modello di controllo e sfruttamento: ne conseguì la possibilità del domicilio coatto in *Lager* come alternativa alla residenza in piccole località e l'obbligo di lavoro[52]. Il fatto che i fondi per il trasferimento

48 F. Ritter von Wieser, *Staatliche Kulturarbeit*, p. 1.

49 HHStA, AVA, MdI, Präs, 19/3, Zl. 10599, Betreff: Behandlung von Deserteuren, Flüchtlingen und verdächtigen Personen, 19 agosto 1914.

50 A. Watson, *Ring of Steel*, pp. 198-200; W. Mentzel, *Kriegsflüchtlinge*, p. 9.

51 W. Mentzel, *Kriegsflüchtlinge*, p. 10.

52 *Ibidem*, pp. 211-213.

dei profughi e il loro mantenimento venissero trovati sotto la voce di bilancio della «pubblica sicurezza»[53], di solito riservato a vagabondi, fannulloni e restii al lavoro[54], fornisce infine il metro di come i funzionari del Ministero dell'Interno leggessero il problema: i profughi erano elementi pericolosi, assimilabili ai marginali, da controllare, registrare, osservare. Pur essendo cittadini dello stesso Stato, si decideva scientemente di limitarne i diritti[55], al fine di non turbare la popolazione locale[56]. L'averli inseriti, con la *Kaiserliche Verordnung* dell'11 agosto 1914, nel paragrafo relativo al vagabondaggio e al controllo poliziesco, permetteva in ogni momento di internarli, spostarli di domicilio, inviarli in *Lager* o al lavoro coatto.

I profughi si trovavano in sostanza di fronte ad una perdita implicita di *status* civile. Tutti i cittadini austriaci, ed in particolare coloro che si trovavano in zona di guerra, sono soggetti ad una restrizione delle libertà. Tuttavia per gli sfollati questa restrizione è ancora più marcata e, non di rado, lascia spazio a trattamenti discrezionali. Ne è conscio Heinrich Montel, responsabile della sezione del Ministero competente sui profughi: «questo problema non poteva essere risolto con le norme, i mezzi ed i metodi della legge ordinaria, che vanno bene per le normali condizioni del tempo di pace: dovevano essere percorse nuove vie»[57]. La percezione di potenziale inaffidabilità che accompagna l'evacuazione si replica nelle prassi burocratiche di gestione nell'interno proposte dal Ministero: il controllo diventa così l'elemento più evidente del sistema di assistenza[58]. Non

[53] HHStA, AVA, MdI, All. 19, Zl. 11854, Betreff: Unterbringung von Flüchtlingen. Allgemeine Grundsätze, 6 settembre 1914.

[54] W. Mentzel, *Kriegsflüchtlinge*, p. 222.

[55] Si veda la direttiva riservata inviata dal Ministro dell'Interno Heinold alle Luogotenenze: NÖLA, *Statth.*, Präs., Sign. P, XII, Zl. 384, 18 settembre 1914, Brief von Innenminister Heinold. Nel testo il ministro riporta: «Ich muss ohne weiteres zugeben, dass die angeordnete Vorgang nicht ganz mit dem gesetzlichen Zustande im Einklang steht».

[56] F. Ritter von Wieser, *Staatliche Kulturarbeit*, p. 1.

[57] K.K. Ministerium des Innern, *Staatliche Flüchtlingsfürsorge*, p. 4.

[58] Valutazioni generali in A. Watson, *Ring of Steel*, p. 200.

stupisce di conseguenza che anche per i trentini si decida la creazione di *Lager*, quantomeno nei *Länder* in cui i rapporti con le autorità e gli ospitanti sono degradati già in partenza.

## 2. *«I Gendarmi ci condussero nelle baracche». Il 'Lagersystem' come perno della politica di stanziamento in Austria*

Il nesso tra evacuazione forzata e creazione di almeno un *Lager* per gruppo linguistico torna a galla nelle parole di De Gasperi. Anche nell'alloggiamento dei profughi italofoni si decise infatti di adottare la soluzione del *Lagersystem*, già messa in atto per ruteni, ebrei e polacchi:

> «Dato che le condizioni di vita nei Lager erano così negative, era chiaro già all'inizio della guerra con l'Italia che fosse insensato costruire nuove città di legno. Io ho portato questa obiezione già allora ai rappresentanti del Ministero dell'Interno ... Mi è stato però anche detto che c'erano altri motivi che portavano alla costruzione di queste cittadelle, motivi riguardo ai quali io non potevo essere messo al corrente essendo una persona parzialmente sospetta. Questi motivi erano naturalmente gli stessi che avevano causato l'evacuazione»[59].

La scelta dello stanziamento in *Lager* di una parte dei profughi era figlia della situazione che si era venuta a creare nel settembre 1914. Decine di migliaia di fuggiaschi si stavano riversando nelle grandi città dell'Impero, e in particolare a Vienna, in condizioni igieniche disperate dopo un viaggio durato settimane e uno sfollamento connotato dalla violenza. La gran parte di questi erano ebrei, che divennero da subito bersaglio di pregiudizi culturali e morali, alimentati dalla stampa tedesco-nazionale[60]. Il Ministero dell'Interno si adoperò in tutta fretta per controllare i flussi e prevenire lo stanziamento nelle grandi città: si decise così di creare delle stazioni di perlustrazione sulle principali linee ferroviarie e, nei pressi delle stesse, dei campi profughi di grandi dimensioni.

[59] HAUS DER ABGEORDNETEN, *Stenographische Protokolle*, p. 917.

[60] B. HOFFMANN-HOLTER, *«Abreisendmachung»*, pp. 35-51. Per Vienna: D. RECHTER, *Galicia in Vienna*, pp. 113-130 e, dello stesso autore, *The Jews of Vienna*.

L'obiettivo primario era quello di non urtare la sensibilità della popolazione autoctona, che ancora credeva in una rapida vittoria e che non nascondeva i propri atteggiamenti antisemiti o, nei migliori dei casi, da *Kulturträger*[61], nei confronti delle popolazione ebree o rutene che provenivano da est[62]. A tal fine, fin dal settembre 1914 venne prevista la creazione di *Lager*, allo scopo di separare i nuovi arrivati da popolazioni che mostravano un basso grado di accettazione dei profughi[63], spesso percepiti come *competitors* sul campo alimentare, potenziali spie e, non da ultimo, portatori di malattie contagiose[64].

Per gli italofoni si pose lo stesso problema e ciò accadde soprattutto nei *Länder* a maggioranza nazionale tedesca, dove si rivelò necessaria su proposta dei luogotenenti la creazione di *Lager* per la popolazione di lingua italiana. Nello stesso passo in cui Toggenburg dichiarava di non poter accogliere in Tirolo i profughi italiani, si suggeriva che «la creazione di questi campi di concentramento per profughi sarebbe da perseguire fin da subito»[65]. Impressioni analoghe si ricavano in Bassa Austria e Alta Austria: in questi territori le amministrazioni distrettuali e regionali si mostrarono avverse all'arrivo di profughi[66], accamparono numerosi impedimenti nel tentativo di non accoglierli[67], ed accettarono i profughi soltanto nell'e-

[61] Gruppo che si percepisce come portatore di standard culturali elevati e che li utilizza in senso civilizzatore nei confronti di altri gruppi.

[62] W. MENTZEL, *Kriegsflüchtlinge*, pp. 217-222.

[63] *Ibidem*, pp. 298-305; HHStA, AVA, MdI, All. 19, Zl. 11854, Unterbringung von Flüchtlingen, Allgemeine Grundsätze, 6 settembre 1914.

[64] A. WATSON, *Ring of Steel*, pp. 198-200.

[65] TLA, *Statth.*, Präs 1915, 1193/1 - XII 76e, liegt bei Präs 1916, 19 - XII 76e, Statth. Toggenburg an Karl Freiherr von Heinold, Minister des Innern, Räumung der befestigten Plätze in Südtirol von Zivilpersonen, 14 marzo 1915.

[66] HHStA, AVA, MdI, Allg, 19, Zl. 44160, Unterbringung von Flüchtlingen in Oberösterreich. Sicherstellung von Unterkünften, 19 novembre 1914; NÖLA, *Statth.*, Präs., Sign. P, XII, Zl. 70/4; W. MENTZEL, *Kriegsflüchtlinge*, p. 272.

[67] HHStA, AVA, MdI, Präs., 19/3, Zl. 7975, Statth. Präs Oberösterreich an Min. des Innern, Unterbringung von Flüchtlingen aus Südtirol, 20 aprile 1915; AVA, MdI, Präs., Sign. 19/3, Zl. 7661, Statth. Präs Oberösterreich an Min. des Innern, Evakuierung von Pola, Triest und Südtirol, 15 aprile 1915.

ventualità in cui questi venissero ricoverati in *Lager*[68]. Motivi pretestuosi come la denuncia di furti o la scarsa capacità dei popoli del sud di resistere all'inverno austriaco vennero poi addotti come motivo per concentrarli in breve tempo in un unico luogo sorvegliato[69].

Che il *Barackensystem* «fungesse non solo da strumento di pressione e disciplinamento nei confronti dei profughi, ma anche da mezzo per calmare la popolazione autoctona» è chiarito da un documento del *Kriegsüberwachungsamt* (Ufficio di sorveglianza di guerra) che spiega come i *Lager* «rappresentassero una concessione nei confronti di fondati desideri delle popolazioni locali»[70]. Ciò sarebbe evidente nel caso dei profughi ricoverati in Bassa Austria, dove i sentimenti della popolazione nei confronti degli italofoni sono ben riassunti in una relazione che riporta come

> «... l'infame tradimento dell'Italia ha portato nell'ambito dei popoli della nostra madrepatria a grosse animosità nei confronti di tutti gli italofoni, e si può perciò constatare ripetutamente che la popolazione locale ritiene sospetti i profughi italiani, che per questo motivo vengono internati»[71].

L'elemento determinante nella scelta di adottare anche per gli italofoni la soluzione del *Lager* come sistema di alloggiamento, però, non è dato soltanto dalla volontà di non turbare la popolazione locale. Esso dipende anche dal ruolo centrale che la presenza di un *Lager* rivestiva come elemento coercitivo sull'intera prassi di gestione del gruppo linguistico. Non tutti gli sfollati infatti venivano inviati in un *Lager*. Nel caso dei trentini la capacità ricettiva delle città di baracche non superò mai le 20.000 unità, rispetto a un totale di circa 77.000 persone che vissero l'esperienza del profugato. Queste

[68] HHStA, AVA, MdI, Präs., 19/3, Zl. 7661; AVA, MdI, Präs., 19/3, Zl. 7975.

[69] NÖLA, *Statth.*, Präs., Sign. P, XII a, Zl. 3004/1915, Italienische Flüchtlinge aus Südtirol, Görz und Gradisca; Unterbringung.

[70] HHStA, KA, KÜA, Zl. 7429, Hintanhaltung von Zeitungsangriffen gegen die Flüchtlingfürsorge, 13 dicembre 1917.

[71] NÖLA, *Statth.*, Präs., Sign. P, XII a, Zl. 3004/1915, Italienische Flüchtlinge aus Südtirol, Görz und Gradisca; Unterbringung.

proporzioni sono riscontrabili anche nell'alloggiamento degli altri gruppi che subirono uno sfollamento, delineando un quadro statistico in cui solo un quarto dei profughi totali era alloggiato nelle cosiddette «città di legno», mentre gli altri vivevano nei villaggi o nelle città[72].

Nella gestione dei profughi di un gruppo linguistico o confessionale la presenza di un *Lager* funzionava più che altro come elemento di pressione nel determinare i comportamenti delle singole persone: come ribadito dal Ministero dell'Interno, infatti,

> «... tutti i profughi atti al lavoro che fino ad oggi nei comuni di destinazione si sono fatti notare in modo increscioso senza motivo, che hanno creato agitazione tra i profughi, che si sono scagliati contro lo spirito di sopportazione della popolazione locale o che non hanno accettato il posto di lavoro loro proposto dal Ministero, devono essere instradati verso il 'Lager' per profughi di competenza per nazionalità»[73].

Perciò il *Lagersystem* era funzionale a ottenere la massima resa lavorativa dei profughi ricoverati nei comuni. Inoltre, il *Lager* fungeva da mezzo di controllo del comportamento dei profughi che, dopo il passaggio nelle *Perlustrierungstationen*, erano stati dislocati nelle regioni interne e non nelle baracche: vigendo l'obbligo di residenza nei singoli comuni ed essendo interdette ai profughi le zone di guerra, chi tentava di raggiungere senza permesso il proprio luogo d'origine veniva prontamente inviato in un *Lager*[74], essendo questo controllato dalla gendarmeria e quindi più difficile fuggirne[75]. Inoltre anche tutti i

72 Si veda a titolo d'esempio HAUS DER ABGEORDNETEN, *Stenographisches Protokolle*, Bericht von Minister des Innern Graf Toggenburg, p. 894, in cui si sottolinea che su un totale di 440.000 profughi stanziati nell'Hinterland, solo 110.000 sono alloggiati nei *Lager*. Dati analoghi si riscontrano nelle rilevazioni statistiche periodiche compiute dal Ministero.

73 HHStA, AVA, MdI, All. 19, Zl. 56166, Betreff: Flüchtlingsfürsorge; Unterbringung, Unterstützung und Übersiedlung von Kriegsflüchtlingen; Generelle Regelung, 17 ottobre 1916; AVA, MdI, All. 19, Zl. 5754/15, Erlass des MdI, 16 febbraio 1915; AVA, MdI, All. 19. Zl. 6360/16, Erlass des MdI, 17 febbraio 1916.

74 HHStA, AVA, MdI, Präs., 19/3, Zl. 16053, Flüchtlingstransporte aus Galizien, 10 ottobre 1914. Cfr. W. MENTZEL, *Kriegsflüchtlinge*, p. 329.

75 NÖLA, *Statth.*, Präs., Sign. P, XIIa, Zl. 845, aprile 1915.

comportamenti ritenuti sospetti o che potevano cagionare un indebolimento del fronte interno portavano all'internamento in un *Flüchtlingslager*[76].

L'ulteriore funzione che ricopriva il *Lager* per profughi nella politica interna dell'Austria-Ungheria riguarda lo sfruttamento intensivo del lavoro. Venivano infatti inviati nei *Lager* soprattutto famiglie numerose[77], ragazzi troppo giovani per lavorare, malati, anziani ed invalidi: tutte categorie di cui non si poteva utilizzare la forza lavoro[78]. All'interno del *Lager*, nell'ambito di quella che il Ministero chiamò *kulturelle Fürsorge*, vennero eretti laboratori e fabbriche al fine di sfruttare a basso prezzo la manodopera marginale di queste fasce di popolazione. I *Lager* si trasformavano nell'ottica statale in veri e propri *Arbeitsreservoir*, da cui attingere manodopera: nonostante le lentezze burocratiche legate all'assunzione da parte delle aziende, il Ministero dell'Interno comunicò alla fine del 1915 che erano stati impiegati «circa 135.000 profughi per gli interessi dell'approvvigionamento e dell'agricoltura»[79].

La creazione dei *Lager* per italofoni riveste perciò, all'interno dell'analisi, un ruolo centrale. Ciò non solo per il fatto che questo aspetto peculiare della vita dei profughi è entrato nell'immaginario collettivo con forza, ma soprattutto per la circostanza che era prevista anche nel caso dei trentini la possibilità di dislocazione in un luogo più controllato per coloro che mostravano comportamenti devianti o si mostravano restii al lavoro: questa disposizione mette così in luce come l'accento sul controllo fosse molto più marcato rispetto a quello della cooptazione nella gestione dell'assistenza.

Prendiamo, ad esempio, il caso della Bassa Austria. Qui il 23 agosto 1915 venne avviato il concentramento in *Lager* dei profughi italofoni stanziati nel *Land*. Da una situazione precaria si passò però a una situazione insostenibile, per il semplice fatto

[76] W. Mentzel, *Kriegsflüchtlinge*, p. 305.

[77] *Ibidem*, p. 255.

[78] H. Kuprian, «*Frondienst redivivus im XX. Jahrhundert*», p. 34.

[79] F. Ritter von Wieser, *Staatliche Kulturarbeit*, pp. 203-211.

che la struttura non era ancora ultimata. Delle 48 baracche abitative previste a Mitterndorf, il 21 agosto quattro dovevano ancora essere iniziate; delle restanti 44, ben 12 erano senza tetto, 25 senza pavimento, 33 senza assito esterno e pareti divisorie; 44 mancavano di porte o finestre; erano pronte solo 2 cucine su 4 e 3 gabinetti su 12[80].

I profughi inviati in queste strutture si rivolsero alle autorità competenti mediante scritture pubbliche e private, lamentando mancanze e proponendo migliorie. Le missive inviate dagli amministratori delle comunità profughe (clero, sindaci) prendono la forma della richiesta di migliori condizioni di trattamento. Nei contenuti non si discostano dalle lettere private, se non per la deferenza verso il ricevente e la correttezza formale[81]. Tutte le denunce riguardanti i limiti nell'assistenza trovano riscontro anche in altri testi di natura istituzionale. Sia la Luogotenenza di Innsbruck[82], che la sezione di Trento della Croce rossa austriaca[83] che l'*Hilfskomitee für die Flüchtlinge aus dem Süden*[84] inviarono infatti alla Luogotenenza di Sankt Pölten lettere di protesta riguardo al trattamento degli sfollati. Come notato da Rachamimov attraverso l'analisi delle lettere inviate dai prigionieri di guerra, anche in questo caso gli scriventi «divennero sempre più critici nei confronti del loro Stato» ma, «contrariamente alle aspettative, questa accresciuta critica non si esprimeva in riferimento a contrapposizioni

[80] NÖLA, *Statth.*, Präs., Sign. P, XIIa, Zl. 4651/1915, Betreff: Mitterndorf. Abtransport in die Barackenlager Mitterndorf und Potterndorf-Landegg. Bericht über Bauzustand, 23 agosto 1915.

[81] NÖLA, *Statth.*, Präs., Sign. P, XIIa, Zl. 3972, Gemeinde-Vorsteher von Vermiglio, Sacco, Folgaria an Statth. Tirol, Betreff: Barackenlager Mitterndorf. Besichtigung, 6 settembre 1915.

[82] NÖLA, *Statth.*, Präs., Sign. P, XIIa, Zl. 1286/IX, Landesausschuss der gefürsteten Grafschaft Tirol an Statth. Präs. Wien, Betreff: Misstände im Konzentrationslager der Tiroler Kriegsflüchtlinge in Mitterndorf, 18 settembre 1915.

[83] NÖLA, *Statth.*, Präs., Sign. P, XIIa, Zl. 2345, Croce Rossa austriaca filiale di Trento al Comitato di Soccorso per i profughi dei paesi meridionali, 7 settembre 1916.

[84] NÖLA, *Statth.*, Präs., Sign. P, XIIa, Zl. 2539, Hilfskomitee für die Flüchtlinge aus dem Süden an Barackenverwaltung Mitterndorf.

sociali o nazionali, ma piuttosto come critica diretta, mirata a specifiche politiche ed azioni dello Stato austriaco e dei suoi rappresentanti»[85].

In questo contesto materiale, in cui si faceva fatica a garantire la sopravvivenza dei profughi, spicca il ruolo dell'amministrazione del *Lager* stesso e dei capitanati distrettuali locali. All'interno dei campi la situazione era tale, infatti, che i trentini, dopo aver inviato senza successo suppliche sommesse di miglioramento del vitto e dell'alloggio, cominciarono a lamentarsi rumorosamente. Il 16 settembre 1915 il direttore del campo di Mitterndorf venne a conoscenza del fatto che i profughi alloggiati nel *Lager* stavano organizzando una dimostrazione per il giorno successivo. Ne conseguì una reazione significativa: anziché adoperarsi per migliorare le condizioni di vita dei profughi, il direttore ordinò l'incarcerazione di alcune donne, che vennero messe agli arresti per 24 ore e poi inviate nel *Lager* punitivo di Oberhollabrunn. Un uomo, anch'egli profugo nel campo, venne immediatamente confinato in una delle *Internierungstationen* della Bassa Austria. Come misura ulteriore, si richiese alla Luogotenenza un potenziamento del corpo di guardia del campo, mediante l'invio di altri 50 uomini di truppa armati[86]. Il 7 ottobre vennero richiesti anche 50 fucili completi di baionetta per le guardie[87]. Il tutto mentre la mortalità cominciava a farsi preoccupante e venivano negate, a più riprese, le autorizzazioni ai rappresentanti dei profughi stessi per visitare i *Lager*[88].

Ne consegue che per i profughi nel *Lager* le possibilità di incidere sull'immagine del profugato veicolata dalla stampa e le opportunità di migliorare la propria condizione sono inesistenti.

85 A. Rachamimov, *POWs and the Great War*, p. 212.

86 NÖLA, *Statth.*, Präs., Sign. P, XIIa, Zl. 8344, Grp. Des Mil. Kdo Wien an LstGendAssistenzbeistellung für das Flüchtlingslager Mitterndorf, 4 ottobre 1915.

87 NÖLA, *Statth.*, Präs., Sign. P, XIIa, Zl. 8344.

88 NÖLA, *Statth.*, Präs., Sign. P, XIIa, Zl. 1861P/1916, Betreff: Bekämpfung der Kindersterblichkeit in den Barackenlagern; Haus der Abgeordneten, *Stenographisches Protokolle*, p. 917.

Le suppliche non sortiscono effetto; le proteste neppure; le manifestazioni nemmeno. L'unico rischio ulteriore che si corre è quello di essere inoltrati in un *Lager* dove le condizioni sono peggiori oppure al confino. Non rimane che la rassegnazione o la constatazione dell'incapacità di concorrere al miglioramento della propria condizione. L'avversione contro gli amministratori, tutti tedeschi, cresce gradualmente e assume i caratteri, poco per volta, di uno scontro più profondo, che contempla anche elementi linguistici o nazionali. La morte e la fame diventano esperienza quotidiana[89]. I piccoli soprusi sono la norma.

In questo contesto la popolazione locale si fa un'idea della vita nei *Lager* diametralmente opposta. All'apertura degli accampamenti, infatti, i giornali regionali presentano le nuove città di legno con toni entusiastici, evidenziando gli elementi di modernità delle cittadelle create *ad hoc* per gli sfollati. Il 31 agosto il luogotenente della Bassa Austria visita infatti il *Lager* di Mitterndorf, e il «Deutsches Volksblatt» riporta anche alcuni dati tecnici del *Lager*. Questo consterà di 130 baracche, di cui 5 con funzione ospedale, capaci di 300 posti letto. Il redattore sottolinea però che «il numero elevato di posti letto costituisce una semplice precauzione nel caso si dovessero manifestare bisogni particolari» poiché «le condizioni sanitarie del *Lager* sono così soddisfacenti da registrare solo 2 malati gravi»[90]. Una situazione ben diversa da quella descritta dai profughi e certificata dai dati sulla mortalità, che riportano 105 decessi infantili tra settembre e dicembre a Mitterndorf e 211 a Potterndorf[91]. Il redattore dell'articolo evidenzia come, consci dei limiti che queste strutture avevano evidenziato in passato, si fosse optato per baracche con camere singole, al posto delle grandi sale che caratterizzavano i baraccamenti realizzati nel 1914. A livello progettuale erano previste «camere di 40 metri quadrati, atte ad ospitare una o al massimo 2 famiglie». Le «camere incredibilmente pulite lasciano [inoltre]

[89] NÖLA, *Statth.*, Präs., Sign. P, XIIa, Zl. 1861P/1916.

[90] *Besuch des Statthalters*; le stesse notizie sono riportate anche in altre quotidiani, tra cui il «Reichspost», 31 agosto 1915.

[91] NÖLA, *Statth.*, Präs., Sign. P, XIIa, Zl. 1861P/1916.

un'impressione amichevole e gentile»[92]. Nessun cenno al fatto che, nel frattempo, i profughi dormivano sotto una tettoia, anche in gruppi di 500 persone, con solo 2 cucine attive su 4 e 3 gabinetti su 12. Il quadro che invece viene proposto all'esterno è ordinato, funzionale e quasi idillico.

Per chi risiede nelle località circostanti, i concentramenti, che rimangono nascosti alla vista come se fossero separati da un muro cinese, rappresentano poco alla volta il simbolo di come lo Stato sovvenzionava con larghezza nullafacenti, traditori, parassiti sociali, fagocitando risorse di un territorio che poco alla volta si impoveriva e faticava a garantire il sostentamento anche agli autoctoni. La diffidenza e avversione iniziale dei locali, che porta alla realizzazione dei *Lager*, non viene mitigata dalla segregazione. L'impossibilità di sapere quali siano le condizioni effettive di vita all'interno delle città di legno alimenta il mito delle stesse, veicolato dalla stampa e dalla propaganda governativa. Ciò si nota bene nel caso della Bassa Austria: il «Wiener Neustädter Zeitung» si fa portavoce, ad esempio, di questo coacervo di pregiudizi, esemplificando la visione del *Lager* che veniva condivisa dai locali.

> «I profughi, per il mantenimento dei quali vengono investiti fiumi di denaro, poiché spesso grosse quantità di cibo vanno a male o vengono gettate nel Leitha, acquistano ad alto prezzo (fino a quattro-cinque corone al litro) vino e cognac. In massa spediscono generi alimentari via posta, mentre la nostra gente vive di stenti. Non conoscono il lavoro, dato che lo Stato pensa per loro, concedendo vestiti e scarpe che poi i 'poveri profughi' vendono sul mercato nero. Sembra esserci tabacco solo per loro. Praticano il mercato nero, rivendendo oggetti rubati e soprattutto cibo. Ogni contribuente è indignato per il lusso crescente che regna nei campi»[93].

Questa percezione distorta era del resto certificata anche dai rappresentanti politici trentini e adriatici e riconosciuta dalle Luogotenenze del Tirolo, di Gorizia e del Litorale, che facevano presente al Ministero dell'Interno il fatto che «dove c'è un *Lager*, la popolazione locale ritiene che i profughi vengano

[92] *Besuch des Statthalters.*

[93] «Wiener Neustädter Zeitung», 5 settembre 1917, n. 3, in H. JASSER - H. LEOPOLD, *Das Flüchtlingslager Landegg*, pp. 11-12.

nutriti in maniera più che soddisfacente a spese dei locali»[94]. Si intuisce da queste due citazioni come i pregiudizi iniziali nei confronti dei profughi, anziché essere mitigati dalla segregazione nei campi, trovino anche grazie a questi una diffusa circolazione.

È così nel sistema dei campi profughi che vengono alla luce gli aspetti peculiari dell'esperienza di profugato dei trentini in Austria. Judson, descrivendo la frattura che si crea tra cittadini e Stato durante la guerra, nota come

> «lo Stato che domandava enormi sacrifici a uomini e donne sia sul fronte militare che in quello interno aveva il dovere di assumersi la responsabilità dei loro bisogni fisici immediati … le persone dipendevano dall'intervento diretto dello Stato per la sopravvivenza quotidiana … queste fecero proprio il linguaggio patriottico del sacrificio nel domandare attenzione ai propri bisogni – tuttavia ribadisce Judson – il fallimento delle autorità militari e burocratiche dell'Impero nel rispondere alle aspettative materiali … produsse una fortissima crisi di legittimazione»[95].

I campi profughi sono lo specchio di questo processo. Gli sfollati vengono evacuati dallo Stato, che si fa carico del loro sostentamento; gli esuli chiedono aiuto, facendo proprio il linguaggio patriottico e rispettando la catena dell'autorità; lo Stato però fallisce nel garantire la sopravvivenza e condizioni di vita accettabili. I dati relativi alla mortalità nei *Lager* non lasciano scampo. Nel campo di Mitterndorf, ad esempio, su circa 10.500 *inmates*, morirono nell'arco di tre anni e mezzo 1.913 persone; in quello di Braunau, dove erano ospitati circa 8.000 profughi, ne morirono 728.

Dati analoghi, se non peggiori, si registrano negli altri campi per italofoni, dove pure furono ospitati, seppur per breve periodo, dei profughi trentini: nel campo di Wagna, che arrivò a contenere circa 20.000 profughi, i decessi conteggiati furono 2.980; in quello di Potterndorf, dove vennero alloggiati nel

[94] HHStA, AVA, MdI, All. 19, Zl. 10277, Autonomen Landesverwaltungen von Görz, Istrien, Tirol an Min. des Innern, Betreff: Flüchtlingsfürsorge, 25 febbraio 1917.

[95] P.M. Judson, *The Habsburg Empire*, p. 386. Stesse tesi in A. Rachamimov, *POWs and the Great War*, pp. 212-213.

periodo iniziale anche sfollati dal Trentino, i morti furono 650 sui circa 6.000 *inmates*[96]. Quasi tutti i gruppi familiari che vi misero piede conobbero in queste strutture il lutto, con livelli di mortalità paragonabili a quelli dei maschi adulti richiamati al fronte[97]. Si disperava, in breve, di tornare a casa. È in questo contesto che si radicano i concetti biblici di «martirio» ed «esilio», alcuni dei quali prendono corpo plasticamente nei diari mediante rimandi veterotestamentari.

Va notato, peraltro, che i tassi di mortalità di cui fanno esperienza i trentini sono decisamente migliori di quelli che caratterizzano i campi per ruteni, polacchi ed ebrei, realizzati in tutta fretta nel 1914[98]: nel campo di Gmünd, che ospitava profughi ruteni, morirono 1.500 *inmates* durante il mese di novembre 1915; a Chotzen, nel *Lager* per profughi polacchi, si contavano in media 293 decessi al mese tra novembre 1915 e marzo 1916, su un totale di 12.500 ospiti[99]. Lo Stato fallisce perciò in maniera generalizzata nel gestire l'aiuto.

Prescindendo dal caso limite della morte, le stesse condizioni di alloggiamento e di vitto trasmettono l'incapacità dello Stato di farsi carico dei propri concittadini. La circostanza è ben chiarita dal più volte citato volume *Gli spostati*. Nel testo si cita un rapporto redatto nel maggio 1917 dal Dipartimento per gli affari sanitari del Ministero dell'Interno, che fotografa una situazione allarmante:

«Per il sottoscritto, che ha visto i profughi circa un anno fa, il peggioramento delle condizioni di salute e di alimentazione era quanto mai evidente. Il pranzo ... consisteva in una zuppa chiara, poi verdure essiccate ... e un pezzettino di carne ... Non c'erano legumi, niente patate, soprattutto

[96] D. LEONI - C. ZADRA (edd), *La città di legno*, pp. 82-84; P. MALNI, *Fuggiaschi*, p. 60; H. JASSER - H. LEOPOLD, *Das Flüchtlingslager Landegg*, pp. 29-30.

[97] H. RUMPLER - A. SCHMIED-KOWARZIK (edd), *Weltkriegsstatistik Österreich-Ungarn 1914-1918*, tab. 19.

[98] NÖLA, *Statth.*, Präs., Sign. P, XII, Zl. 1861/2, Barackenlager in N.Ö. Massnahmen zur Bekämpfung der Kindersterblichkeit, 2 marzo 1916.

[99] F. FRIZZERA, *Refugees (Austria-Hungary)*.

nessuna scorta significativa di alimenti sostanziosi. Il valore calorico del pasto giornaliero di un profugo, incluso il pane, ammonta ora occasionalmente a 1400-1500 calorie, ma spesso ancora meno»[100].

Come notato da Paolo Malni, l'alimentazione insufficiente che veniva fornita all'interno del campo comportava il ricorso all'autosostentamento: proprio il fenomeno della ricerca di cibo all'esterno dei baraccamenti portava però a ulteriori tensioni tra sfollati e popolazioni ospitanti, dato il fiorire di pratiche speculative nei dintorni dei campi profughi[101].

Va infine sottolineato un ultimo aspetto: Alon Rachamimov nota il fatto che «fu soprattutto la classe dirigente dell'Impero a perdere fiducia nei propri concittadini, piuttosto che il contrario»[102]. Questo è evidente nelle disposizioni che portano alla creazione del sistema dei campi. Le ripercussioni di questo modo negativo di intendere la fedeltà dei cittadini austriaci si notano però anche nei sistemi di gestione amministrativa interni al campo e in particolare nella gestione della giustizia interna.

Questa infatti viene amministrata dal vicedirettore che «sottopone varii incriminati ad una procedura spiccia, in base ai rapporti dell'ispettore di polizia»[103]. Fin dal momento dell'arrivo, gli sfollati sono «sempre scortati dai militari ... i Gendarmi ci condussero nelle baracche»[104]. Il direttore diventa nei diari l'esempio della sopraffazione:

«Pare che il barone sia l'autorità suprema in questo 'Lager'. Ora, se egli è inaccessibile, si comprende come le altre autorità possano giocare d'ingiustizia e di soprusi: esse sanno che ai maltrattati è vietato avvicinarsi»[105].

[100] Laboratorio di storia di Rovereto (ed), *Gli spostati*, II, p. 168, n. 58, in cui si cita HHStA, AVA, MdI, All. 19, Zl. 35056/17, Rapporto sull'ispezione sanitaria a Braunau, 23 maggio 1917.

[101] Laboratorio di storia di Rovereto (ed), *Gli spostati*, II, p. 173.

[102] A. Rachamimov, *POWs and the Great War*, p. 213. Stesse valutazioni in L. Cole, *Military Culture*, p. 322.

[103] FMST, ASP, Anna Giongo, Diario, c. 3.

[104] FMST, ASP, Dominica Daldoss, Diario, c. 33.

[105] F. Boccher, *Diario di una maestra*, p. 45.

Il tutto va infine inserito nel contesto legislativo parallelo del *Lager*, che diventava il meccanismo immateriale attraverso il quale prendevano corpo queste sensazioni. Alcuni cenni sono sufficienti per capire come le testimonianze dei profughi appena riportate trovino riscontro in una prassi amministrativa che aveva come obiettivo primario il controllo, la sorveglianza e la punizione attraverso un meccanismo autoritario e arbitrario che non era in sintonia con la legislazione vigente fuori dal *Lager*.

Ciò risulta chiaro visionando il *Regolamento del campo profughi di Braunau* che, alla quarta riga, riporta:

> «Contro le disposizioni ed ordini emanati dal capo-baracca resta libero agli abitanti delle baracche il reclamo ... al rispettivo capo-sezione. È escluso ogni altro rimedio di legge»[106].

Segue poi un rigido regolamento, piuttosto restrittivo, che inibisce qualsiasi libertà o ingerenza. In questo contesto la discrezionalità regna su tutto, anche sulla modalità di amministrazione delle prescrizioni punitive. Nel *Lager*

> «... ogni trasgressione ... alle norme portate dal presente Regolamento oppure agli ordini del capo-baracca o capo-sezione, viene punita secondo le circostanze del caso e con riguardo ai precedenti del trasgressore con arresto fino a 24 giorni aggravati con rispettivi digiuni, e qualora il trasgressore godesse di una paga con una multa da 5 a 10 Corone»[107].

Si potrebbe opinare che queste misure, data la loro discrezionalità, fossero effettive solo sulla carta, lasciando immaginare un intento ordinatore che poi trova nella prassi disposizioni più miti. In realtà le autorità del campo sfruttano con larghezza i poteri loro concessi dal vuoto normativo che regola la vita nei campi. Solo per portare alcuni esempi a supporto di questa tesi – che traspare già dalla lettura dei diari – basta visionare

[106] HHStA, AVA, MdI, All. 19, Zl. 12027/1916, I.R. Campo di Concentramento di Braunau am Inn, Regolamento Interno delle Baracche; si vedano anche AVA, MdI, All. 19, Zl. 12027/1916, I.R. Campo di Concentramento di Braunau am Inn, Regolamento esterno; Prescrizioni per i capi-baracca; Prescrizioni per i capi-sezione; Prescrizioni punitive.

[107] HHStA, AVA, MdI, All. 19, Zl. 12027/1916, I.R. Campo di Concentramento di Braunau am Inn, Regolamento Interno delle Baracche.

l'elenco delle punizioni inflitte ai profughi di Braunau nel periodo 1917-1918. In sole due settimane, comprese tra il 15 ed il 29 gennaio 1918, vennero sanzionate nel campo 118 persone da parte della direzione. Tra i sanzionati si trovano 21 pene di reclusione, di cui una di 4 mesi, per aver ballato[108]. Piuttosto indicative sono, infatti, le trasgressioni che portano alla pena. C'è chi viene multato per aver falsificato la legittimazione, chi perché il figlio ha scavalcato il reticolato, chi viene multato per assenza da scuola, chi per rientro ritardato, chi viene incarcerato per minaccia alle guardie, alcuni che vengono incarcerati per furto, persone che vengono multate per aver propagato false notizie, numerose persone che vengono arrestate per aver offeso il capo-sezione o il capo-baracca, alcune multe per uscita senza permesso, offese alle guardie, altre per «sospetto di furto» [*sic*] o «per aver questionato»[109].

In breve, gli sfollati ospitati nei campi sono soggetti a un controllo costante e a misure arbitrarie, che replicano quelle dell'evacuazione e ne sono la continuazione logica. Le autorità non si fidavano dei propri amministrati. Come conseguenza a questo atteggiamento, tuttavia, anche negli amministrati cala la fiducia nell'autorità, che perde di legittimità. Non stupisce perciò che tra il 1917 e il 1918 l'avversione al sistema dei campi divenga generalizzata, così come la sfiducia nelle autorità che ne gestivano l'amministrazione.

Come conseguenza, questa ostilità venne riversata per proprietà commutativa sull'intero gruppo linguistico al quale appartenevano gli amministratori dei *Lager*. Nel diario di Filomena Boccher, l'inserviente tedesca che si occupa delle vivande viene definita «megera»; gli operai tedeschi che installano le stufe nelle stanze e fanno economia sui componenti vengo additati come «barbari»[110]; ai capi-baracca e agli ispettori si «affibbiano certi titoli ... che farebbero il vostro obbrobrio»[111].

[108] HHStA, ADR, BKA, KFL, Karton 79, Zl. 287, Lista delle punizioni inflitte ai profughi di Braunau 29 gennaio 1918.

[109] HHStA, ADR, BKA, KFL, Karton 79, Zl. 287.

[110] F. Boccher, *Diario di una maestra*, pp. 25-27.

[111] *Ibidem*, p. 28.

L'autoritarismo porta nel breve lasso di tempo di alcuni mesi a irrigidire il confine tra «noi» e «loro», tra dentro e fuori, portando a semplificazioni che accentuano la segregazione anziché limitarla. Non è un caso che poche righe più avanti, Filomena si lasci andare ad una riflessione, in cui si esplicita questo percorso interiore, secondo cui i «patimenti imprimono nel nostro cuore un marchio più forte di quello della nostra nazionalità e innalzeranno fra noi e costoro una barriera più insormontabile di qualunque confine»[112]. In questa città che all'apparenza ha tutti i *comfort*, tra cui il cinematografo, la scrivente nota come tutto ciò «non basta a calmare i nervi strapazzati, a confortare il cuore spasimante di nostalgia, a sopire l'esasperazione dell'anima contro tante ingiustizie, tante prepotenze, tanta tirannia»[113]. Il controllo aveva così preso il sopravvento sulla cooptazione. I cittadini, all'inizio fedeli, avevano perso la fiducia nel proprio Stato, dato che lo Stato aveva preferito limitarne il godimento dei diritti e non si era mostrato in grado di garantirne la sussistenza.

## 3. *«Allora noi de chi semo?». Un mondo che si capovolge: 'Lager' e villaggi a confronto*

Le considerazioni appena proposte servono a valutare quali fossero gli obiettivi di fondo e la progettualità delle autorità asburgiche. Tuttavia nella prassi incidono solo sul gruppo di sfollati che trascorre parte della propria esistenza in un *Barackenlager*: questi sono molti di più dei 20.000 indicati come capienza massima dei baraccamenti per i trentini, dato il continuo intersecarsi di flussi di entrata ed uscita, ma sono di sicuro molto meno rispetto ai 77.000 sfollati totali.

Tutti gli altri – e sono la maggior parte, circa 40.000 – vissero la propria esperienza di guerra da profughi in piccoli villaggi della Boemia e della Moravia. È necessario quindi valutare come le dinamiche di controllo-cooptazione e i rapporti dialettici

112 *Ibidem*, p. 30.

113 *Ibidem*, p. 58.

con lo Stato, le sue autorità e le popolazioni locali vengano ridiscussi anche in questo contesto.

La situazione dei profughi alloggiati nei villaggi sembra per molti versi differente da quella descritta poc'anzi. Qui il controllo è meno stringente, data la dispersione capillare; è più agevole la nascita di comitati di soccorso locali, dato il numero esiguo di profughi ospitato in ogni villaggio; il mezzo del lavoro ed il contatto costante coi locali diventano strumenti utili per fugare i pregiudizi e proporre una narrativa positiva del profugato. Seguendo una dinamica simile a quella riscontrata per i prigionieri di guerra che vengono adibiti a lavori agricoli in piccoli villaggi anziché allo stanziamento in *Lager*, si notano con frequenza condizioni materiali migliori e rapporti interpersonali meno tesi tra ospiti ed ospitanti, grazie anche alla collaborazione lavorativa[114]. Inoltre, il Ministero dell'Interno si attiva per migliorare le condizioni degli sfollati dislocati nelle singole comunità, finanziando e coordinando con l'aiuto di comitati di assistenza privati quella che dall'amministrazione pubblica austriaca verrà definita un'assistenza religiosa, sociopolitica e culturale[115]: un insieme di iniziative finalizzato a fornire istruzione, formazione, lavoro e servizi sanitari ai profughi dislocati nelle varie regioni dell'Impero, siano essi in *Lager* o nei villaggi[116]. Nel breve lasso di tempo di un anno le iniziative messe in campo si mostrano incisive. Si decise ad esempio di realizzare laboratori e scuole professionali destinati ai profughi, mediante l'interessamento di autorità locali e comitati di assistenza. Anche in questo caso il tipo di formazione impartita era finalizzato a non turbare eccessivamente il mercato del lavoro locale: venivano organizzati soprattutto laboratori di sartoria, calzoleria, rammendo, i cui frutti erano ad uso e consumo

[114] Sui prigionieri di guerra in Austria: J. WALLECZEK-FRITZ, *The Social Degeneration* e, della stessa autrice, *Kriegsgefangenschaft*.

[115] HHStA, AVA, MdI, All. 19, Zl. 21286/15, Flüchtlingsfürsorge in kultureller, religiöser und sozialpolitischer Hinsicht in Böhmen, 7 maggio 1915.

[116] I primi passi di questa operazione prendono vita già nel novembre 1914: HHStA, AVA, MdI, All. 19, Zl. 45164/14, Erweiterung der Fürsorgeaktion für die Flüchtlinge aus Galizien und der Bukowina, 26 novembre 1914; AVA, MdI, All. 19, Zl. 45164/14 e Zl. 44384/15, Instruktionen del MdI.

dei profughi[117]. Nonostante questi limiti sotterranei, queste azioni concorsero in tempo ragionevole a creare un *network* assistenziale di tutto rispetto, dove si incontravano l'interesse delle autorità locali, la collaborazione dei sacerdoti sfollati ed i vantaggi di una dispersione dei profughi molto capillare. In breve, nello sfollamento diffuso che caratterizza i villaggi, alcuni elementi di cooptazione e consensualistici dell'aiuto si affiancavano a quelli dirigistici e miranti al controllo. Questi sono presenti, in forma latente, ma non diventano da subito la cifra dell'esperienza di profugato in questo contesto.

I risultati di queste iniziative sul morale dei profughi, sebbene difficili da misurare empiricamente, non dovevano essere marginali. Le autorità sottolineano più volte l'importanza di queste misure per quanto riguarda la tenuta psichica (e patriottica) di profughi e comunità ospitanti. Le iniziative messe in campo nei primi mesi del 1915, per quanto non concertate su larga scala, avevano già mostrato effetti benefici nei villaggi. Il luogotenente della Boemia spiegava infatti nel suo rapporto del maggio 1915 dedicato ai risultati della *kulturelle Fürsorge* che dal punto di vista della condizione psicologica dei profughi

> «... non venivano segnalate nel complesso dai Capitani Distrettuali circostanze di depressione d'animo dei profughi, tali da incidere negativamente sullo spirito della popolazione locale mediante lamentele inerenti la propria sorte»[118].

Si capisce pertanto il motivo per cui le autorità ministeriali incentivarono queste iniziative, allargandole dall'inverno 1915/1916 anche ai profughi del sud.

Non analizzeremo nel dettaglio le singole iniziative, ma ne tratteggeremo solo il quadro generale. Nel marzo 1916 erano già attive 108 scuole per i profughi meridionali, in tutti i distretti di destinazione degli sfollati. Di queste, 13 erano attive in Bassa Austria, 2 in Alta Austria, 4 in Stiria, 45 in Moravia e 42 in

[117] HHStA, AVA, MdI, All. 19, Zl. 1361/16, Kulturelle Flüchtlingsfürsorge in Böhmen. Bericht pro November 1915, 25 febbraio 1916.

[118] HHStA, AVA, MdI, All. 19, Zl. 21826/15, Erweiterung der Flüchtlingsfürsorgeaktion in religiöser, sozialpolitischer und kulturell-humanitärer Hinsicht, ad Erlass vom 12. Febr. 1915 Zl. 45164 ex 1914, 10 maggio 1915.

Boemia[119]. Erano stati inoltre creati gruppi locali dell'*Hilfskomitee*, composti da notabili del luogo, fiduciari del comitato di soccorso e, molto spesso, dal parroco sfollato, in 57 località della Boemia, 14 della Moravia, 1 della Bassa Austria, 5 dell'Alta Austria, 3 del Salisburghese, 4 della Stiria, 1 della Carniola[120]. Il tutto mostrava, in maniera plastica e prescindendo dal numero complessivo di profughi stanziati, come alcuni distretti e alcuni *Länder* fossero più propensi a organizzare e gestire l'accoglienza e l'assistenza ai profughi rispetto ad altri, dato che la creazione di comitati locali richiedeva l'impegno diretto di personale locale. Tale dinamica, più sviluppata per Boemia e Moravia che per i distretti tedeschi, rispecchia la propensione all'accoglienza già segnalata in precedenza.

I dati già significativi del marzo 1916 vedono incrementi ancora maggiori nel periodo successivo. Nell'estate-autunno 1917 erano attive in Boemia più di 50 scuole per i profughi, affiancate da 35 *Religionstationen*[121]. In Moravia gli istituti erano in numero ancora maggiore: nel marzo 1917 si contano infatti 115 scuole per i profughi di lingua italiana nel *Land*; di queste, 84 impartivano lezione in lingua italiana; 12 prevedevano lezioni in parte in italiano ed in parte in tedesco; 19 solo in tedesco[122]. A fianco di queste strutture, la collaborazione tra Ministero dell'Interno, Ministero per l'Istruzione e il Culto e il commissario Vescovile di Trento aveva permesso di fornire assistenza religiosa alla gran parte dei profughi sparpagliati sul territorio. Questa, che era garantita dalla presenza di un centinaio fra parroci, curati e cooperatori[123], rivestiva in realtà

119 HILFSKOMITEE FÜR DIE FLÜCHTLINGE AUS DEM SÜDEN, *Tätigkeits-Bericht*, pp. 31-33.

120 *Ibidem*, p. 34.

121 HHStA, AVA, MdI, All.19, Zl. 11806/18, Kulturelle Füchtlingsfürsorge. XXXII Bericht, 27 febbraio 1918.

122 HHStA, AVA, MdI, All. 19, Zl. 23271/17, z.Z. 8737 Präs, Betreff: Kulturelle Flüchtlingsfürsorge in Mähren. Stand der Aktion anfangs März 1917.

123 Secondo i dati raccolti da Germano Dalpiaz, commissario vescovile, nel 1916 erano presenti 27 parroci in Moravia: ADTn, Commissario Vescovile Germano Dalpiaz, s.n., Attività del clero – Moravia, 25 agosto 1915; in

un ruolo centrale nel delineare le capacità di tenuta dei singoli gruppi all'interno dei distretti: era infatti il parroco, molto spesso, il vettore che permetteva la creazione di comitati di assistenza locali a fianco di sindaci e amministratori locali. Questa presenza pertanto non si limitava a portare aiuto morale ma concorreva, in maniera concreta, a migliorare le condizioni materiali dei profughi e a gestire in maniera migliore la sussistenza statale e le iniziative private.

Si capisce pertanto come il Ministero dell'Interno e le autorità locali si siano adoperati per garantire nella maniera più capillare possibile istruzione e cura d'anime agli sfollati nei villaggi di Boemia e Moravia, con ricadute positive dal punto di vista del supporto ai profughi e dal punto di vista morale. Si intuisce inoltre come, nella percezione e nella memoria collettiva, la permanenza nei villaggi abbia assunto caratteri migliori di quella in *Lager*. Nella realtà però la situazione non era così statica.

Il mutare diacronico delle condizioni di vita nei villaggi è ben esplicitato dai rapporti periodici dell'*Hilfskomitee für die Flüchtlinge aus dem Süden*, i cui delegati visitavano mensilmente alcuni distretti di stanziamento. Informazioni altrettanto utili si possono trovare nelle relazioni bimestrali dell'ufficio censura. Nei villaggi l'elemento di rottura, che funge da motore del mutamento, è dato dal peggiorare progressivo delle *performance* economiche della monarchia. In particolare, la sempre più marcata penuria di viveri diventa a poco a poco l'elemento che porta allo svuotamento della macchina locale dell'assistenza. Una volta spariti gli elementi consensualistici, anche nei villaggi tornano a galla gli elementi più vicini al modello autoritario dell'assistenza: in questo contesto però questo modello non

Boemia i sacerdoti erano 19, Commissario Vescovile Germano Dalpiaz, s.n., Attività del clero – Boemia, 25 agosto 1915; in Austria Inferiore 16 sacerdoti si occupano di 9.638 profughi, divisi in 96 comuni, Commissario Vescovile Germano Dalpiaz, s.n., Attività del clero – Austria Inferiore, 25 agosto 1915; in Austria Superiore 24 sacerdoti si occupano di 8.769 profughi, Commissario Vescovile Germano Dalpiaz, s.n., Attività del clero – Austria Superiore, 25 agosto 1915; nel Salisburghese 4 sacerdoti si prendono cura di un migliaio di profughi, Commissario Vescovile Germano Dalpiaz, s.n., Attività del clero – Salisburghese, 25 agosto 1915.

prende le sembianze del controllo burocratico, ma quello della sopraffazione e della violenza spicciola[124]. Il risultato finale in termini di legittimazione dell'autorità è analogo a quello già visto per i profughi nei *Lager*, anche se l'evoluzione che ne sta alla base è differente.

Il progressivo peggioramento delle condizioni alimentari dei distretti boemi e moravi, con la conseguente tensione crescente tra ospitati e ospitanti è certificata dalle visite periodiche dei delegati dell'*Hifskomitee für die Flüchtlinge aus dem Süden*. Nell'inverno 1915-1916 i delegati del comitato di soccorso riportavano notizie positive dalla Boemia orientale e settentrionale. Durante il primo autunno-inverno di profugato si erano instaurati rapporti frequenti e positivi con le autorità locali. Alla data di aprile 1916 si registravano ormai pochissime lamentele riguardo alla qualità degli alloggi, il sussidio veniva pagato dappertutto e con regolarità. L'approvvigionamento di generi alimentari mostrava difficoltà limitate solo al reperimento di farina da polenta. In compenso i profughi avevano trovato lavoro senza grosse difficoltà ed erano quasi tutti impiegati in attività agricole e industriali. In particolare, ai delegati del comitato premeva segnalare come pervenissero loro pochissime lamentele riguardo al contegno dei profughi e riguardo ai rapporti col la popolazione locale, definiti molto buoni[125]. In sostanza, una situazione più che soddisfacente. Questo stato di cose viene certificato anche per la Moravia. I delegati dell'*Hilfskomitee* notano infatti come all'inizio del 1916 fossero sparite anche nei distretti moravi le lamentele riguardanti gli alloggi e fossero diminuite sensibilmente le lamentele per la distribuzione di vestiario: ne conseguiva che anche i rapporti con autorità e popolazione si erano normalizzati[126]. Questa situazione, in cui si nota uno iato consistente tra le effettive condizioni di vita di chi era alloggiato nei villaggi e di chi era alloggiato in *Lager* era però destinata a cambiare.

[124] Molto dettagliato al riguardo C. MORELON, *L'arrivée des réfugiés*.

[125] HILFSKOMITEE FÜR DIE FLÜCHTLINGE AUS DEM SÜDEN, *Zweiter Tätigkeits-Bericht*, p. 58.

[126] *Ibidem*, p. 65.

Nel corso dell'estate e dell'autunno 1916 si notano le prime avvisaglie di questo mutamento. Il sussidio governativo a partire da questa data non è più sufficiente per garantire il sostentamento delle famiglie sfollate, che devono ricorrere per forza di cose al lavoro per integrare il bilancio familiare. Per il resto la situazione è ancora soddisfacente: gli acquisti cumulativi di generi alimentari promossi dai comitati locali di assistenza permettono infatti di far fronte alle prime difficoltà.

Dall'ottobre 1916 si registrano grosse difficoltà per l'acquisto di alimentari nei distretti boemi di Deutschbrod, Ledetsch, Kuttenberg, Braunau, Wohnelbe, Königinhof, Kladno e Schlan[127]. In tre di questi Capitanati i profughi devono camminare ore e ore per trovare del cibo. In altri tre Capitanati il cibo è contingentato (Dux, Teplitz, Bilin)[128]. Il fatto che i comitati locali intervengano in maniera tempestiva mediante acquisti cumulativi e che distribuiscano con regolarità altri beni di prima necessità messi a disposizione dalla sede centrale del comitato per i profughi meridionali per una somma che al 31 dicembre 1916 raggiunge le 880.000 corone[129], unito alla circostanza che la maggior parte dei profughi dei distretti boemi integri il bilancio familiare mediante il lavoro agricolo o industriale, rende meno precaria la situazione. Non si registra infatti alcun problema coi locali, al momento[130]. L'inversione della tendenza generale è tuttavia certificata dal fatto che anziani, malati e persone sole in genere chiedano di essere trasferiti nei *Lager*

[127] HHStA, AVA, MdI, All. 19, Zl. 54402, Hilfskomitee für die Flüchtlinge aus dem Süden. Auszug aus den Berichten Mons. Delugan über die politischen Bezirke Deutsch-Brod, Ledetsch, Kuttenberg, Braunau, Hohenelbe, Königinhof, Kladno und Schlan. Besichtigung 15. bis 29. September 1916, 6 ottobre 1916.

[128] HHStA, AVA, MdI, All. 19, Zl. 53597, Hilfskomitee für die Flüchtlinge aus dem Süden, Bericht des Delegierten Abg. Dr. A. Degasperi über die Bezirke Kaaden, Dux, Bilin, Teplitz, Luditz (Besichtigung zweite Hälfte September 1916), 5 ottobre 1916.

[129] Hilfskomitee für die Flüchtlinge aus dem Süden, *Zweiter Tätigkeits-Bericht*, p. 144.

[130] HHStA, AVA, MdI, All. 19, Zl. 53597, Besichtigung zweite Hälfte September 1916, 5 ottobre 1916.

in vista dell'inverno, disperando di potersi sostentare con il solo sussidio[131].

Si prospetta in sostanza una possibile inversione dei flussi da e per il *Lager*. Le valutazioni di De Gasperi al riguardo sono acute: il politico trentino infatti nota, nel commento alle relazioni dei delegati, che «un ulteriore peggioramento della situazione alimentare potrebbe causare problemi nei rapporti con la popolazione locale a causa della competizione nell'acquisto di beni alimentari»[132].

Con la fine dell'autunno la situazione comincia a presentare elementi di gravità permanente soprattutto nei distretti industriali del *Land* boemo, dove ormai sono introvabili anche le patate[133]. La situazione della Moravia si presenta invece migliore: sebbene comincino a scarseggiare alcuni beni alimentari, i delegati dell'*Hilfskomitee* denotano una situazione tutto sommato sostenibile, dato che l'abbondante raccolto di patate del *Land* dovrebbe quantomeno preservare i trentini e la popolazione locale dalla fame nel periodo invernale[134].

Il 1916 si chiude pertanto con una situazione molto più differenziata rispetto a quella con cui si era aperto. Vivere nei villaggi non significava più *ipso facto* veder garantita la sussistenza materiale. Secondo una rilevazione compiuta da uno dei delegati tra i profughi, infatti, questi tendevano a categorizzare il comportamento e i rapporti con le autorità locali come *gut* o *schlecht* semplicemente in base alla capacità di sindaci e responsabili dei comitati di assistenza di garantire l'approvvigionamento di patate: chi ci riusciva, veniva considerato buon amministratore; chi non ci riusciva, inadeguato[135]. Rimaneva comunque il fatto che le autorità locali ritenevano corretto che i profughi ricevessero una razione giornaliera di

131 HHStA, AVA, MdI, All. 19, Zl. 53597.

132 HHStA, AVA, MdI, All. 19, Zl. 53597.

133 HHStA, AVA, MdI, All. 19, Zl. 53597.

134 HHStA, AVA, MdI, All. 19, Zl. 53597.

135 HHStA, AVA, MdI, All. 19, Zl. 53597.

cibo uguale o inferiore a quella degli abitanti, distinguendo implicitamente tra ospiti e locali. Questo comportamento, come notato dai delegati dell'*Hilfskomitee* riunitisi a fine 1916, «costituiva una misura estremamente pericolosa dal punto di vista politico e morale»[136]. Si prospettava così l'esistenza di cittadini più tutelati o meritevoli di ricevere il sostentamento rispetto agli altri.

A cavallo fra 1916 e 1917 anche lo stanziamento degli sfollati nei villaggi comincia a diventare problematico: anche in contesti di piccole dimensioni lo Stato perde progressivamente legittimità, mostrandosi incapace di garantire la sussistenza ai propri concittadini dopo aver chiesto loro enormi sacrifici[137]. I profughi dal canto loro ne sono ben consci: in una lettera, scritta nel novembre 1916 a Prerau (Boemia) e intercettata dalla censura si riporta:

> «Qua nel nostro paese non ce nessuno che pensa per noi. Andemo dal Podestà, ne manda dal Capitano, andemo da lui mi manda in un altro luogo e così pure che mi mandino via. Il Podestà mi ga dito che lui non sa pensar per noi. Che noi avemo a Vienna quei che pensano per noi [ovvero l'*Hilfskomitee*]. E lui mi dice sempre che nianche la sua gente non ga da mangiare. 'Allora noi di chi semo?'»[138].

Questa dinamica si accentua nel 1917[139]. I rapporti tra popolazione locale e profughi infatti peggiorano in concomitanza con l'aggravarsi della penuria di generi alimentari. In particolare, in Boemia la situazione precaria registrata nel tardo autunno 1916 si era aggravata. Gli acquisti cumulativi da parte dei Comitati profughi locali avevano evitato il peggio,

[136] HHStA, AVA, MdI, All. 19, Zl. 53597.

[137] P.M. Judson, *The Habsburg Empire*, p. 386. Sulla progressiva perdita di controllo e legittimità dello Stato in Boemia si veda anche: T. Zahra, *Kidnapped Souls*, pp. 79-105; R. Kučera, *Rationed Life*. Per Vienna: M. Healy, *Vienna and the Fall*.

[138] HHStA, AVA, MdI, All. 19, Zl. 2790/17, Allgemeiner Bericht des Delegierten Dr. A. Degasperi über die Wahrnehmung der Delegierten, lettera intercettata da Prerau, novembre 1916.

[139] HHStA, AVA, MdI, All. 19, Zl. 14037/17, Relation über die Delegiertenberichte.

ma costituivano ormai solo un palliativo, poiché gli sfollati non ricevevano razioni sufficienti[140]. Risultava inoltre impossibile trovare materiale combustibile e latte, le iniziative di carattere statale non erano più in grado di fronteggiare la situazione e, infine, si era ormai instaurata un'aperta concorrenza anche con i comitati di soccorso per profughi di religione ebraica, più radicati e strutturati, che riuscivano a strappare contratti di fornitura migliori e ad accaparrarsi quasi tutte le risorse[141].

I profughi sono consci di quanto queste difficoltà materiali incidano sui rapporti con gli ospitanti. Nell'aprile 1917 infatti il *Militärkommando* di Innsbruck comunicava ad alcune Luogotenenze dell'Interno che tra la corrispondenza dei profughi trentini cominciavano a comparire con insistenza, per la prima volta dall'inizio della guerra, esternazioni inammissibili e proibite[142]. Le missive intercettate contenevano in gran numero comunicazioni che descrivevano una situazione allarmante. Dal rapporto del *Militärkommando* di Praga si evince infatti come fossero degne di attenzione per i contenuti anche «le comunicazioni dei profughi di nazionalità italiana dispersi in Boemia e quelle dei soldati di lingua italiana raccolti negli 'Ersatzkörper' del 'Land'»[143]. La corrispondenza intercettata, secondo i Comandi militari di Innsbruck e Praga, era stata inibita e i mittenti individuati e puniti per «propagazione di notizie perniciose». Resta il fatto che nei distretti dove la mancanza di cibo si faceva maggiormente notare cominciavano a mutare l'atteggiamento degli ospiti e, conseguentemente, i rapporti con le popolazioni locali, che venivano «irritate e provocate»[144] dal comportamento e dalle richieste dei profughi trentini.

[140] HHStA, AVA, MdI, All. 19, Zl. 14037/17.

[141] HHStA, AVA, MdI, All. 19, Zl. 14037/17.

[142] HHStA, AVA, MdI, All. 19, Zl. 14477, Unzulässige Äußerungen in Korrespondenzen der Flüchtlinge aus dem Süden, 21 marzo 1917.

[143] HHStA, AVA, MdI, All. 19, K. n. 555, Generalstabsabteilung des Militärkommandos in Prag an Min. des Innern, Betreff: Unzulässige Mitteilungen in Korrespondenzen, in Zl. 14477, Unzulässige Äußerungen in Korrespondenzen der Flüchtlinge aus dem Süden, 21 marzo 1917.

[144] HHStA, AVA, MdI, All. 19, K. n. 555.

Per evitare contraccolpi, la Luogotenenza di Praga ordinò a tutti i capitani distrettuali di prendere contatto coi curatori d'anime dei profughi, affinché questi ultimi intervenissero per calmare gli animi; l'azione non doveva avere risonanza, ma doveva essere comunicato ai parroci – e da loro ai profughi – che nuovi episodi di propagazione di notizie allarmanti sarebbero stati puniti secondo la normativa militare[145]. Nonostante le minacce implicite di parroci e capitani distrettuali, il flusso di lamentele e corrispondenze che mostrano un peggioramento delle condizioni di vita e dei rapporti coi locali però non si placò. Si evidenzia tuttavia un secondo passaggio concettuale importante: lo Stato, che stava perdendo la propria capacità di garantire condizioni di vita adeguate ai propri cittadini, rispondeva col pugno duro, inasprendo controlli e misure punitive. Il controllo diventava così prevalente rispetto all'assistenza. Questa dinamica, già vista per i *Lager*, trovava ora applicazione anche nei villaggi.

Proprio dai distretti industriali della Boemia, dove la situazione stava ormai acquisendo caratteri di precarietà quotidiana, giungono nel corso dell'estate 1917 notizie che confermano l'accentuarsi di questo *trend*[146]. Secondo una missiva intercettata,

> «... non si riceve più nulla, né oglio, né burro, né patate né farina, con un puro pane 8 giorni. Non è più possibile tirare invanti la vita e ormai molti sono morti d'inedia».

Scorrendo il testo, emergono altri dettagli interessanti:

> «I capocomune ci *negano i nostri diritti* e quando si va a prendere le mercedi noi profughi dobbiamo *sempre essere gli ultimi* altrimenti i Boemi si scagliano contro di noi con tutte le *ingiurie* possibili».

[145] HHStA, AVA, MdI, All. 19, Zl. 6498, Statth. Prag an Vorständen aller k.k. Bezirkshauptmannschäften, Betreff: Unzulässige Mitteilungen in Korrespondenzen italienischer Kriegsflüchtlinge in Südtirol, in Zl. 14477, Unzulässige Äußerungen in Korrespondenzen der Flüchtlinge aus dem Süden, 21 marzo 1917.

[146] HHStA, AVA, MdI, All. 19, Zl. 50467/17, Flüchtlinge im Bezirke Aussig: Beschwerde über Approvisionierung und über gehässiges Verhalten der Bevölkerung, 6 agosto 1917.

Emergono da un lato il contrasto nascente tra ospiti e ospitati, dall'altro le tensioni sempre più evidenti con le autorità locali, che nella miseria generalizzata preferiscono tutelare i propri amministrati. Il meccanismo di assistenza si inceppa, ed emerge poco per volta la conflittualità nazionale. Gli scriventi fanno gruppo e i confini identitari si irrigidiscono:

«... mai un animo buono dal *Nostro Trentino* fu da noi per consolarci ... qua siamo come gli *schiavi* ... sempre *avviliti, derisi, disprezzati,* ... ridotti all'impotenza. ... Più *martiri* di così non si potrebbe essere»[147].

Toni che si erano riscontrati solo nei campi e che invece, da questo momento in poi, diventeranno caratteristici anche della vita nei villaggi.

Questo sviluppo, messo in moto dalle progressive difficoltà materiali ed alimentari cui va incontro l'*Hinterland* dell'Impero, si espande a macchia d'olio. In Boemia dall'estate 1917 le condizioni di vita dei profughi sono prossime al collasso[148]. La novità stava nel fatto che la carenza alimentare, per la prima volta, aveva raggiunto anche la Moravia e si rispecchiava nelle attestazioni scritte delle sfollate. La sezione più interessante del rapporto della censura per l'estate 1917 è fornita da un commento di Leo Spitzer[149], che con acume traccia un'analisi linguistica e riporta alcune valutazioni politiche, basate sulla lettura complessiva del *corpus* di lettere intercettato nel corso del mese. Dal suo osservatorio privilegiato, Spitzer nota come il profugo si dipinge come un «esiliato» [*Verbannter*][150]. La chiosa del linguista rappresenta però l'elemento determinante dell'analisi: «Tra italiani e tedeschi, oppure slavi e tedeschi,

147 HHStA, AVA, MdI, All. 19, Zl. 50467/17 (corsivo dell'autore).

148 HHStA, AVA, MdI, All. 19, Zl. 76598/17, Angelegenheiten der Flüchtlinge in der Monarchie. November [1917] Bericht, GZNB Zensurabteilung. Präs, n. 4887, 29 novembre 1917.

149 Linguista e critico letterario austriaco, esperto di critica stilistica, venne cooptato dall'ufficio censura austriaco durante il conflitto e affidato allo spoglio ed analisi delle lettere inviate da soldati, prigionieri e profughi di lingua italiana. In seguito a questa esperienza pubblicherà L. SPITZER, *Italienische Kriegsgefangenenbriefe*.

150 HHStA, AVA, MdI, All. 19, Zl. 76598/17.

l'antagonismo è diventato più forte degli elementi attrattivi. Anche i rapporti reciproci tra slavi e italiani sono su un livello di diseguaglianza»[151].

A distanza di due anni e mezzo dallo sfollamento, la condizione di partenza che vedeva i trentini come sudditi fedeli tutto sommato ben accolti nei villaggi di Boemia e Moravia stava mutando. I rapporti con le altre nazionalità erano diventati conflittuali: gli elementi esclusivi erano ormai più presenti di quelli inclusivi. Il bagaglio di fedeltà imperiale cominciava a vacillare sotto il peso delle difficoltà materiali. La comunanza linguistica contava di più di quella statale o della cittadinanza nel chiedere aiuto, ottenere cibo, avere diritto a sovvenzioni. Si tratta di trasformazioni che, in condizioni di vita così precarie, non stentano a mostrare i propri frutti.

Solo due mesi dopo il nuovo rapporto dell'ufficio censura certifica un ulteriore mutamento sia delle condizioni di vita, sia del morale dei profughi. Nel gennaio 1918 le difficoltà sono generalizzate sia in Boemia che in Moravia ed incidono concretamente sui rapporti con le popolazioni locali. La chiosa di Spitzer chiude la parabola, cominciata nel 1916: «Le opinioni irredentiste lampeggiano e ardono nella miseria dell'esilio»[152]. Non si parla apertamente di tradimento, nemmeno nelle lettere ai soldati, ma le aspirazioni e i consigli delle profughe ai mariti incitano alla salvezza e alla diserzione, dando vigore alla volontà di smettere di combattere per una causa che non è più percepita come comune[153]. La situazione di miseria generale è, secondo Spitzer, solo in alcuni casi additata alle autorità centrali o al governo, mentre molto più spesso viene rinfacciata ai diretti superiori e alle autorità locali. Perciò, sebbene il governo non sia ancora oggetto diretto di critica e disaffezione, questa ha ormai fatto presa nei confronti delle

[151] HHStA, AVA, MdI, All. 19, Zl. 76598/17.

[152] HHStA, AVA, MdI, All. 19, Zl. 7553/18, Angelegenheiten der Flüchtlinge in der Monarchie, GZNB Zensurabteilung, Dozent Dr. Leo Spitzer, 31 gennaio 1918.

[153] HHStA, AVA, MdI, All. 19, Zl. 7553/18.

autorità locali e delle popolazioni ospitanti[154]. L'autorità perde progressivamente la propria legittimità agli occhi degli sfollati.

Questa situazione, in cui compare sotterranea qualche vena di irredentismo e che è caratterizzata da una crescente disaffezione nei confronti dell'autorità e della causa bellica, è tanto più significativa se messa in relazione ai *report* della censura dell'estate 1915, quando gli italofoni venivano sfollati. In quel frangente, con una certa sorpresa, il redattore della relazione notava come gli italofoni del Sudtirolo fossero «fortemente legati alla dinastia e di principi assolutamente leali», rilevando come note irredentiste si potessero riscontrare solo in pochissimi casi, tra l'altro tutti afferenti alle città di Trento, Rovereto, Riva e Ala[155]. Ciò significa che i medesimi responsabili dell'ufficio censura assistono, nel corso di questi due anni e mezzo di profugato, al mutare lento del concetto di lealtà e fedeltà in una popolazione dell'Impero: questa passa dall'essere fortemente dinastica alla diffusa apatia – se non all'avversione – nei confronti dell'autorità, riscrivendo in maniera implicita alcuni caratteri della propria auto-rappresentazione di gruppo.

Il cerchio ormai si è chiuso e gli ultimi sei mesi di guerra servono solo a certificare il persistere di questa condizione di difficoltà[156]. La situazione nei villaggi è di fatto al collasso, tanto che le autorità locali, sfruttando il chiavistello legislativo delle disposizioni inerenti il rimpatrio dei profughi di guerra[157], cominciano ad espellere in maniera coatta gli ospiti indesiderati dai villaggi[158]. È ormai chiaro ai referenti politici dei trentini

[154] HHStA, AVA, MdI, All. 19, Zl. 7553/18.

[155] HHStA, KA, FA, GZNB, n. 1078, Evakuierter Korrespondenz. Herr Piovati zur Weiterleitung der Korrespondenzkarte an die Zentralstelle für Flüchtlinge, 16 giugno 1915.

[156] HHStA, AVA, MdI, All. 19, Zl. 18779/18, Hilfskomitee für die Flüchtlinge aus dem Süden, Protokoll der Delegiertensitzung vom 20. März 1918.

[157] A partire dal settembre 1917 viene emanato un regolamento generale che permette il rimpatrio in Tirolo ad alcune categorie di profughi. HHStA, AVA, MdI, All. 19, Zl. 55641/17, Flüchtlinge aus dem Süden; Rückkehr in die Heimat; Generelle Regelung, 1° settembre 1917.

[158] Si veda nel dettaglio *infra*, cap. IV.

che «con le razioni alimentari garantite dallo Stato nessuno può più vivere, né in *Lager*, né fuori»[159]. Quella delle espulsioni e degli attacchi fisici è una dinamica che non colpisce solo i trentini, ma anche i profughi delle regioni orientali e del Litorale. Nell'aprile 1918 si registrano espulsioni dai distretti di Sankt Pölten e Feldkirch, in Bassa Austria. Giuseppe Bugatto, parlamentare popolare presso il Parlamento di Vienna e delegato dell'*Hifskomitee*, segnala espulsioni coatte generalizzate dei profughi del Litorale anche da Stiria, Boemia e Moravia: gli sfollati venivano semplicemente dotati di legittimazione di viaggio ed inviati verso la regione d'origine dalle autorità locali, sebbene fossero afferenti a comuni distrutti dalle operazioni belliche e per i quali non era ancora stato concesso il rimpatrio[160]. Del tutto indicativo del peggioramento generale delle condizioni di vita nei villaggi, è il fatto che dai distretti moravi di Wsetin, Holleschau, Littau, Wishau, Brünn, Neustradtl, Znaim, Olmütz, Datschitz, Gross Meseritsch, Boskowitz, Tischnovitz vengano espulsi senza legittimazione di viaggio nel corso della primavera più di 4.000 profughi trentini[161].

Questa prassi, che prende piede nella primavera del 1918, diventerà poi comune nell'estate-autunno dello stesso anno. Le richieste di chiarimento inviate dalle Luogotenenze ai capitani distrettuali e le interpellanze parlamentari promosse da deputati trentini mostrano l'evolvere convulso di questa dinamica, che fa registrare espulsioni in maggio[162], giugno[163], luglio[164] e

[159] HHStA, AVA, MdI, All. 19, Zl. 18779/18.

[160] HHStA, AVA, MdI, All. 1, Zl. 25974/18, Hilfskomitee für die Flüchtlinge aus dem Süden, Protokoll der Delegiertensitzung vom 18. April 1918.

[161] D. Leoni - C. Zadra (edd), *La città di legno*, p. 185.

[162] HHStA, AVA MdI, All. 19, Zl. 33133, Flüchtlinge aus dem Süden. Heimkehr che riguarda espulsioni dal distretto di Beneschau, in Boemia, 31 maggio 1918.

[163] HHStA, AVA, MdI, All. 19, Zl. 39433, s.d., Flüchtlinge aus dem Süden. Heimkehr che riguarda espulsioni dal distretto di Tachau, in Boemia a fine maggio 1918.

[164] HHStA, AVA, MdI, All. 19, Zl. 46811, Flüchtlingsfürsorge. Anfrage der Abg. Mons Delugan betreffend Überstände bei der Repatriierung der Flüchtlinge, 22 luglio 1918.

ottobre 1918[165]. In breve, non si riscontrava più la coabitazione pacifica nei villaggi tra ospiti e locali. Scappatoie legali e non venivano utilizzate senza tanti scrupoli dalle autorità locali per allontanare i profughi italofoni. Il clima di convivenza si era fatto pesante e l'allontanamento era spesso accompagnato da minacce di sospensione del pagamento del sussidio in caso di permanenza in loco e da quotidiani attacchi fisici e verbali.

In conclusione, le dinamiche che emergono nel modello di stanziamento diffuso sono differenti rispetto a quelle che caratterizzano il concentramento in *Lager*. Data la dispersione e la propensione al lavoro degli sfollati, in un primo momento aspetti di cooptazione e consenso prendono il sopravvento sul controllo nell'orientare l'organizzazione dell'assistenza. In questo equilibrio precario, in cui gli elementi coercitivi rimangono latenti ma percettibili, le difficoltà economiche portano a un peggioramento dei rapporti tra pari. La risposta dello Stato a questo punto è negativa e riporta a galla l'autoritarismo che già aveva caratterizzato evacuazioni e dislocamento: si calca la mano sull'elemento coercitivo, spesso a favore dei locali; si punisce la devianza. In un contesto di limitazione implicita del godimento di alcuni diritti civili, si arriva ad ordinare espulsioni coatte dai luoghi di stanziamento. Alla lunga lo Stato si mostra anche in questo contesto incapace di tutelare i propri cittadini e l'ombra lunga del controllo e dell'assenza di diritti reali prende il sopravvento sull'assistenza locale.

Da una coabitazione pacifica si passa progressivamente a una separazione sempre più netta dei gruppi linguistici, fino ad arrivare a una vera e propria segregazione, caratterizzata da intemperanze, incomprensioni ed infine da espulsioni coatte. Pertanto, la progressiva creazione di confini rigidi ed esclusivi tra gruppi non caratterizzerebbe solo i rapporti tra italofoni e tedescofoni in Alta e Bassa Austria. In questi contesti la situazione è già tesa nell'estate 1915 e la creazione dei *Lager* non fa che catalizzare le differenze e le incomprensioni, mediante la

[165] HHStA, AVA, MdI, All. 19, Zl. 62606, Flüchtlingsfürsorge. Anfrage der Abg. Mons. Delugan betreffend Überstände bei der Repatriierung der Flüchtlinge zu Zl. 46811, 24 ottobre 1918.

progressiva contrapposizione tra amministrati e amministratori, a cui si aggiunge la visione delle città di legno fatta propria dalle popolazioni che vivevano attorno ai campi. Anche in altri contesti, come quello dei villaggi boemi e moravi, trova riscontro questa dinamica, seppur con un paio di anni di ritardo, ma con esiti in alcuni casi più violenti, poiché l'altro non è una proiezione, come per gli abitanti del campo, ma una presenza concreta con cui ci si scontra quotidianamente.

Ora vedremo come questi *trend* trovino riscontro negli ego-documenti e nei diari, che rispecchiano in maniera fedele queste valutazioni.

## 4. *«Trentino invaso dai nostri redentori O fratelli ora Italiani». Il mutare della percezione di sé attraverso le parole*

Questi mutamenti nel rapporto tra cittadini e Stato, che comportano una perdita di legittimità dell'autorità e il lento erodersi di un lealismo radicato, non sono semplici fenomeni deduttivi. Di questa evoluzione non si accorgono solamente i rappresentanti politici dei profughi. I profughi stessi, alle volte in maniera inconsapevole, ne danno notizia nelle proprie scritture soggettive. Diari e testi autografi, non destinati alla pubblicazione, riportano dei segnali di questo mutamento, nascosti tra la mole di annotazioni riguardanti le difficoltà materiali.

Le profughe sfollate in Austria ci hanno lasciato una serie consistente di testimonianze, che ci permettono di seguire con regolarità l'evolvere delle percezioni identitarie delle scriventi, almeno fino al termine del 1917, quando un terzo circa delle evacuate venne rimpatriato[166], con la conseguente fine della condizione di straordinarietà che aveva portato molte di esse al bisogno di scrittura. Si intendono analizzare in questo paragrafo le modalità con cui 22 testimoni descrivono gli eventi una volta giunte nell'interno dell'Impero asburgico.

[166] F. FRIZZERA, *Il rimpatrio dei profughi trentini.*

È utile partire da una constatazione. Sebbene non sia corretto proporre generalizzazioni che discendono dalla lettura di pochi diari, va notato il fatto che il *corpus* di cui disponiamo è in sintonia con le rilevazioni dell'ufficio censura per quanto riguarda i sentimenti di lealismo delle sfollate trentine nei confronti dell'Impero al momento dell'evacuazione. Si nota persino in alcuni testi il fatto che la colpa dell'evacuazione non fosse da attribuire ai fin troppo zelanti gendarmi o militari austriaci – che come abbiamo visto si erano lasciati prender la mano, evacuando più persone del previsto – ma all'ingresso in guerra dell'Italia, cui veniva affibbiata la colpa dello sfollamento. Giuseppina Cattoi al riguardo è esplicita: «Lo scompiglio, il disordine, la confusione, lo sgombero del nostro paese, la fame e forse cannina, ecco ciò che avete procurato con la vostra guerra, crudeli e cattivi italiani!!!»[167].

La confusione della partenza rendeva impossibili ai profughi valutazioni sulla pervasività delle misure di evacuazione in altre località o sui piani delle autorità. Rimaneva la consapevolezza delle proprie case in pericolo. Per questo motivo si possono riscontrare nel 1915 sentimenti di comunanza e fedeltà alla monarchia asburgica, che si esplicitavano nei saluti e negli incitamenti lanciati ai treni dei «militari germanici che, si diceva, andavano nei nostri paesi a combattere contro l'italiani e al loro passaggio si grida, chi con fazzoletti, chi coi cappelli»[168]. Virginia Tranquillini ad esempio, pur nello sgomento della partenza, annota come

> «... molte furono le lunghe ferrovie, che vedemmo, cariche di soldati Germanici che pieni di zelo patriottico andavano verso l'accampamento italico per combattere valorosamente affinché le armi imperiali trionfino di gloria»[169].

Sempre Giuseppina Cattoi rileva, vedendo passare i convogli carichi di soldati che viaggiavano verso il fronte meridionale, che

[167] *Scritture di guerra 4, Giuseppina Cattoi*, c. 5.

[168] *Scritture di guerra 5, Giorgina Brocchi*, c. 39.

[169] *Scritture di guerra 5, Virginia Tranquillini*, c. 11.

«... dal nostro cuore se avessimo saputo la lingua sarebbe uscito un grido, come del leone ferito. Andate valorosi, salvate la patria nostra, rendeteci incolumi di precipizi e disordini il bel Trentino, rendetelo a noi come lo abbiam lasciato»[170].

Soprattutto, l'identità culturale italiana ben chiara a Giuseppina non rende meno forte l'attaccamento alla Duplice monarchia ed il disprezzo nei confronti del Regno, come evidenziato da questi due passaggi:

«Mi vergogno di essere vostra coetanea nella *lingua italiana*, mi vergogno altresì di essere vicina ai vostri confini!!!»[171].

E ancora:

«Non si viveva forse agiatamente nel trentino, non vi era forse civiltà, ordine, progresso senza di voi crudeli traditori!!! Zizania, terra di vizi si potrebbe nomar la *patria vostra*, non giardino del mondo, e se fosse anche, che tale la *vostra* terra fosse in esso vi è il frutto proibito, e voi lo avete colto perché senza cuore»[172].

Si palesa in questo passaggio come l'attaccamento alla piccola patria non fosse ostativo all'attaccamento alla patria statale o alla fedeltà al costrutto statale asburgico, pur in presenza di un'identità culturale italiana, come ipotizzato nel capitolo precedente[173]. Due soli voci su 22 sono discordanti al riguardo[174].

Non stupisce perciò che queste sfollate, una volta giunte nell'interno, facciano proprio il linguaggio patriottico nel chiedere aiuto e assistenza[175]. Questo legame empatico con la monarchia renderà tuttavia incomprensibile alle profughe l'accento posto dalle autorità sulle misure di controllo. L'eccesso di autoritarismo risulterà quindi immotivato. Proprio l'assenza di fiducia

170 *Scritture di guerra 5*, *Giuseppina Cattoi*, c. 17.

171 *Ibidem*, cc. 4-5 (corsivo dell'autore).

172 *Ibidem*, c. 5 (corsivo dell'autore).

173 Valutazioni analoghe riguardo al concetto di «territorialità» per i soldati trentini richiamati nell'esercito austro ungarico sono state espresse da F. Rasera - C. Zadra, *Patrie lontane*, pp. 37-73.

174 *Scritture di guerra 5*, *Giorgina Brocchi*, c. 36. F. Boccher, *Diario*, p. 20.

175 D. Leoni - C. Zadra (edd), *La città di legno*, p. 44.

di amministratori e burocrati nei confronti delle profughe, che si percepivano come cittadine fedeli, concorrerà quindi a scavare un fossato nella legittimazione del potere asburgico, che a inizio conflitto era dato per scontato.

Su 22 sfollate in Austria di cui disponiamo del diario o della memoria, ben 17 tentano di categorizzare la propria condizione. Il modo in cui lo fanno però è indicativo di un mutamento in atto. Durante il primo anno di sfollamento, la nuova condizione di evacuate costringe le scriventi a riflettere sul proprio *status*. Di queste, 17 si definiscono profughe, 12 come esiliate (o inviate in «terra d'esilio»), 6 come fuggiasche, 2 come confinate, una addirittura come emigrante. La difficoltà di ricomprendere la propria condizione in quadri rigidi fa sì che si possano trovare ricorrenze multiple e tra loro diverse in una singola memoria. In molti casi perciò nel 1915 i termini sono interscambiabili e presenti nello stesso testo: si percepisce così la difficoltà di descrivere una nuova condizione con un lessico non sempre adeguato.

Esemplare il caso di Dominica Daldoss, che descrive il viaggio verso l'interno con queste parole:

> «Fosse stata almeno netta [la stazione di perlustrazione di Salisburgo] era piena di immondizie aveva pernottato altri *profughi* poveretti. Qui incominciammo ben presto a comprendere quanto era duro il pane dell'*esilio*»[176].

Lo stesso costrutto si trova nel diario di Ines Zanghielli:

> «La nostra gioia fu grandissima quando ci disse che resterà [il Cappellano di Brentonico] sempre fra noi *profughi*, finché si terminerà il nostro *esilio*»[177].

In breve tempo questa situazione si polarizza. Le scriventi si descrivono sempre più spesso come profughe (22 ricorrenze nel 1916, 44 nel 1917) o come esiliate (35 ricorrenze nel 1916, 37 nel 1917)[178]. Il secondo termine però prende il sopravvento,

[176] FMST, ASP, Dominica Daldoss, Diario, cc. 28-29 (corsivo dell'autore).

[177] *Scritture di guerra 5*, *Ines Zanghielli*, c. 25 (corsivo dell'autore).

[178] A titolo di esempio si confronti *ibidem*, *Amelia Vivaldelli*, che alla c. 9 definisce il convoglio degli sfollati «come poveri emigranti»; alla c. 16 cambia

a livello di diffusione e di pregnanza semantica. Mentre il primo è utilizzato con costanza da 6 scriventi, il secondo compare nei diari di 10 sfollate. Soprattutto, prende piede l'uso frequente del costrutto «terra d'esilio», che segnala la progressiva coincidenza semantica della condizione di profugo e della sensazione di vivere nella condizione di allontanamento forzato dal proprio spazio di riferimento.

Al contempo, spariscono dall'uso i termini «confinato», «fuggiasco» e «emigrante». Il fatto di definirsi «esiliato» porta con sé importanti risvolti in tema di autopercezione di gruppo: il termine, semanticamente carico e molto meno neutro di «fuggiasco» o di «profugo», indica con chiarezza la progressiva percezione di sentirsi separati in casa, allontanati dal proprio luogo di riferimento. Ci si sente esuli all'interno del proprio Stato, che pure per molti rappresentava uno dei *framework* di riferimento spaziale prima dell'evacuazione. Inoltre, il termine «profugo», ed il suo calco dal tedesco *Flüchtlinge*, ovvero «fuggiasco», rappresentavano i lemmi utilizzati dal linguaggio ufficiale della burocrazia austriaca: tuttavia questi vengono soppiantati nell'uso dal più connotato «esiliato». È un primo segnale del progressivo scollamento tra cittadini e Stato e della necessità di dotarsi di orizzonti di senso alternativi.

Questo indizio trova riscontro in altre annotazioni. Mentre rimane costante per molte profughe la sensazione di trovarsi in «terra straniera» (6 annotazioni nel 1915, che rimangono tali nel 1917 e addirittura salgono a 8 nel 1918), spariscono i riferimenti ai buoni rapporti con la popolazione locale (18 nel 1915, 7 nel 1916, 2 nel 1917, 1 nel 1918). Rimangono invece costanti le annotazioni riferibili ai rapporti tesi con gli autoctoni (20 casi nel 1915, 19 nel 1917, 15 nel 1918). Sono così poste le basi che spingono le profughe ad interpretare in chiave sempre più esclusiva i comportamenti dell'altro da sé, e trova spiegazione la tendenza a raggrupparsi su base

termine e si riferisce a una «sede capitanale senza cuore per i profughi»; in tutte le annotazioni successive al 1916 e con frequenza sempre maggiore fa uso del termine «esigliati» («Separati da noi dopo tre giorni di viaggio arrivarono a casa contenti e felici onde continuarono mandarci notizie a noi esigliati», c. 43).

linguistica. Ciò si evidenzia bene nei casi di Ines Zanghielli e Amelia Vivaldelli.

La prima non fa mai riferimento all'identità linguistica italiana prima dello sfollamento; nel momento in cui riporta una presa di posizione in termini di spazio di riferimento, cita la «patria» asburgica come contesto. Tuttavia l'evacuazione incide sulla sua percezione di gruppo: giunta in Boemia, annota come «i nostri compatriotti erano partiti in opposte direzione assieme ai loro capocomuni»[179]; poche pagine dopo annota come «restammo qua circa una settimana senza vedere nessuno dei nostri italiani»[180]. Nelle pagine successive cita altre 3 volte il termine «compatriota», che acquisisce una connotazione spaziale sempre più precisa: venne allestito uno «splendido albero di Natale carico di doni per tutti i ragazzi dei profughi, questi furono mandati dai compatrioti delle città di Trento e Mezolombardo»[181]; nelle annotazioni si susseguono sempre più frequenti i riferimenti alla «lingua italiana»[182], e alla «nostra bella patria»[183], ormai identificata con il Trentino.

La stessa dinamica polarizzatrice dell'identità linguistica e spaziale si denota nel diario di Amelia Vivaldelli: anch'essa, che fino al 1916 aveva citato l'Italia solo nelle invettive legate alle cause dello sfollamento, dopo molte pagine di diario annota che «in compagnia di Ida e tre altre italiane e precisamente abitanti del paese dai Campi ci metemmo a lavorare in compagnia di 15-20 boeme»[184]; alcune pagine dopo riporta come «era divertimento lungo il viaggio facendo delle belle cantate in lingua italiana»[185]. Questa rinnovata attenzione all'aspetto linguistico e il contatto con altre sfollate trentine si portano dietro una conseguenza a livello spaziale: all'inizio del 1917

179 *Ibidem*, *Ines Zanghielli*, c. 19.

180 *Ibidem*, c. 22.

181 *Ibidem*, c. 30.

182 *Ibidem*, c. 32.

183 *Ibidem*.

184 *Ibidem*, *Amelia Vivaldelli*, c. 32.

185 *Ibidem*, c. 34.

viene citato per l'ultima volta nel diario il Tirolo («aver la grazia di far ritorno al nostro caro Tirolo»)[186], che nelle annotazioni successive viene sostituito dal Trentino («Furono questi giorni muti assai non si vedevano giornali non lettere nissuna novità dal nostro amato trentino»)[187].

Questo progressivo irrigidimento dei confini con l'altro da sé, con conseguente definizione dei confini di gruppo, è caratterizzato dall'emergere di categorizzazioni linguistiche a scopo difensivo. Ciò si nota bene nel già citato diario di Giuseppina Filippi Manfredi, che riporta nel 1916 come, entrata in un negozio boemo «la padrona, che Dio le ... merita! alza la voce e dice: basta ai taliani»[188]; o ancora, poche righe dopo: «una cescha alza la voce sembra un'energuomena una indiavolata e: Non lasceremo aver carbone ai taliani»[189]. Si leggono così in questi testi, scritti ad uso personale, le stesse dinamiche evolutive che aveva notato Leo Spitzer dall'osservatorio privilegiato dell'Ufficio censura: i confini tra gruppi, che prima erano percettibili ma permeabili, si irrigidiscono gradualmente. I rapporti con la popolazione locale si deteriorano, sia nei *Lager* che nei villaggi. Prende piede tra gli sfollati la sensazione di essere stati esiliati, espulsi dalla propria terra. Lentamente la legittimazione dell'autorità e dell'idea imperiale si erode alle fondamenta.

Questi mutamenti hanno il loro contraltare anche nelle annotazioni che riguardano il concetto di patria. Il lemma «patria» usato per indicare l'area trentina o quella locale passa dalle 8 annotazioni del 1915 alle 17 del 1917 (13 per il 1918, quando però sono disponibili meno diari). Scompare nel frattempo l'uso di questo termine per indicare lo spazio asburgico: si passa dalle 11 annotazioni del 1915 (formalistiche magari, ma molto frequenti), alle 9 del 1916, alle 3 del 1917, fino alla scomparsa di questi riferimenti nel 1918. Il concetto di

[186] *Ibidem*, c. 38.

[187] *Ibidem*, c. 44.

[188] *Scritture di guerra 4*, *Giuseppina Filippi Manfredi*, 1916, c. 7.

[189] *Ibidem*.

«patria», che nel 1915 era polisemico, diventa così connotato in maniera vieppiù esclusiva.

I riferimenti a sentimenti di lealtà dinastica o statale seguono lo stesso *trend*, passando dalle 20 annotazioni del 1915 alle 5 del 1917. I concetti di «patria» (locale, intesa sempre più spesso come Trentino) e di «esilio» si sommano l'uno all'altro e sono lo specchio della polarizzazione esclusiva di identificazioni che in precedenza erano fluide e sfaccettate.

In breve, agli occhi delle profughe l'Austria-Ungheria aveva perso il carattere di patria e quello di spazio condiviso di riferimento; questi attributi vengono affibbiati poco alla volta al Trentino, che prima del conflitto solo di rado veniva interpretato come entità spaziale cui fare riferimento, compresso com'era tra identificazione territoriale primaria (paese-vallata) e statale. Il contatto forzato con altri trentini, la rottura di prassi relazionali paesane e una più matura sensibilità alle peculiarità linguistiche di gruppo spingevano le profughe ad attribuire al contesto trentino i caratteri di comunità immaginata, cui fare ritorno. Questo mutamento, percettibile attraverso la lettura qualitativa dei diari, trova il suo contraltare nei rilievi delle autorità: lettere intercettate dalla censura, relazioni di capitani distrettuali e comunicazioni degli uffici militari locali rivelano la stessa tendenza e la stessa progressiva propensione allo scollamento dall'ideale statale asburgico, dimostrato però sulla base di altre fonti. Indicazioni in tal senso si trovano nei dettagliati studi di Malni[190].

In questa evoluzione manca un ultimo passaggio, che riguarda il momento del rimpatrio e il passaggio di sovranità. L'esito finale di questo processo di polarizzazione identitaria verrà analizzato nei prossimi capitoli. Le linee di tendenza sono però già chiarite dal mutamento interiore che caratterizza il sentire delle sfollate, cui vanno affiancate le politiche statali scarsamente inclusive. Pur in assenza di un movimento attivo di tipo nazionale che avesse come scopo la fine dell'idea asburgica

[190] P. MALNI, *Fra due patrie*, pp. 408-414. Più diffusamente, ma con esiti analoghi, in LABORATORIO DI STORIA DI ROVERETO (ed), *Gli spostati*, II.

tra le profughe, tra queste si fa lentamente strada l'idea che lo Stato non sia più in grado di tutelarle. In maniera inconscia e sulla base di meccanismi prevalentemente difensivi cambiano i confini dello spazio immaginato: questi, che in partenza erano fluidi, diventano connotati e, al termine del conflitto, non coincidono più né col Tirolo, né con l'Austria-Ungheria. La comunanza linguistica con gli altri sfollati diventa perciò fattore di identificazione in misura maggiore di quanto non lo fosse nel 1914. L'intera esperienza viene ricomposta nella parola d'ordine dell'esilio, che mette l'accento sui connotati forzati dello spostamento. Sono in primo luogo le autorità che si dimostrano incapaci di dare fiducia ai propri amministrati: la conseguente accentuazione del controllo capillare o ossessivo come sistema di gestione del profugato, cui non fa da contraltare un'assistenza materiale adeguata, porta alla scomparsa dei rapporti pacifici di coabitazione coi locali e all'erodersi dei meccanismi di legittimazione dell'autorità. Ciò accade sia nei *Lager*, che nei villaggi.

Una citazione è sufficiente per chiosare questo processo. Nel 1916 il capitano distrettuale di Braunau, che aveva ordinato di circondare il campo profughi dei trentini con filo spinato, scrive al proprio luogotenente: «Tra profughi e locali si sta insinuando una certa diffidenza ed un malessere piuttosto percettibile». Questa sarebbe determinata dal fatto che la recinzione «trasmette l'impressione di una prigionia e questa misura ha causato anche presso la popolazione locale l'impressione che il Governo debba nutrire una certa diffidenza nei confronti dei Sudtirolesi, dato che fino ad oggi nessuna misura divisoria è stata adottata per il campo destinato ai prigionieri di guerra»[191].

I diari non sono che lo specchio soggettivo di questa dinamica, percepita anche dalle autorità e dalla popolazione locale.

[191] HHStA, AVA, MdI, All. 19, Zl. 56085/15, Bezirkshauptmann Braunau an Statth. Präs. Linz, Betreff: Flüchtlingsfürsorge, (z. Zl. 15503) 5 ottobre 1915.

*Capitolo terzo*

# Esuli in patria? I profughi in Italia

I timori dei militari austriaci nei confronti dell'affidabilità delle popolazioni di confine e la concomitante tendenza dei vertici militari a sfruttare gli spazi d'azione concessi dalla guerra per imporre un nuovo ordine gerarchico e disciplinare che impedisse lo svilupparsi di conflitti politico-nazionali nell'Impero[1] lasciavano intuire la propensione al controllo e all'autoritarismo che poi caratterizzarono l'esperienza dei profughi in Austria-Ungheria. L'evoluzione negativa del sistema di assistenza agli sfollati dell'Impero di conseguenza non stupisce: le evacuazioni forzate e preventive si portano dietro la creazione di un sistema di controllo basato sulla presenza del *Lagersystem*, cui fanno seguito una serie di misure arbitrarie che tendono ad escludere i profughi dalla gestione dell'aiuto. Gli sfollati vengono così trasformati da cittadini in oggetti da amministrare.

Il caso italiano sembra molto differente, almeno all'apparenza. In primo luogo la vulgata della propaganda di guerra dipingeva gli irredenti come fratelli da salvare dal giogo austriaco. In secondo luogo la martellante campagna interventista del maggio 1915 aveva enfatizzato la comunanza culturale tra irredenti ed italiani, propagando il messaggio nei ceti medi cittadini, che erano poi quelli che di norma si facevano carico di costituire comitati di assistenza e mobilitazione[2]. Infine, la presenza in Italia di un nucleo nutrito di fuoriusciti irredenti, che avevano fatto una consapevole scelta di campo e che potevano godere di entrature politiche e di *expertise* di gestione associativa,

1 P.M. Judson, *The Habsburg Empire*, p. 391; J.E. Gumz, *The Resurrection and Collapse of Empire*, p. 14.

2 M. Mondini, *La guerra italiana*, pp. 37-57.

sembrava rendere più agevole la creazione di sistemi consensualistici o di cooptazione degli sfollati nella gestione dell'assistenza. Questa poteva così diventare veicolo morale dello Stato italiano per attrarre a sé i suoi nuovi cittadini. L'analisi dettagliata di come viene organizzata l'assistenza agli sfollati in Italia, tuttavia, mette alla luce importanti crepe all'interno di questo quadro teorico all'apparenza monolitico.

## 1. *«Caotica ridda di circolari che ancora continua, dicendo, disdicendo e contraddicendo». Lo Stato italiano e i suoi nuovi cittadini*

In primo luogo le autorità militari italiane che occuparono la porzione meridionale del Trentino notarono fin da subito come l'analisi stereotipata accennata poc'anzi non rispondesse a realtà. I comandi italiani, al pari di quelli asburgici, nutrivano seri dubbi sull'affidabilità nazionale dei trentini, seppur per motivi opposti. Il Comando del V Corpo d'armata si esprimeva in tal senso riguardo alla popolazione trentina dei territori occupati:

> «Le persone di vero sentimento italiano passarono profughe da noi prima della guerra oppure furono internate in Austria dal governo austriaco. Il quale ebbe cura di lasciare nei territori da noi occupati esclusivamente sacerdoti ed individui di fede prettamente austriaca ed ostile a noi, o quantomeno di tiepido sentimento italiano»[3].

Al contempo le truppe, convinte di rappresentare l'avanguardia di un esercito liberatore, si scontrarono con la freddezza manifestata dai trentini nei confronti degli italiani, che venne interpretata come una presa di posizione ostile[4], ben riassunta dalle parole di Antonio Cantore, comandante del V Corpo d'armata: «Voi trentini siete tutti austriacanti … I miei soldati sono convinti di fare una guerra di liberazione, non di occupazione»[5].

[3] ACS, MdG, CS, SGAC, b. 233, Comando V Corpo armata a I armata, Oggetto: Internamento di persone sospette dai territori occupati, 5 febbraio 1916.

[4] A. Miorelli, *Trentini internati in Italia*, p. 206.

[5] B. Perotti, *Cronaca di guerra*, p. 13.

Da queste prime valutazioni negative dei militari ne discendono molte altre. Durante il primo anno di guerra le autorità militari italiane utilizzarono infatti con una certa larghezza lo strumento dell'internamento dei civili residenti in zona d'occupazione per bonificare la società trentina dagli elementi avversi al nuovo ordine politico: questa misura era finalizzata a «cautelarsi da tutte le possibili insidie che potevano venire da persone legate al nemico, ostili alla guerra che si combatteva, nocive allo svolgersi delle operazioni militari»[6]. Tuttavia sotto la generica dicitura di internati venivano inviati verso le retrovie «prigionieri, disertori, renitenti, sospetti di spionaggio, profughi ... senza che risulti, da una nota spiegativa, la loro posizione o il motivo che ha determinato l'arresto»[7]. Si percepisce pertanto come a sud del fronte la dinamica dello spostamento di popolazione stesse acquisendo gli stessi connotati semantici che aveva assunto nell'Impero asburgico: agli occhi dei militari si potevano accomunare gli internati, i prigionieri, i disertori, i sospetti e i profughi nella stessa categoria concettuale, che discendeva dalla scarsa affidabilità percepita dei trentini.

La burocrazia italiana non aiutava certo i militari a far ordine in queste distinzioni sottili. L'Italia era infatti impreparata all'accoglienza degli sfollati e si dotò solo con lentezza di un sistema di categorizzazione dei profughi e di accoglienza adeguato. Ciò comportò il perdurare di definizioni contraddittorie, che equiparavano sfollati per motivi militari ed internati.

A fronte dei primi sfollamenti operati dalle autorità militari per motivazioni miste di sicurezza della popolazione e per paure di tipo poliziesco, il 5 giugno la Direzione generale di Pubblica sicurezza ordinava al Comando supremo che le «persone sospette da allontanare zona guerra fossero internate

[6] ACS, MdG, CS, SGAC, b. 233, Internamenti-Norme, Fascicolo Generale, SGAC al Ministero dell'Interno, Oggetto: Revisione degli internamenti. Mozione dell'onorevole Turati, 1° aprile 1916.

[7] ASTn, Capitanato Distrettuale Primiero, b. 353B, Servizio di cassa – Rimpatrio internati e prigionieri di guerra – 1916, generale Lenchantin, circolare, 6 luglio 1915.

a Firenze, facendo invece inoltrare tutte le altre a Novara»[8]. Si poneva così un primo punto fermo nella dislocazione degli sfollati, distinguendo l'Italia nord-occidentale, destinata agli evacuati per motivi militari, dall'Italia centro-meridionale, dove erano da destinare gli internati.

Nella pratica tuttavia la confusione caratterizzava l'agire dei militari di basso grado. Già il 12 giugno il Segretariato generale per gli Affari civili notò che i militari stavano sfollando gruppi di civili dalla zona di guerra senza indicare il motivo dell'allontanamento[9]. Inoltre le singole persone, cui veniva affibbiata senza particolare cognizione l'etichetta di profugo o internato, si andavano a mischiare nei luoghi di destinazione: il Ministero dell'Interno comunicò infatti al Comando supremo il 24 luglio 1915 che «d'ora innanzi e fino a nuova disposizione le persone allontanate dalla zona di guerra siano avviate a Firenze anziché a Novara», senza distinzioni tra internati o sfollati[10].

In consonanza con questa prassi, i militari continuarono a confondere nelle comunicazioni ufficiali fino al luglio 1916 profughi ed internati: è il caso ad esempio della Valsugana, dove tutti gli allontanati venivano definiti «da internarsi»[11]. Ciò fece sì che i profughi di Condino venissero inviati in Piemonte perché sfollati della prima ora, nonostante sull'allontanamento gravassero alcuni sospetti; allo stesso tempo i profughi di Livinallongo, fuggiti sotto il bombardamento delle abitazioni, vennero ripartiti in più località, comprese province meridionali, per il semplice fatto di essere stati evacuati dopo il luglio 1915. Il profugo di guerra diventava così anche in Italia una categoria ibrida, dall'affidabilità parziale[12], sebbene

8 ACS, MdG, CS, SGAC, b. 214, SGAC a Direzione generale Pubblica sicurezza, 24 luglio 1915.

9 ACS, MdG, CS, SGAC, b. 214, n. 23568, Telegramma, Ministero dell'Interno a SGAC, 12 giugno 1915.

10 ACS, MdG, CS, SGAC, b. 214, n. 24604, Telegramma Ministero dell'Interno a SGAC, 24 luglio 1915.

11 ACS, MdG, CS, SGAC, b. 222, Sgomberi I armata, n. 4850, Telegramma commissario civile Borgo Barbieri a SGAC, 24 gennaio 1916.

12 D. Ceschin, *Gli esuli di Caporetto*, p. 88.

la propaganda di guerra del maggio 1915 avesse presentato gli irredenti come fratelli da liberare dal giogo austriaco.

La presenza degli sfollati, per quanto possibile, doveva passare inosservata ed essere taciuta anche a livello ufficiale. La confusione tra profughi ed internati, che caratterizza anche il primo discorso parlamentare sul tema[13], sarebbe da ricondurre ad una circostanza piuttosto semplice: ad eccezione del Canal del Ferro[14] e di alcuni comuni della val d'Astico, abitati da regnicoli, le uniche località sgomberate fino al maggio 1916 sono costituite da zone già austriache, da poco occupate. In queste aree lo sfollamento nascondeva sia motivazioni politiche che umanitarie, senza che si riuscisse a sciogliere l'equivoco, poiché nel caso delle evacuazioni effettuate durante il primo anno di guerra i due aspetti erano spesso interconnessi[15].

Di qui la confusione, non solo concettuale, che caratterizza le disposizioni di stanziamento e la volontà di gestire l'intero problema del profugato come una semplice questione di pubblica sicurezza. Essere profugo significava, *ipso facto*, essere considerato sospetto. Nonostante il quadro di partenza facesse pensare alla possibilità di organizzare un sistema di assistenza nell'interno che tenesse in considerazione elementi di cooptazione, anche in tal caso la propensione al controllo prendeva il sopravvento. Sebbene il governo avesse deciso di sussidiare gli sfollati irredenti in misura analoga a quanto era previsto per regnicoli evacuati e rimpatriati[16], l'accento prevalente della gestione dei profughi veniva quindi messo sulle necessità di controllo poliziesco.

Durante il primo anno di guerra la gestione dei profughi venne di conseguenza lasciata in carico ai singoli prefetti, i quali

[13] Camera dei Deputati, *Atti parlamentari*, p. 8535.

[14] E. Ellero, *Autorità militare italiana*, p. 21.

[15] D. Ceschin, *Gli esuli di Caporetto*, p. 88.

[16] ACS, MdI, DGPS, Polizia Giudiziaria Amministrativa e Sociale, Profughi e internati, b. 23, fasc. 1049, sudditi stranieri da considerarsi italiani non regnicoli, Telegramma n. 2197, Prefettura di Milano a Ministero dell'Interno, 19 giugno 1915.

avevano l'onere – non normato da disposizioni precise – di pensare anche all'assistenza degli sfollati. Lo stesso direttore generale della Pubblica sicurezza, che il 30 novembre 1915 indicava col termine internati tutti gli sfollati dalla zona di guerra, sottolineava come «la misura delle sovvenzioni concesse alle persone di che trattasi non è stata fissata in eguale misura per tutte le provincie del Regno» e riconosceva come prioritaria «la necessità di contenere la spesa nella più modesta misura possibile»[17].

L'assenza di norme che caratterizzò la politica statale sul tema e la volontà di contenere l'esborso economico legato al mantenimento dei profughi lasciò perciò ampio spazio d'azione a numerosi enti non governativi (comitati di preparazione e mobilitazione civile, istituzioni benefiche o religiose, comitati locali, patronati di irredenti)[18], le cui prerogative andavano a scontrarsi e sovrapporsi con quelle dei prefetti. Tutti questi lavoravano senza alcuna coordinazione nel tentare di fornire assistenza agli evacuati, senza mai perdere di vista il proprio compito peculiare, ovvero quello di garantire la sicurezza, percepito come prioritario.

Un primo cambio di passo nella politica assistenziale del governo si ebbe solo nel giugno 1916. In seguito alla *Strafexpedition*, infatti, circa 76.000 profughi del vicentino e dell'altopiano di Asiago vennero evacuati per motivi militari[19]. Un nuovo elemento emerge in questa fase: se fino al maggio 1916 i profughi regnicoli erano un'esigua minoranza, con la conseguenza che non si organizzò alcun vero sistema di *welfare* materiale, da tale data il problema non poté più essere ignorato dalle autorità italiane. Come notato da Daniele Ceschin, tale spostamento di popolazione «contribuì a modificare sia

17 ACS, MdI, DGPS, Polizia Giudiziaria, Amministrativa e Sociale, Cat. 12100.1, Profughi e Internati di guerra, b. 1337 (ex 25), direttore generale della P.S. Vigliani, Appunto per l'onorevole di Gabinetto di S.E. il sottosegretario di Stato, Interrogazione degli onorevoli Schiavon, Piccinato e Modigliani, Risposta.

18 Laboratorio di storia di Rovereto (ed), *Gli spostati*, II, p. 245.

19 D. Ceschin, *La popolazione dell'Alto vicentino*, pp. 248-280.

la percezione che il fronte interno aveva rispetto al fenomeno del profugato, sia l'atteggiamento delle autorità militari e del Governo nei confronti di migliaia di persone ... bisognose di ricovero, tutela e assistenza»[20].

Per poter coinvolgere gli enti periferici dello Stato nell'assistenza, il Ministero precisò per la prima volta in una circolare del 12 luglio 1916 come distinguere le categorie di irredenti evacuati, irredenti internati, regnicoli sgomberati e regnicoli internati[21]. Ne consegue che, fino a tal data, non era stata esplicitata la differenza di *status* tra profugo ed internato, e le persone che avevano abbandonato le proprie abitazioni su ordine delle autorità militari venivano categorizzate come potenzialmente sospette o, quantomeno, solo parzialmente affidabili.

Il governo italiano si mosse così in maniera ondivaga nei confronti dell'assistenza dei profughi, affrontando le varie problematiche mano a mano che venivano poste alla sua attenzione. Bisogna ad esempio aspettare il novembre 1916 per avere una presa di posizione di Paolo Boselli sulla questione dell'assistenza materiale, che solo a tal data acquisisce caratteri unitari nel Regno. Il Ministro dell'Interno scriveva nel novembre che

> «... *in questi ultimi tempi* infatti sono state impartite ai prefetti le opportune disposizioni per regolare in modo uniforme in tutto il Regno i detti servizi di assistenza, assicurando a tutti quanti i profughi indigenti oltre l'alloggio ... anche un sussidio per spese di mantenimento in misura che normalmente è stata fissata in una lira a persona al giorno»[22].

È evidente come solo a un anno e mezzo di distanza dalle prime evacuazioni fossero state inviate ai prefetti delle direttive riguardo all'assistenza dei profughi; in particolare il motore dell'azione fu dettato dallo sfollamento dei vicentini. L'attenzione alla sorte degli irredenti, cittadini da conquistare alla nuova patria, era quantomeno latente o tardiva. In

[20] D. CESCHIN, *Gli esuli di Caporetto*, p. 88.

[21] *Ibidem*, p. 89.

[22] ACS, PCM, Guerra Europea, b. 129, n. 12100-I-5/165741, Ministero dell'Interno a Presidenza Consiglio Ministri, 13 novembre 1916 (corsivo dell'autore).

consonanza con questa politica ondivaga, non si fa alcun cenno alle necessità politiche o morali dei profughi provenienti da oltre confine: l'educazione nazionale dei nuovi cittadini non faceva parte dell'agenda politica del governo[23].

Non era questo l'unico elemento di debolezza della politica governativa nei confronti dei profughi irredenti. L'incapacità di strutturare un sistema di *welfare* funzionante rappresentava un ulteriore punto a sfavore, soprattutto se raffrontata alla funzionalità della burocrazia asburgica prebellica e all'attivismo del Ministero dell'Interno asburgico nello strutturare un sistema di assistenza unitario per i profughi senza mezzi, che tenesse in conto anche i bisogni morali e lavorativi degli sfollati che erano stati inviati al di fuori della zona di guerra[24]. Durante il secondo convegno indetto dalla Commissione centrale di patronato tra fuoriusciti (luglio 1916), Virginio Vittori faceva infatti notare che «troviamo insomma un'enorme disparità di trattamento [da luogo a luogo]» che è da ricondurre al «differente criterio delle singole prefetture, ma che vi contribuiscono anche le amministrazioni comunali incaricate in molti luoghi della relativa gestione»[25].

Ne conseguiva che gli appalti per la distribuzione dei viveri e dei beni di prima necessità non fossero sempre trasparenti; che le abitazioni destinate ai profughi non fossero confacenti agli standard igienici e di abitabilità prescritti dal governo; che gli sforzi dei prefetti si concentrassero più sulle misure di ordine pubblico che su quelle assistenziali, non mancando casi in cui i profughi venivano privati del tutto delle libertà personali di movimento, sorvegliati e obbligati in alcuni casi a presentarsi giornalmente in questura.

La prassi era tanto diffusa che Vittori, nella relazione tenuta al convegno di Firenze del luglio 1916, fece notare come

[23] ACS, PCM, Guerra Europea, b. 129, s.n., Ministero dell'Interno – Direzione generale di Pubblica sicurezza a Adolfo Zammarano, capo di Gabinetto della Presidenza del Consiglio dei Ministri, 10 novembre 1915.

[24] G. Mattei, *Le Provvidenze legali per i profughi*.

[25] B. Coceani, *L'opera della Commissione Centrale di Patronato*, pp. 147-159.

«... si trasforma il profugo in un coatto e si semina quel giustificato malcontento che potrà dare dei frutti deleteri nell'avvenire ... Purtroppo, specie nel basso personale di polizia, si considerano i profughi come persone pericolose e mai abbastanza sorvegliate»[26].

Il Ministero dell'Interno cercò a partire dalla metà del 1916 di «coordinare e rendere certo in modo organico e permanente la funzione di sorveglianza e di assistenza di tutto questo immane servizio», nominando commissioni prefettizie composte da funzionari statali, membri di organizzazioni di beneficienza ed esponenti delle associazioni del fuoriuscitismo[27]. Tuttavia, «non si diede luogo a disposizioni organiche di carattere generale, né le ispezioni vennero ripetute»[28]. La proposta stessa di creare una centrale unica di coordinamento dell'assistenza venne rigettata dal ministro Vittorio Orlando nel novembre 1916[29] e presa in considerazione solo nell'ottobre 1917[30]. Nel frattempo erano passati due anni e mezzo.

La data di creazione di questo organismo centrale spiega da sé come gli eventi di Caporetto portarono ad un'organizzazione diversa dell'assistenza profughi nel breve giro di un mese. Fino a questo momento la gestione della cura materiale degli sfollati era ripartita fra tre diversi enti (Pubblica sicurezza, Prefetture e Comitati di assistenza locali), che nella teoria erano chiamati a collaborare, ma nella pratica non sempre riuscivano a farlo, mancando una definizione delle competenze e dei limiti d'azione reciproci. Le azioni pertanto si raddoppiavano – è il caso del censimento, svolto parallelamente da due enti diversi e con due formulari diversi[31] – venivano riviste in corsa e nel frattempo

[26] *Ibidem*, p. 155-156.

[27] ACS, MdI, DGPS, PG, Profughi e internati di guerra, b. 28, fasc. 1085, Circolare 12100.1.5, 12 luglio 1916.

[28] Laboratorio di storia di Rovereto (ed), *Gli spostati*, II, p. 248.

[29] ACS, PCM, Guerra Europea, b. 129, fasc. 5, Problemi di assistenza ai profughi nel Regno, Ministero dell'Interno a Presidenza Consiglio Ministri, 13 novembre 1916.

[30] D. Lgt. 14 ottobre 1917, n. 1697; si veda anche D. Ceschin, *Gli esuli di Caporetto*, p. 89.

[31] D. Ceschin, *Gli esuli di Caporetto*, pp. 97-98.

non veniva chiarito chi era incaricato di erogare sussidi e beni materiali, nonché di compiere le ispezioni alle colonie[32].

Indicativo dello stato di cose è il fatto che ai rappresentanti delle associazioni di assistenza patrocinate dagli irredenti non solo non venisse riconosciuto in tutti i luoghi il ruolo di coadiutore nell'organizzazione dell'assistenza, ma addirittura ne venisse ostacolata l'opera in più modi[33]. Si replica anche in Italia, pertanto, la stessa evoluzione che abbiamo già avuto modo di vedere per l'Austria-Ungheria: gli elementi di controllo prendono il sopravvento su quelli della cooptazione nell'organizzare l'assistenza. L'ingerenza dei rappresentanti politici degli sfollati non è ammessa ed è ostacolata attivamente. Infine, le possibilità di integrazione della vicenda dei profughi nel discorso patriottico sono minime e sono assenti tentativi di incentivare il lavoro di beneficenza mediante richiami dall'alto.

L'iniziativa di unificare i servizi di assistenza sotto un'unica regia era di conseguenza del tutto necessaria, ma il governo prese l'iniziativa solo in seguito all'occupazione del Friuli e del Veneto orientale da parte delle truppe austro-germaniche, cui fece seguito il riversarsi nelle regioni interne del Regno di circa 500.000 profughi. Il 14 novembre 1917 fu istituito l'Alto Commissariato per i profughi di guerra[34]; nel febbraio 1918 furono istituite in ogni comune ove vi fossero profughi delle Commissioni per la protezione ed assistenza degli stessi[35], che andavano a sostituire i precedenti Patronati locali, con la differenza che da questo momento in poi entravano a far parte di un meccanismo unitario di assistenza concertata tra i vari enti.

Nella prassi gestionale dell'aiuto però questo non mutò di molto la situazione che ormai si era creata. Italo Scotoni, irredentista

32 M. BROZ, *Profughi trentini* (1990-1991), p. 152.

33 A titolo d'esempio: «La Libertà», 5, 21 luglio 1917, p. 2; anche in M. BROZ, *Profughi trentini in Italia* (1990-1991), p. 105.

34 D. CESCHIN, *Gli esuli di Caporetto*, p. 89; M. BROZ, *Profughi trentini in Italia* (1990-1991), p. 252.

35 M. BROZ, *Profughi trentini in Italia* (1990-1991), p. 253.

fuoriuscito, non manca di notare che, in seguito alla nomina dell'Alto Commissariato e dei Patronati locali,

«... le condizioni dei profughi non sono cambiate o, dove lo sono, sono mutate in peggio. Il decreto ... del 10 gennaio a.c. [1918] attende ancora in più di un luogo di essere applicato; in quei luoghi ove fu applicato venne reso indecifrabile dalla caotica ridda di circolari che ancora continua, dicendo, disdicendo e contraddicendo»[36].

Il risultato di questo susseguirsi di circolari mai definitive e della compresenza di più enti[37] incaricati della gestione del problema all'interno dei singoli Comitati o Patronati locali portava alla dispersione delle risorse e delle energie, pur ingenti, che il governo centrale stava stanziando.

L'unico aspetto su cui Pubblica sicurezza, Prefetture e Patronati locali si trovavano d'accordo riguardava l'applicazione delle numerose disposizioni restrittive riportate nelle circolari che regolavano l'assistenza profughi; il già citato Italo Scotoni nota come queste venissero «lette, digerite, postillate con segni rossi e bleu e si espongono all'albo ... perché siano consultate ad ogni obbiezione», mostrando un formalismo burocratico del tutto slegato dalle necessità materiali dell'assistenza immediata[38].

Riassumendo, il governo mostrava un atteggiamento piuttosto indeciso nei confronti delle politiche da attuare per attirare le popolazioni redente profughe nel Regno alla causa italiana. Pur essendo vero il fatto che venne concesso un aiuto materiale paragonabile a quello riservato per i cittadini italiani sfollati nel Regno, si nota come la questione degli irredenti non avesse rilevanza politica. Tutte le disposizioni materiali prese a favore dell'assistenza profughi furono infatti conseguenti al riversarsi nell'interno di larghi strati di popolazione del Regno. Questi provvedimenti, inoltre, sono in molti casi incoerenti o non risolutivi, lasciando la gestione dell'aiuto materiale da destinarsi

[36] I. Scotoni, *Le dimissioni dell'Alto Commissariato*, p. 2; anche in M. Broz, *Profughi trentini in Italia* (1990-1991), p. 148.

[37] I. Scotoni, *L'assistenza ai profughi*, p. 2; anche in M. Broz, *Profughi trentini in Italia* (1990-1991), p. 151.

[38] *Ibidem.*

ai profughi in mano a più enti in competizione tra loro, le cui competenze non vengono chiarite.

Quel che manca e che continuerà a mancare nella politica governativa è però anche altro. Lo evidenziano in più occasioni molti fuoriusciti trentini. Oreste Ferrari, ad esempio, sottolineò più volte nelle relazioni di visita alle colonie profughi la necessità di organizzare

> «... una qualunque azione di propaganda patriottica tra loro ... Hanno ancora paura dell'Austria perché non hanno fiducia nell'Italia: occorreva una vigile energica azione di propaganda per portarli a questa fiducia, ma alla propaganda nessuno ha pensato né meno lontanamente»[39].

Al di là del paternalismo di questa visione, che interpreta le classi popolari come contenitori di concetti identitari plasmabili al bisogno – e il cui risultato è ben inferiore alle aspettative, come ben dimostrato da Pieter Judson[40] – Ferrari fa notare che se non si fosse rimediato alle gravi condizioni che già da due anni caratterizzavano la vita materiale e morale dei profughi, coloro «che torneranno nel Trentino ... saranno italianicamente peggiori di quelli che riavremo dall'Austria e questo periodo sarà per loro un vero e proprio esilio in patria»[41].

In questo quadro, di per sé già indicativo della direzione che aveva preso la politica di assistenza, spicca perciò la mancanza di politiche finalizzate a conquistare alla nuova nazione i cittadini austriaci di lingua italiana ospiti nel Regno. Chi lavora sul campo, nota fin da subito la lentezza dell'azione di governo in tale ambito. Nel novembre 1915 si tenne un primo convegno dei Comitati per gli irredenti, indetto dalla Commissione centrale di patronato per fuoriusciti adriatici e trentini, dalla quale emerse come non fosse ancora stata parificata la frequenza scolastica di profughi e locali in tutti i luoghi di stanziamento, poiché la normativa in merito era in fase preparatoria[42]. A due anni di distanza la situazione tuttavia non era migliorata: i 500 profughi

[39] *Alla ricerca dei nostri profughi*, p. 2.

[40] P.M. Judson, *Guardians of the Nations*.

[41] FMST, Arch. J, b. 2, fasc. 5, c. 56, Oreste Ferrari a Giovanni Pedrotti.

[42] B. Coceani, *L'opera della Commissione Centrale di Patronato*, p. 97.

alloggiati a Santa Margherita Ligure lamentavano ancora problemi nell'accesso all'istruzione primaria, legati ai cattivi rapporti coi locali e alle accuse di austriacantismo. Uno dei redattori de «La Libertà» nota come «fino una signora professoressa in pubblica scuola si degnò di apostrofare i frequentanti profughi coi titoli di austriacanti tedeschi: immaginate con quale frutto per l'educazione dei presenti»[43]. L'articolista chiosava, infine, in tal modo: «Si dovrà altamente meravigliarsi se, quando che sia, non ritorneranno ai loro paesi con sentimenti antitaliani davvero»[44]. Si nota così con una certa chiarezza come la scuola non venga sfruttata dal governo italiano come strumento di inclusione all'interno del processo di identificazione coi valori nazionali o quale vettore di una ritualità civile.

In questo campo non si fece però nemmeno uso del clero, inviso alle autorità italiane e internato in massa[45]. Si può quindi immaginare che una serie di misure economiche, simili a quelle adottate in zona di guerra – quali il pagamento di pensioni e sussidi – facessero parte dell'agenda di governo, al fine di attirare a sé le simpatie della popolazione sfollata mediante aiuti materiali. Anche in questo campo la parola d'ordine fu invece l'incoerenza delle disposizioni e la reticenza nell'applicazione delle stesse. Ciò si evince ad esempio dall'analisi della documentazione relativa all'erogazione dei sussidi per le famiglie dei richiamati dell'esercito austriaco. In zona di guerra il Comando supremo aveva deciso di mantenere l'erogazione di questi sussidi a favore dei familiari dei richiamati nell'esercito austriaco «per ragioni speciali di opportunità politica»[46]. Nel momento in cui gli irredenti venivano allontanati dalla zona di guerra cominciavano però i problemi. Dal momento

[43] *Dalle colonie profughi*, pp. 1-2; anche in M. Broz, *Profughi trentini in Italia* (1990-1991), p. 114.

[44] *Ibidem*.

[45] Laboratorio di storia di Rovereto (ed), *Gli spostati*, II, p. 252. Nell'area isontina venne internato l'80% del clero delle aree occupate: C. Medeot, *Storie di preti*.

[46] ACS, MdG, CS, SGAC, b. 17, n. 1263/79, Ministero dell'Interno, DGPS a Comando supremo, Famiglie internate aventi parenti al servizio militare in Austria, 14 febbraio 1916.

dell'evacuazione non veniva infatti più corrisposto il sussidio, poiché i profughi uscivano dal raggio d'azione del Comando supremo[47]: il sussidio veniva tagliato, fatta salva la possibilità demandata a sindaci e prefetti di erogare «un modico supplemento al sussidio che per regola percepiscono gli altri profughi che non si trovano in quelle condizioni»[48]. Si creava così una ridda di situazioni differenziate, in cui la discrezionalità era l'unico fattore permanente[49].

L'agire delle autorità militari in zona di occupazione mostra con chiarezza l'intento politico della misura. Una volta sfollati nel Regno invece la priorità diventa quella di limitare l'esborso economico legato alla sussistenza dei profughi, mentre i vantaggi politici legati all'adozione di questa misura non vengono nemmeno presi in considerazione. Va da sé che gli sfollati, che avevano percepito il sussidio fino al maggio 1916 quando si trovavano in zona di guerra, valutassero come manifestazione di disinteresse, disorganizzazione o ingiustizia la mancata erogazione del sussidio in seguito all'evacuazione. Il fatto stesso che si potessero creare disparità evidenti da luogo a luogo e da famiglia a famiglia non deponeva positivamente a favore dell'efficienza burocratica dello Stato ospitante. L'Italia si mostrava pertanto disorganizzata e discrezionale al primo contatto coi suoi futuri cittadini.

Riassumendo, i profughi italofoni di cittadinanza austriaca sfollati nell'interno del Regno non diventarono i ricettori di una pedagogia nazionale positiva: non fu sfruttato il mezzo dell'educazione scolastica, non si fece ricorso al ruolo di mediazione del clero e le misure economiche a favore degli sfollati si limitarono all'equiparazione dei sussidi rispetto ai cittadini del Regno. Una sola costante rimaneva in questo quadro: l'elevato uso della repressione come elemento di controllo anche nelle province interne della penisola. A queste misure restrittive facevano da corollario gli ostacoli posti ai profughi

[47] ACS, MdG, CS, SGAC, b. 17, n. 1263/79.

[48] ACS, MdG, CS, SGAC, b. 17, n. 1263/79.

[49] ACS, MdG, CS, SGAC, b. 17, n. 22883, Sussidi alle famiglie dei richiamati dell'esercito a.u., commissario civile del Primiero a SGAC, 24 febbraio 1917.

che tentavano di diventare attori dell'assistenza e non semplici percettori della stessa.

Abbiamo già visto come il mezzo dell'internamento fu sfruttato con larghezza nelle zone occupate, al fine di allontanare tutti gli elementi contrari al nuovo ordine politico. La stessa prassi si riscontra però anche nell'interno e si concretizza nelle numerose misure di allontanamento in zone più disagiate cui furono soggetti i profughi irredenti. L'elemento repressivo e di controllo diviene così, assieme al pregiudizio sociale, uno degli elementi più presenti dell'esperienza di profugato dei trentini nel Regno.

Gli esempi sono numerosi. Anche piccoli episodi di ostilità, come l'aver indossato abiti particolari in occasione dell'anniversario di nascita dell'imperatore Francesco Giuseppe, venivano puniti con l'allontanamento dalla colonia e l'internamento: è il caso di 12 persone della Vallarsa, allontanate dalla colonia profughi di Legnago perché «germe di eterno malcontento e di erronee interpretazioni dei fatti ed anche di sobillazione tra i profughi stessi»[50]. I 12 responsabili vennero inviati in «località non migliori di Legnago» quale «efficace punizione»[51], sebbene la dinamica dei fatti non fosse chiara. Lampante era invece la motivazione che aveva portato all'allontanamento: l'obbiettivo era che queste misure «costituiscano non soltanto una punizione, ma puranco un esempio»[52].

Non è tra l'altro questo l'unico caso in cui le autorità politiche del Regno decisero di procedere all'allontanamento o all'internamento di trentini sfollati nel Regno. A titolo di esempio citiamo il caso dei profughi irredenti ricoverati a Pinerolo; il prefetto di Torino comunicò alla Direzione generale di pubblica sicurezza il 19 giugno 1918 che «i sottosegnati profughi tengono un contegno poco corretto e patriottico e si vuole che nutrano sentimenti anti-italiani». Sebbene «fino ad ora

[50] ACS, MdG, CS, SGAC, b. 226, fasc. 57, Internamenti, n. 2621, commissario comune di Vallarsa a Comando I armata, 12 ottobre 1916.

[51] ACS, MdG, CS, SGAC, b. 226, fasc. 57, Internamenti, n. 2621.

[52] ACS, MdG, CS, SGAC, b. 226, fasc. 57, Internamenti, n. 2621.

non è stato possibile avere prove sufficienti per formulare a loro carico una denuncia alla Autorità Giudiziaria» si decise comunque che «il provvedimento più pratico ed opportuno per eliminare il ripetersi di tali inconvenienti ... sarebbe quello di allontanarli colle rispettive famiglie»[53]. Un caso analogo si verificò in provincia di Lodi[54], dalla quale i sospetti agitatori vennero espulsi ed inviati a Lipari, pur in assenza di prove[55]. Altri esempi sarebbero inutili, poiché i casi tendono a somigliarsi tra loro.

Quel che emerge è il fatto che i profughi italofoni di cittadinanza austriaca evacuati nelle regioni interne del Regno erano sottoposti a sorveglianza piuttosto stretta anche nelle località di destinazione. Ogni piccolo atto di attaccamento al vecchio regime poteva essere interpretato come sintomo di disfattismo o austrofilia e aveva come conseguenza l'invio in località disagiate e la separazione dei gruppi familiari. Si creava pertanto un vero e proprio clima di caccia alle streghe, in cui anche gesti innocui potevano avere conseguenze materiali importanti, senza che i fatti venissero riscontrati oggettivamente. Il controllo poliziesco nei confronti degli sfollati era pervasivo. Gli evacuati tendevano perciò a mantenere comportamenti di basso profilo e a limitare i contatti con i residenti allo stretto necessario. Il corollario era la diffidenza reciproca e la difficoltà di integrazione.

Nel binomio coercizione-consenso, che caratterizza molti aspetti dello sforzo bellico, il primo dei due aspetti è quello che prevale nella gestione del problema dei profughi irredenti in Italia. Ciò accade nonostante lo Stato italiano si trovasse in

[53] ACS, MdI, DGPS, Polizia Giudiziaria, Amministrativa e Sociale, Profughi e Internati, b. 10, n. 140214, prefetto di Torino a DGPS, Pinerolo, Profughi terre irredente, 19 giugno 1916.

[54] ACS, MdI, DGPS, Polizia Giudiziaria, Amministrativa e Sociale, Profughi e Internati, b. 10, n. 113449, Prefettura di Milano a DGPS, Contegno austriacante di alcuni profughi trentini, 21 febbraio 1918.

[55] ACS, MdI, DGPS, Polizia Giudiziaria, Amministrativa e Sociale, Profughi e Internati, b. 10, n. 132932, Prefettura di Milano a DGPS, Telegramma n. 10368, 23 maggio 1918.

posizione privilegiata per tentare di plasmare cuori e menti di una popolazione, non molto numerosa, che si trovava a vivere per le contingenze belliche per tre anni all'interno della madrepatria putativa.

Va comunque considerato che il contesto legislativo generale non aiutava l'integrazione: l'intero paese fu soggetto ad una legislazione penale invadente e ad azioni repressive particolarmente severe, legate al modello militare[56]. Roberto Bianchi nota come su questi temi

> «... nel Regno d'Italia, se messo a raffronto con altri Stati, le forme dell'intervento statale divennero ... particolarmente autoritarie, pervasive e liberticide, al punto da avvicinarsi maggiormente ai caratteri peculiari della mobilitazione totale perpetrate dagli Imperi Centrali piuttosto che a quella sviluppata negli altri Stati dell'Intesa»[57].

In sostanza, la repressione rappresenta la chiave di volta della tenuta di un fronte interno che, fin dall'ingresso in guerra, si mostra freddo nei confronti dello sforzo bellico. Una soluzione che, *mutatis mutandis*, ricorda l'atteggiamento del governo nei confronti dei profughi irredenti sfollati nel Regno, le cui vicende vanno interpretate alla luce di questa situazione generale.

Un ultimo aspetto merita di essere analizzato e riguarda la distanza tra fuga volontaria ed evacuazione forzata a cui abbiamo fatto cenno in precedenza. In Italia infatti la separazione concettuale tra questi due elementi diventa concreta a partire dal 1917: ai profughi irredenti, accaparrati con la forza alla nazione, si contrappongono i fuggiaschi di Caporetto, che sono fuggiti per evitare l'occupazione nemica. Ne consegue che solo in seguito agli eventi militari dell'ottobre 1917 il presidente del Consiglio Orlando diede peso alla questione dei profughi, orientando il discorso in chiave patriottica, con l'intento di mobilitare le risorse materiali e immateriali della nazione a favore degli sfollati[58]. Non si trova traccia di alcuna

[56] C. Latini, *I pieni poteri in Italia*, pp. 87-103; G. Procacci, *Warfare-welfare*, pp. 166-174.

[57] R. Bianchi, *Social Conflict and Control.*

[58] D. Ceschin, *Gli esuli di Caporetto*, p. 89.

esternazione di questo tenore in precedenza, quando invece la priorità era quella di mettere la sordina al problema spinoso del trattamento degli irredenti[59]. I profughi della prima ora non poterono perciò giovare di una vasta mobilitazione della coscienza nazionale diretta dall'alto, poiché non si presentavano all'opinione pubblica come vittime della violenza del nemico, fuggite di fronte all'avanzata austro-germanica.

Il riversarsi nell'interno del Regno nel novembre 1917 di una massa senza precedenti di persone in fuga portò invece con sé la necessità di collocare

«... il dramma dei civili all'interno di un racconto patriottico per quanto possibile credibile, capace cioè di tenere insieme la giustificazione della fuga e la barbarie del nemico esterno, i rinnovati e consacrati doveri della resistenza e la minaccia disfattista del nemico interno»[60].

C'era, in breve, la necessità di descrivere i profughi di Caporetto come vittime eroiche della guerra: chi si rifugiava nelle regioni interne del Regno si presentava come colui che aveva rinunciato ai propri beni, pur di mantenere la libertà[61]. Va da sé che gli evacuati irredenti difficilmente potevano accodarsi a questo discorso patriottico, basato sulle costanti della «fuga come sottrazione alla schiavitù e all'oppressione» e sul «profugato visto come scelta consapevole e quindi come esilio»[62]. Questa versione poteva essere fatta propria dai fuoriusciti irredenti, dai *kirsanover*[63], ma non certo dagli sfollati dei territori occupati, i cui parenti stavano combattendo per l'esercito nemico.

Ciò non si tradusse sempre ed automaticamente in migliori condizioni di vita per i profughi friulani o veneti: segnò però

59 Laboratorio di storia di Rovereto (ed), *Gli spostati*, II, p. 246.

60 D. Ceschin, *Gli esuli di Caporetto*, p. 47.

61 *Ibidem*, p. 52.

62 *Ibidem*, p. 55.

63 Ovvero i 3.600 soldati austro-ungarici di lingua italiana fatti prigionieri dall'esercito zarista e poi rimpatriati in Italia tra 1916 e 1918 grazie ad accordi bilaterali Italia-Russia, così definiti dal nome del campo di Kirsanov, dove erano stati concentrati prima dell'invio in Italia. Si vedano: S.A. Bellezza, *Tornare in Italia*; Q. Antonelli, *I dimenticati della Grande Guerra*.

un ulteriore stacco tra il tipo di assistenza fornita a chi si era dimostrato più patriota degli altri (almeno sulla carta) e per questa causa aveva perso tutto e a chi, invece, era formalmente cittadino di uno Stato nemico, non di rado accusato di essere il vero responsabile morale del conflitto[64].

In un contesto in cui l'adesione senza riserve a valori patriottici rappresentava un elemento discriminante nel determinare un trattamento migliore o deteriore, i profughi irredenti si trovarono svantaggiati sul mercato dell'assistenzialismo, non potendo opporre argomenti contro la rappresentazione altrui. Ciò era percepibile distintamente negli ambiti dell'assistenza che erano demandati a comitati di mobilitazione e associazioni caritatevoli. Non stupisce, di conseguenza, che i profughi veneti vivessero con un certo fastidio il fatto di essere scambiati per irredenti,

> «... quasi che l'errore di essere considerati irredenti invece che italiani, li qualificasse in un certo modo piuttosto che in un altro e li etichettasse come possibili nemici interni, alla pari di disfattisti ed internati»[65].

Nel microcosmo dei profughi italiani quindi gli irredenti si trovarono all'ultimo posto della scala sociale: la circostanza di essere stati conquistati – controvoglia – alla causa nazionale incideva così sulla qualità dell'assistenza dal basso che ricevevano.

## 2. *«Far opera di italianità, solidarietà e fraternità verso quelle disgraziate». Associazioni e patronati nel vuoto della politica*

Il quadro presentato poc'anzi mostra come lo Stato italiano, pur facendosi carico dell'aiuto materiale dei profughi irredenti, tendesse a delegare alcune funzioni importanti di assistenza ad altri enti. Ciò non riguarda solo il soccorso materiale, ma anche tutte le forme di assistenza che all'epoca venivano definite di tipo morale, ovvero la pedagogia patriottica, l'educazione nazionale, il mutuo aiuto all'interno dello stesso gruppo.

[64] D. Ceschin, *I profughi in Italia dopo Caporetto*, p. 275.

[65] *Ibidem*, p. 276.

La circostanza non deve stupire: tutti gli Stati belligeranti sfruttano l'opera di comitati locali e associazioni per far fronte al problema del profugato. Nel caso francese si stimola la nascita dell'assistenza locale e si sovvenzionano le iniziative caritatevoli a favore degli sfollati o dei rimpatriandi[66]. Ci sono inoltre realtà, come quella dell'Impero zarista, dove si delegano direttamente alcuni compiti dell'amministrazione statale ad associazioni ed enti a base nazionale, i quali diventano l'anello di congiunzione tra una burocrazia statale che sa di non poter far fronte all'assistenza di milioni di sfollati e i profughi stessi, sparpagliati in un territorio immenso[67]. Questi enti perciò non si occupano solo di carità pubblica, ma vengono investiti di compiti ufficiali e diventano il tramite con cui lo Stato raggiunge i profughi e li sovvenziona.

Esistono poi casi ibridi, come quello asburgico, nel quale il centralismo burocratico lascia poco spazio all'iniziativa privata, che pure esiste ed è funzionale a integrare l'assistenza statale mediante l'invio di beni di prima necessità[68]. In Austria l'assistenza dal basso non viene gestita da comitati nazionali *tout court*, ma da comitati macro-regionali, che superano le differenze linguistiche[69]. Questi, sebbene mal tollerati dalle autorità centrali, fanno da stampella all'azione governativa, sono gestiti da politici di professione e tentano di limitare le dinamiche centrifughe dei movimenti nazionali, lavorando su base sovra-linguistica ed enfatizzando i legami di fedeltà tra sfollati e Stato[70]. Tuttavia, si nota con evidenza il fatto che questo sforzo associazionistico guidato dai rappresentanti poli-

[66] P. NIVET, *Les réfugiés français*, pp. 269-284.

[67] P. GATRELL, *A Whole Empire Walking*, pp. 34-48.

[68] LABORATORIO DI STORIA DI ROVERETO (ed), *Gli spostati*, II, pp. 85-98.

[69] Tra i comitati più noti: Hilfskomitee für Flüchtlinge aus Galizien und der Bukowina; Hilfskomitee für die jüdische Flüchtlinge aus Galizien und der Bukowina; Hilfskomitee für die Flüchtlinge aus dem Süden; Füsorgekomitee für Flüchtlinge aus der Bukowina. A Vienna era presente la Zentralstelle der Fürsorge für die Flüchtlinge aus Galizien und der Bukowina. Ci sono infine casi di organizzazioni internazionali attive nell'assistenza, come l'American Jewish Comitee, cfr. W. MENTZEL, *Kriegsflüchtlinge*, pp. 347-351.

[70] *Ibidem*.

tici o religiosi dei profughi non attecchisca in profondità tra le comunità che dovevano farsi carico dell'accoglienza, rimanendo spesso avulso da altre forme di mobilitazione patriottica[71]. Il governo austriaco non incentiva la nascita di queste iniziative e, al contrario, nell'unica occasione in cui è lui stesso a farsi promotore dall'alto di un'iniziativa finalizzata a presentare positivamente nel discorso pubblico la vicenda dei profughi – attraverso una *Flüchtlingsfürsorgeausstellung* – si avverte l'intento paternalistico che sottostà al piano: la mostra sull'assistenza ai profughi di guerra appena menzionata si gioca infatti per intero sulla volontà di mostrare agli ospitanti di lingua tedesca che lo sforzo economico dello Stato verso i profughi dell'est e del sud ha un intento civilizzatore. A questo si affianca la volontà di distribuire la mostra nei paesi neutrali, anziché nei luoghi di stanziamento degli sfollati, inibendo indirettamente la nascita di comitati di mutuo aiuto su base locale[72].

Il caso italiano, caratterizzato da notevole sovrapposizione di competenze tra prefetti, associazioni, sindaci e responsabili della pubblica sicurezza, somiglia solo in parte ai tre esempi sopra riportati. L'elemento peculiare dell'assistenza privata ai profughi irredenti in Italia è dato dalla presenza di associazioni connotate dal punto di vista regionale, che si configurano come *network* di aiuto paralleli allo Stato. Proprio questi comitati a base regionale saranno l'oggetto di attenzione di questo paragrafo. Nel rapporto tra questi enti e i profughi, infatti, si possono sviluppare in alcuni casi delle dinamiche politiche di lungo periodo, dato che i comitati hanno la possibilità di diventare rappresentanti esclusivi dei singoli gruppi di sfollati. È il caso, ad esempio, dell'Impero russo, all'interno del quale numerosi comitati nazionali – polacchi, lituani, lettoni – si diedero come obiettivo quello di «garantire, preservare e rendere sicura l'esistenza dei profughi per conto della madrepatria»[73]. Ciò

[71] Per la Boemia si veda C. MORELON, *L'arrivée des réfugiés*, pp. 5-18; J. THORPE, *Displacing*, pp. 102-126. Dinamiche simili, studiate in relazione ad altri organismi assistenziali, nel già citato M. HEALY, *Vienna and the Fall*, cfr. inoltre H. KE-CHIN, *War, Welfare*.

[72] W. MENTZEL, *Kriegsflüchtlinge*, pp. 179-183.

[73] P. GATRELL, *A Whole Empire Walking*, p. 156.

fece sì che le elite culturali ed urbane delle singole nazionalità si organizzassero per gestire l'assistenza ai propri compatrioti su base linguistica o nazionale, con la conseguenza a lungo termine di creare in embrione una comunità nazionale futura[74].

Il caso lituano è forse il più noto: i *leader* culturali acquisirono esperienza mediante queste azioni nell'amministrare i fondi finalizzati al *welfare* nazionale; furono in grado di interpretare a fondo i bisogni dei propri amministrati e di presentare gli aiuti come elemento legato alla nazionalità di appartenenza. Il senso di comunità venne così coltivato sia nel gruppo degli amministrati, che in quello degli amministratori, fino a quando l'assistenza rimase sulle spalle dei comitati nazionali, che diedero di conseguenza impulso alla lotta nazionale[75].

Il caso dei trentini sfollati in Italia ha molti presupposti in comune con questa vicenda. Lo Stato delega parte delle funzioni di assistenza a enti locali e patronati. Tra i comitati più influenti ci sono quelli fondati dagli irredentisti, che si danno come obiettivo quello di attirare alla causa italiana queste popolazioni, già italiane per lingua e cultura. Scopo di questo paragrafo è valutare se i fuoriusciti irredenti riescano o meno a farsi accettare come rappresentanti del gruppo degli sfollati e ad incidere sulle politiche di governo ed assistenza.

Come si vedrà, quest'opera non riuscirà, sebbene i fuoriusciti trentini, affiancati dai ceti medi di alcune città, si fossero dotati ben prima dello scoppio delle ostilità di un sistema associativo che sembrava pronto a far fronte a questa evenienza. Tra questi comitati spicca per capacità operativa e diffusione la Commissione centrale di patronato dei fuoriusciti adriatici e trentini[76].

Questa fungeva da organo di collegamento tra altri patronati gestiti da irredenti[77] e, tra le sue attività, spicca l'assistenza

[74] *Ibidem*, pp. 158 ss.

[75] *Ibidem*, p. 162; T. Balkelis, *The Making of Modern Lithuania*.

[76] Laboratorio di storia di Rovereto (ed), *Gli spostati*, II, p. 248.

[77] Da segnalare la Commissione per l'Emigrazione Trentina, la Società Pro Patria, la Lega Nazionale, l'Associazione Pro Trento e Trieste, la Commissione di Patronato per i profughi italiani d'oltre confine, il Comitato

ai profughi irredenti e agli internati allontanati dalle zone di guerra[78]. L'attività era ripartita in una decina di sottocommissioni sparpagliate in varie città del Regno (Roma, Firenze, Torino, Bologna, Genova, Padova, Venezia, Verona, Brescia, Napoli, Treviso, Udine)[79]. Nella gestione dei singoli comitati si crearono pertanto numerose occasioni di contatto con i profughi, differenziate da una provincia all'altra, a seconda che i fuoriusciti riuscissero a operare in collaborazione con le autorità statali preposte alla gestione dell'assistenza ai profughi.

È il caso ad esempio della Commissione di Milano che a partire dal giugno 1915 venne finanziata direttamente dalla prefettura[80]. Nel capoluogo lombardo la Commissione prese in carico la gestione dei sussidi e l'organizzazione della popolosa colonia trentina di piazza d'Armi (circa 1.100 profughi), diventando il tramite tra Stato e sussidiati e collaborando attivamente con Questura e Prefettura anche nella gestione delle pratiche burocratiche[81]. Tale posizione comportava la possibilità per i suoi membri di diventare le figure di riferimento degli sfollati, di mediare i rapporti col nuovo Stato e le sue autorità e di gestire la propaganda nazionale dall'interno della colonia.

Questa condizione si verifica di fatto solo a Milano, dove i trentini erano radicati da tempo ed avevano stretto contatti positivi con le autorità governative. Nelle altre località la situazione è molto più sfumata. L'attività della Commissione nel Regno consisteva in visite ispettive alle colonie dei profughi[82] e nel tentativo di raggiungere gli stessi a mezzo stampa con numerose pubblicazioni («La Libertà», il «Bollettino della Commissione dell'Emigrazione Trentina», «Per un censimento

per l'Emigrazione della Venezia Giulia. Sul ruolo della Commissione per l'Emigrazione trentina, si veda M. GARBARI, *Il Circolo Trentino di Milano.*

78 LABORATORIO DI STORIA DI ROVERETO (ed), *Gli spostati*, II, p. 249.

79 FMST, Arch. E, b. 52, fasc. 2, c. 47, Elenco dei comitati e delle commissioni speciali di patronato e assistenza per i fuoriusciti e profughi italiani d'oltre confine.

80 M. BROZ, *Profughi trentini* (1990-1991), p. 236.

81 LABORATORIO DI STORIA DI ROVERETO (ed), *Gli spostati*, II, p. 250.

82 M. BROZ, *Profughi trentini* (1990-1991), p. 242.

profughi», il «Bollettino della Emigrazione Adriatica e Trentina», «Alba Trentina»)[83]. Data l'estensione geografica dell'attività si ponevano così i presupposti per far sì che questi enti, investiti di responsabilità nell'amministrazione del problema del profugato, diventassero il referente naturale degli sfollati ed il vettore della pedagogia nazionale positiva che lo Stato non era in grado di organizzare o strutturare. Questa è la missione sociale esplicita degli enti guidati da fuoriusciti, che volevano «veder legittimato dal Governo italiano il proprio ruolo di rappresentanti naturali della popolazione irredenta», proponendosi come «riferimento nel presente, nonché come futura ... classe dirigente», escludendo implicitamente cattolici e socialisti dalla rappresentanza politica[84].

Tuttavia, sebbene gli enti sopra elencati comincino la propria attività già nel 1915, compiendo ispezioni, visite, organizzando colonie profughi, chiedendo migliorie di vario genere, inviando relazioni e evidenziando limiti dell'azione di governo che potevano essere risolti con accorgimenti banali, il proposito di ergersi a rappresentanti dei profughi irredenti per mediare culturalmente il passaggio di sovranità dall'Austria all'Italia fallì sotto molti punti di vista.

Il primo problema che incontrarono i Comitati e Patronati gestiti da fuoriusciti o da rappresentanti della società civile italiana è insito nell'organizzazione che caratterizzava l'assistenza profughi nel Regno d'Italia, che prevedeva la presenza di più enti, incidenti sullo stesso territorio, le cui sfere di competenza non vennero però definite[85]. Pertanto, se si eccettuano i casi di Milano e Firenze, l'erogazione dei sussidi non viene mai lasciata in mano ai comitati di irredenti: questi perdono così il primo e fondamentale vettore per acquisire la fiducia dei profughi stessi. I sussidi sono distribuiti, a seconda dei luoghi, dal sindaco, dal prefetto, da comitati di mobilitazione civile, da qualche fiduciario, ma mai dai Comitati di fuoriusciti irre-

[83] *Ibidem*, pp. II-III.

[84] LABORATORIO DI STORIA DI ROVERETO (ed), *Gli spostati*, II, p. 251.

[85] M. BROZ, *Profughi trentini* (1990-1991), p. 40.

denti, che peraltro non sono presenti in tutte le 270 colonie dei trentini profughi del Regno.

Ai suddetti Comitati rimane pertanto il compito accessorio di gestire l'amministrazione della miseria, ovvero tutti quegli interventi *una tantum* di distribuzione di vestiario e sussidi straordinari, di compilazione delle richieste di trasferimento, che si prestano alla discrezionalità della scelta e creano alle volte più malcontento che condivisione, poiché c'è chi riceve qualcosa e chi invece non riceve nulla. A fianco di questo compito rimane l'importante delega statale a compiere le visite alle colonie profughi, almeno fino al 1916. Ciò permette loro potenzialmente di ergersi a strumento di controllo per verificare abusi e proporre soluzioni, col corollario di potersi presentare come tutori degli sfollati e guadagnare così la loro stima, acquisire un primo contatto per poi passare all'opera di propaganda.

Lo spazio d'azione di questi comitati sembra ancora ampio sulla carta, anche perché i rappresentanti dei fuoriusciti compiono entro l'estate 1916 un giro di visite pressoché completo di tutte le colonie profughi del Regno. Qui emerge però il secondo limite importante di questa azione. A partire dalla seconda metà del 1916 il Ministero dell'Interno nomina delle commissioni prefettizie e le incarica di compiere le visite alle colonie dei profughi, dato che a partire dall'estate il problema dell'assistenza ai profughi non riguardava più solamente gli irredenti. I comitati di fuoriusciti vengono di conseguenza delegittimati e perdono il ruolo di tutori degli sfollati. Inoltre, la nomina di queste commissioni[86] fece sì che il controllore ed il controllato coincidessero, nella persona della prefettura.

Va fatto notare comunque che le ispezioni dei fuoriusciti compiute fino alla metà del 1916 non portavano di norma a miglioramenti sostanziali nella miseria materiale degli sfollati. In primo luogo, come già visto in precedenza, la Pubblica sicurezza e i singoli prefetti non vedevano di buon occhio l'in-

[86] ACS, MdI, DGPS, Polizia Giudiziaria, Amministrativa e Sociale, Profughi e Internati, b. 28, c. 1085. Fuoriusciti irredenti vengono cooptati solo nelle provincie di Bologna, Firenze, Milano, Napoli, Padova, Roma e Torino.

trusione di elementi terzi. Perciò le visite erano permesse ove esistevano comitati pro profughi; tollerate nelle poche regioni a forte presenza dei fuoriusciti; vietate, dilazionate o inibite in tutti gli altri luoghi. Anche quando le visite venivano effettuate e venivano poi sollevate delle problematiche, l'incertezza su chi dovesse risolverle faceva sì che le richieste cadessero nel vuoto[87]. In sostanza, una volta certificate le mancanze nell'assistenza – che vengono puntualmente negate da prefetti e sindaci – nessuno è deputato a risolverle. La cooptazione dei fuoriusciti nell'organizzazione dell'assistenza è perciò tangibile solo sulla carta, salvando le apparenze, ma inibita nella realtà.

Emblematico il caso del comune di Pallanza: Ottone Brentari, dopo aver visitato la colonia dei profughi trentini lì ospitata, pubblica un opuscolo in cui si segnalano le problematiche riscontrate e le possibili soluzioni[88]. Il sindaco si scaglia contro la pubblicazione, scrivendo al Ministero dell'Interno e sostenendo che il «Comune di Pallanza ha invece ... con nobili sensi di pietà e di carità fraterna accolta ed ospitata la colonia profughi»[89]. È singolare il fatto che, proprio per Pallanza, si abbia a disposizione anche la relazione di visita del Comitato nazionale per le colonie dei profughi delle terre redente, un altro ente assistenziale, animato da attiviste lombarde[90]. Anche questa relazione, redatta da un comitato indipendente, riporta impressioni negative, in linea con quelle espresse da Brentari: la colonia sarebbe raccolta in una fabbrica di pasta abbandonata, fuori città. I «profughi dormono in vasti casermoni (le donne separate dagli uomini della stessa famiglia), su ampi sacconi di paglia gettati in terra; su un unico saccone madre, nonna, nipotini si accatastano in comunanza zingaresca»[91].

87 M. Broz, *Profughi trentini* (1990-1991), p. 40.

88 O. Brentari, *Relazione della Lega Nazionale Italiana*, p. 3.

89 *Ibidem*; ACS, MdI, DGPS, Polizia Giudiziaria, Amministrativa e Sociale, Profughi e Internati, b. 1337 (ex 25), n. 1882, Città di Pallanza a Ottone Brentari, Oggetto: Colonia profughi, 24 giugno 1916.

90 A. Molinari, *Una patria per le donne*; E. Schiavon, *Interventiste*.

91 ACS, MdI, DGPS, Polizia Giudiziaria, Amministrativa e Sociale, Profughi e internati, b. 1337 (ex 25), s.n., Relazione della Commissione d'inchiesta

Quel che conta sottolineare è però il risultato finale di tutta la vicenda, che fa luce sulle possibilità di azione di questi comitati: mentre il comune di Pallanza non riceve alcuna disposizione prescrittiva dal Ministero per migliorare le condizioni degli sfollati, l'attivismo dei due comitati ispettivi viene messo sotto la lente d'ingrandimento delle autorità ed ostacolato in più modi. La Prefettura di Milano comincia a controllare l'operato di Brentari e del Comitato nazionale per le colonie dei profughi[92]; l'azione della Lega Nazionale, che aveva pubblicato l'opuscolo, viene messa sotto controllo[93]. Il risultato è il seguente: viene accettata l'assistenza integrativa a quella del governo, ma vanno sottaciute le criticità e i problemi; la questione dei profughi deve rimanere sottotraccia, non deve diventare un problema politico, non va menzionata pubblicamente. Sul banco degli imputati, alla fine, non finiscono gli amministratori del comune di Pallanza. Chi finisce nel mirino degli ispettori del Ministero sono gli attivisti che si propongono di visitare le colonie profughi, al pari di quanto era accaduto a Brigà in Bassa Austria[94].

Questo non è l'unico limite d'azione di questi enti. L'ulteriore elemento che ne rende scoordinato l'incedere è dato dalla litigiosità interna alle varie anime del fuoriuscitismo trentino. Il caso più eclatante, già rilevato nello studio *Gli spostati*,

sul Comitato nazionale per le colonie profughi delle terre redente – Colonia di Pallanza.

92 ACS, MdI, DGPS, Polizia Giudiziaria, Amministrativa e Sociale, Profughi e internati, b. 1337 (ex 25), n. 117412, Prefettura di Milano a Ministero dell'Interno, Polizia giudiziaria, Profughi e allontanati dalla zona di guerra – Circolare dell'onorevole Morgari, 10 gennaio 1916.

93 ACS, MdI, DGPS, Polizia Giudiziaria, Amministrativa e Sociale, Profughi e internati, b. 1337 (ex 25), n. 8207, Lega Nazionale Italiana Informazioni, Prefettura di Milano a Segretario generale Comando supremo, 10 gennaio 1916.

94 ACS, MdI, DGPS, Polizia Giudiziaria, Amministrativa e Sociale, Profughi e internati, b. 1337 (ex 25), n. 173857, Comitato nazionale per le colonie dei profughi delle terre redente a commendatore Vigliani – DGPS, 29 dicembre 1915; Polizia Giudiziaria, Amministrativa e Sociale, Profughi e internati, b. 1337 (ex 25), n. 140289, Commisssario prefettizio Cassis a Gabinetto del Ministro – Ministero dell'Interno, Telegramma 12711, 6 giugno 1916.

riguarda il tentativo di Emanuele Lanzerotti, figura di spicco del cattolicesimo trentino, di costruire una rete assistenziale alternativa alla Commissione centrale di patronato, col nome di Segretariato popolare trentino, con sede a Milano. Questo segretariato, con l'appoggio della curia milanese e di altre istituzioni ecclesiastiche, operò fra Lombardia e Piemonte con modalità simili a quelle promosse dalla Commissione centrale di patronato, di ispirazione liberale. Ciononostante,

«... alla prefettura milanese giunsero numerose segnalazioni (e un memoriale anonimo), opera di esponenti della Commissione per l'Emigrazione Trentina o comunicazioni ufficiali della stessa, in cui si dipingeva Lanzerotti come un austriacante travestito da italiano, ottenendo ... il mancato appoggio delle autorità milanesi alla sua organizzazione»[95].

Peraltro non potevano giovare i *network* ecclesiastici prebellici, poiché i preti trentini erano stati quasi tutti internati dalle autorità italiane. Non è questo, tra l'altro, l'unico caso di contrasti tra enti assistenziali. Nascono ad esempio tensioni tra il Comitato per le colonie dei profughi delle terre redente, il Segretariato popolare trentino e le autorità della provincia di Novara. Il Consiglio provinciale di Novara nota come il governo

«... non lesina lodi e commendatizie al Comitato delle signore per le Colonie dei profughi che ha sede presso l'Umanitaria e a mezzo del direttor gen. di P.S. Vigliani invita i prefetti e i Sindaci a facilitare l'adempimento degli incarichi affidati alle gentili e benefiche signore».

Allo stesso tempo

«... si impressiona invece di un Segretariato Popolare Trentino nato con gli stessi scopi, ma sotto gli auspici di parte cattolica, e ne intralcia l'opera con l'allontanamento di funzionari perché ritenuti sospetti»[96].

Il Comitato per le colonie dei profughi sottolinea invece come

«... i clericali non lasciano indisturbato il nostro Comitato; cercano di gettare su di esso il sospetto, sebbene non faccia opera né confessionale né

[95] Laboratorio di storia di Rovereto (ed), *Gli spostati*, II, p. 251.

[96] ACS, MdI, DGPS, Polizia Giudiziaria, Amministrativa e Sociale, Profughi e internati, b. 1337 (ex 25), s.n. Il problema dei profughi, allegato alla lettera del Comitato per le Colonie Profughi a cavaliere Vigliani, 25 giugno 1915.

politica, ma strettamente si attenga al programma patriottico di cementare la concordia fra noi e i nuovi cittadini italiani»[97].

I tre enti sopra elencati, in breve, si ostacolano a vicenda.

Non che le cose andassero meglio all'interno della Commissione centrale di patronato. Scorrendo le pubblicazioni del «Bollettino» pubblicato dalla Commissione, gli articoli editi sul periodico «La Libertà» e incrociando gli articoli con la corrispondenza privata di Giovanni Pedrotti, si intuisce a più riprese che tra i fuoriusciti liberali ci fosse discordanza sui mezzi da utilizzare per migliorare la qualità del trattamento dei profughi irredenti in Italia. Se le paure maggiori erano riservate all'opera di «agitatori socialisti e clericali»[98] non mancano infatti lotte interne al gruppo dei liberali.

C'è traccia ad esempio di una contrapposizione tra Ferrari, Scotoni, Disertori e Pedrotti sui mezzi per migliorare le condizioni materiali dei profughi. Scotoni fa notare nel 1918 sulla rivista «La Libertà» che gli era stato consigliato in più occasioni di mettere a tacere i problemi materiali che attanagliavano i profughi trentini, sulla cui questione si sarebbe dovuto tenere un certo riserbo, lavorando in silenzio sui singoli casi. Scotoni sbotta, ad un certo punto, osservando come tutti per venti mesi avevano osservato uno scrupoloso silenzio e, ciononostante, «il risultato fu quel che si conosce»[99].

Eco della polemica si trova nella corrispondenza privata di Pedrotti. Questo avrebbe invitato Oreste Ferrari, nel maggio 1917, a limitare l'interesse della rivista «La Libertà» per la questione dei profughi; Ferrari risponde il 1° giugno controbattendo alle accuse, facendo presente di non voler desistere dall'incarico[100].

[97] ACS, MdI, DGPS, Polizia Giudiziaria, Amministrativa e Sociale, Profughi e internati, b. 1337 (ex 25), s.n.

[98] B. COCEANI, *L'opera della Commissione Centrale di Patronato*, pp. 144-145.

[99] ALPINO, *Discutendo*, p. 1; si veda anche M. BROZ, *Profughi trentini* (1990-1991), p. 136.

[100] FMST, Arch. J, b. 2, f. 5, c. 56; M. BROZ, *Profughi trentini* (1990-1991), p. 143.

L'8 agosto 1917 è Guido Disertori a scrivere a Giovanni Pedrotti, ribadendo il concetto[101].

Quel che ne emerge è che non è solo il governo a limitare l'attività dei Comitati di irredenti; non è solo la contrapposizione tra differenti comitati a rendere meno organica l'assistenza materiale e morale ai profughi; è anche la differenza di visioni interne al gruppo degli irredenti liberali trentini a rendere più difficile questo lavoro, già minato alla base da difficoltà di vario ordine. Se a questo aggiungiamo il fatto che a partire dal 1918 le due anime del gruppo si scinderanno anche dal punto di vista partitico, dividendosi in Associazione politica italiani irredenti (APII) da una parte e Democrazia sociale irredenta (DSI) dall'altra, organizzando ognuno in maniera autonoma attività, visite alle colonie, propaganda *una tantum*, si capisce come gli orizzonti d'azione di questi enti fossero vasti nelle premesse, ma circoscritti nella pratica.

La capacità degli attivisti di questi Comitati di diventare *leader* naturali del gruppo di profughi è, di conseguenza, molto limitata. Il tutto anche per motivi contingenti. Ci sono in effetti personalità che dedicano la loro attività politica in Italia nel periodo bellico all'assistenza dei profughi trentini. Però la loro attività ha come baricentro Milano e, solo in alcuni casi, il Piemonte, Firenze e Roma. Sebbene siano volenterosi e preparati, sono pochi e non dispongono di una struttura organizzativa sufficiente per far fronte ad un problema tanto grande, soprattutto in assenza dell'appoggio formale del governo. Il risultato pertanto prescinde dalla volontà dei singoli.

Lo notano bene alcuni prefetti. Giovanni Cassis, commissario prefettizio di Milano, valutando l'attivismo dei singoli comitati e in particolare di quello patrocinato dai trentini, notava che l'iniziativa era destinata a «cadere mancando tra i promotori una persona che abbia la costanza e l'attività di organizzare e sistemare un lavoro piuttosto lungo e difficile»[102]. Siamo nel

[101] FMST, Arch. J, b. 1, fasc. 1, c. 145; M. Broz, *Profughi trentini* (1990-1991), p. 144.

[102] ACS, MdI, DGPS, Polizia Giudiziaria, Amministrativa e Sociale, Profughi e internati, b. 1337 (ex 25), n. 8207.

gennaio 1916. A distanza di due anni, il prefetto di Parma faceva notare che gli sfollati irredenti avrebbero bisogno

«... di maggior assistenza da parte degli elementi direttivi Trentini profughi, i quali, per vero, malgrado i vari annunci pervenuti, ben poche volte si sono qui veduti e da più di un anno mai sono stati a visitare le colonie dei loro compaesani»[103].

In breve, i fuoriusciti che si occupano dell'assistenza ai profughi sono troppo pochi per riuscire a strutturare un sistema di assistenza morale o materiale parallelo a quello statale. Anche se molto attivi, riescono a visitare le colonie profughi con cadenza annuale nella migliore delle ipotesi. Va meglio alle colonie vicine a Milano o a Firenze; tutte le altre, e sono la grande maggioranza, sono invece abbandonate a se stesse. Quelle del centro-sud Italia vengono visitate una volta sola in tre anni (tav. 5).

L'unico vero passo avanti nell'organizzazione si riscontra nel 1918, quando su iniziativa dell'Alto Commissariato profughi vengono nominati dei commissari speciali per ogni colonia di profughi. I compiti di questi commissari andavano dal controllo del «trattamento e sistemazione dei profughi» al promuovere tra questi «la conoscenza e l'applicazione delle norme del Regno», informando l'Alto Commissariato di bisogni individuali e collettivi[104]. Anche in questo passaggio però pesarono non tanto le esigenze dei profughi, quanto le scelte politiche: i commissari da nominare vennero infatti indicati direttamente da Giovanni Pedrotti[105]. I nuovi commissari, che solo dopo un paio di anni di permanenza nel Regno cominciavano a costituire

[103] ACS, MI, DGPS, Polizia Giudiziaria, Amministrativa e Sociale, Profughi e internati, b. 8, fasc. 706, Parma, Prefetto Parma a DGPS, 9 settembre 1918.

[104] M. Broz, *Profughi trentini* (1990-1991), p. 335; FMST, Arch. E, b. 52, fasc. 2, c. 73, D. Lgt 2 febbraio 1918, Nomina commissari speciali; b. 52, fasc. 2, c. 70, Sindaci di cui si può proporre la nomina a commissari per i rispettivi profughi.

[105] M. Broz, *Profughi trentini* (1990-1991), pp. 335-336. Nella corrispondenza privata di Pedrotti si nota come le persone nominate per questi compiti risiedano quasi tutte a Milano, replicando i limiti già annotati in precedenza.

l'ingranaggio di base di un *network* assistenziale funzionante, incontravano inoltre non di rado difficoltà.

Un fiduciario, inviato a visitare la colonia di Santa Margherita Ligure, avendo riscontrato alcune mancanze, si sente apostrofare ad esempio dal suo interlocutore locale con le seguenti parole:

«Se qualche profugo non si trovasse bene lui lo porta con sé e gli fa cambiare aria. Come pure mi disse che se c'è qualcheduno che fa da capopopolo pei profughi anche questo lo farà cambiare aria»[106].

In sostanza, chi si lamenta rischia l'internamento. La stessa dinamica si riscontra nella colonia di Torino, nella quale le osservazioni del fiduciario rimangono lettera morta[107].

Il tutto si riflette nella difficoltà che hanno i rappresentanti dei suddetti comitati ed i commissari da loro nominati ad ottenere la fiducia dei singoli gruppi di profughi. Questo è l'ultimo limite della loro azione e, forse, il più visibile. I patronati di irredenti infatti non di rado collaboravano con le autorità di pubblica sicurezza nell'indicare l'affidabilità politica o meno di singoli individui sfollati[108]. Anzi, in alcuni casi erano essi stessi promotori di iniziative di internamento, al fine di rendere più funzionale e organica l'opera di propaganda patriottica. Questo elemento, unito al fatto che una scelta di campo volontaristica li distingueva nella sorte dai profughi, li rendeva implicitamente collusi con le autorità che gestivano l'assistenza e il controllo poliziesco degli sfollati.

Gli evacuati conoscevano gli orientamenti politico-nazionali della classe dirigente liberale e molto spesso non li condividevano, partendo da un retroterra identitario meno radicale e più vicino a una generica fedeltà dinastica. Perciò le iniziative politiche e patriottiche promosse dalla classe dirigente fuoriuscita in Italia venivano viste a priori con sospetto. I moduli di adesione all'Associazione politica fra gli italiani irredenti, ad

[106] FMST, Arch. J, b. 1, fasc. 8, c. 149; anche in M. Broz, *Profughi trentini* (1990-1991), p. 348.

[107] F. Frizzera, *I profughi trentini*, pp. 409-410.

[108] Laboratorio di storia di Rovereto (ed), *Gli spostati*, II, p. 250.

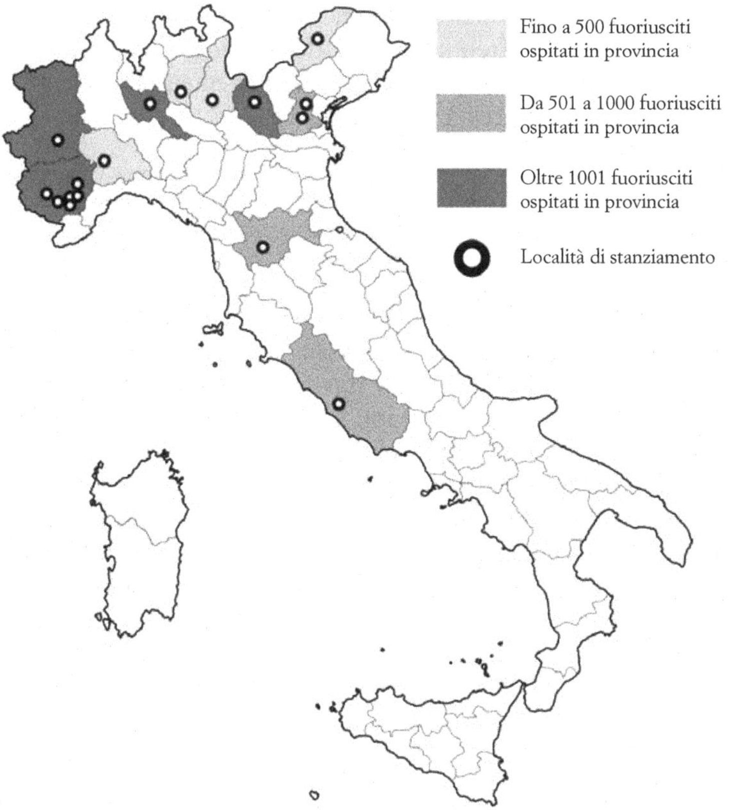


Tav. 5. *Dislocazione di fuoriusciti ed ex «kirsanover» in Italia (1918).*

esempio, non vennero firmati[109]. Nel 1918 l'APII organizzò una serie di visite tra le colonie profughi per promuovere il senso di italianità degli stessi e raccogliere firme per l'anniversario del martirio di Cesare Battisti. Le reazioni dei profughi però mostrano con chiarezza l'ostilità tra i due gruppi. Chi cercava di raccogliere firme tra i profughi di Spera e Samone, quando parlava del «caro e sublime nostro Martire ed eroe Cesare Battisti», vedeva gli astanti montare su tutte le furie, «meno rarissime eccezioni»[110]. Altre profughe, che si scrivono da

[109] FMST, Arch. J, b. 1, fasc. 8, c. 172.

[110] ACS, MdI, DGPS, Polizia Giudiziaria, Amministrativa e Sociale, Profughi e Internati, b. 8, fasc. 685, s.d. [1918] Cuneo, Relazione sulla visita

Clavesana a Vergato, si scambiano consigli: «Se vengono dei nostri trad.[itori] Trentini a farti delle firme, non farne e ti raccomandiamo»[111]. Altri accollano direttamente agli irredentisti trentini la responsabilità del conflitto:

«L'esilio è troppo lungo e doloroso. Suppongo che l'Italia ci lascerebbe andare a casa è anche il suo tornaconto, ma c'è i trentini di mezzo le ruote; hanno fatto le camorre ed ora vorrebbero il nostro aiuto con mezzi che noi non possiamo fare p. e[esempio] certe firme»[112].

Come notato nel volume *Gli spostati*, la differenza di classe che divideva il partito dei possidenti e dei borghesi cittadini dalle classi popolari giocava a sfavore della creazione di rapporti di fiducia tra i due gruppi. Per i primi diventava difficile assumere il ruolo di rappresentanti naturali dei secondi, date le differenze che li dividevano per reddito, cultura, proiezione politica, scelte volitive. Il compito diventava quasi impossibile poi se i rappresentanti dei comitati di irredenti potevano fornire aiuto concreto solo ad una porzione limitata dei profughi, non costituendo il tramite di cui si serviva lo Stato per erogare l'assistenza. La disorganizzazione stessa dei singoli comitati, le liti interne, la difficoltà a operare sul territorio con una costanza che superasse l'intervento *una tantum* li rendeva poi poco visibili agli occhi dei profughi.

Questi, che non vedevano il frutto del lavoro di *lobby* dei singoli comitati, intuivano invece con chiarezza il fatto che i fiduciari e i commissari fossero politicamente schierati e fautori di un'ortodossia nazionale che rendeva pericolosa ogni presa di posizione ambigua o non favorevole alla causa italiana. Commissari e fiduciari rappresentavano la possibile spia, il vettore che portava all'internamento o all'allontanamento dalla

fatta ai profughi trentini nel Piemonte; anche in LABORATORIO DI STORIA DI ROVERETO (ed), *Gli spostati*, II, p. 292.

[111] ACS, MdI, DGPS, Polizia Giudiziaria, Amministrativa e Sociale, Profughi e Internati, b. 8, fasc. 673, Bologna, 30 luglio 1918, Angelica e Carolina a Elisa Carraro, Prefettura di Bologna a Ministero dell'Interno; anche in LABORATORIO DI STORIA DI ROVERETO (ed), *Gli spostati*, II, p. 292.

[112] *Ibidem*.

comunità soprattutto nelle colonie più strutturate del milanese, della riviera ligure, dell'area di Torino e di Firenze.

In un clima così, sebbene singole personalità si adoperassero con tutta la loro forza e riuscissero in alcuni casi a lenire la miseria dei profughi, gli irredentisti non riuscirono ad accattivarsi la fiducia dei propri amministrati e a trasformarsi da pedagogisti nazionali paternalisti a *moral innovators*[113], come avvenne invece nel caso lituano[114]. Questi enti pertanto non riuscirono a plasmare in maniera incisiva l'identità degli sfollati, che vivevano il primo contatto con la madrepatria in maniera piuttosto negativa, ben espressa dalla chiosa a un articolo pubblicato su «Il Nuovo Giornale»:

> «La gente che l'Austria avrà confinato nei campi di concentrazione di Katzenau avrà, dalle sofferenze e dalle privazioni patite, ritratto un senso molto più vivo di italianità di questi nostri ospiti»[115].

## 3. *«Si dovrà altamente meravigliarsi se, quando che sia, non ritorneranno ai loro paesi con sentimenti antiitaliani davvero». Assistenza e sentimenti nazionali*

Trattare le condizioni di vita dei profughi trentini in Italia per il periodo compreso tra il 1915 ed il 1919 non è un compito semplice. Questo non tanto per la qualità delle informazioni di cui disponiamo, che sono numerose e ricche di spunti. Piuttosto, per il fatto che i materiali archivistici relativi alla qualità dell'assistenza sono prodotti da enti diversi tra loro: tra questi spiccano le relazioni ispettive redatte dai Comitati sorti a tutela dei profughi (prevalentemente nel 1915-1916); i rapporti delle Commissioni prefettizie nominate a partire dalla metà del 1916 (che per forza di cose sono più morbide nelle valutazioni); le comunicazioni di fiduciari e commissari speciali nominati nel 1918; infine, le relazioni di viaggio di

[113] J. HUTCHINSON, *Nations as Zones of Conflict*, pp. 65-68.

[114] T. BALKELIS, *The Making of Modern Lithuania*.

[115] O. PEDRAZZI, *La fede dei profughi*, in «Il Nuovo Giornale», conservato in FMST, Arch. L, b. 2, fasc. 6, c. 29.

alcuni corrispondenti de «La Libertà» e di Giovanni Pedrotti (1916-1918). La varietà dei redattori non rende pertanto sempre comparabili le valutazioni che troviamo in questi testi.

Per aggirare questo ostacolo, cominceremo l'analisi con valutazioni di tipo quantitativo. Questo elemento ci permetterà di superare l'indistinzione che caratterizza le analisi esistenti sull'argomento, che faticano a distinguere situazioni di accoglienza buona o meno buona e soprattutto a identificare il quadro generale. Manuela Broz, ad esempio, nell'indicare le condizioni dei profughi in Italia, si rifà all'opinione di Brentari, secondo cui «i profughi stessi si trovavano bene o male unicamente in base alla fortuna»[116]. Sono più circostanziate e precise le opinioni reperibili nel volume *Gli spostati*, dove, pur non venendo analizzate nel dettaglio le singole visite ispettive, si evidenzia come

> «... dalle varie relazioni dell'estate/autunno 1916 emerge che dalle regioni meridionali provenivano non poche lamentele che riguardavano soprattutto la precarietà degli alloggi, la difficoltà di trovare occupazioni remunerative, ... la diversità nei modi di vita ma soprattutto nelle abitudini alimentari ... e non da ultimo il clima torrido»[117].

Nel volume, molto preciso nella descrizione delle singole situazioni, non emergono però sempre le linee di tendenza generali.

Alcuni dati numerici ci permettono di avanzare delle valutazioni più circostanziate. Le rilevazioni puntigliose compiute da Giovanni Pedrotti tra il luglio e il dicembre 1916 mostrano che alla fine di quell'anno i profughi trentini erano sparpagliati abbastanza equamente nella Penisola, in circa 270 colonie. Nel sud Italia (Lazio compreso) erano stanziati 7.690 sfollati; nella zona centrale d'Italia e nel nord-est (Toscana, Marche, Umbria, Emilia, Veneto) avevano trovato collocazione altri 7.700 evacuati; i restanti 10.100 si trovavano nel nord-ovest della Penisola[118]. In pratica, i profughi erano stati ripartiti nelle

[116] M. Broz, *Profughi trentini* (1990-1991), p. 36.

[117] Laboratorio di storia di Rovereto (ed), *Gli spostati*, II, p. 262.

[118] FMST, Arch. E, b. 52, fasc. 2, Giovanni Pedrotti, Dislocazione dei profughi trentini sussidiati nelle varie prefetture del Regno dal luglio al dicembre 1916.

tre macro-aree in contingenti numerici pressoché uguali, con leggera prevalenza degli stanziamenti nel triangolo industriale.

Nel 1918 la situazione relativa allo stanziamento era cambiata in maniera radicale. Dall'incrocio di questi dati con le rilevazioni del Censimento profughi compiuto dal Ministero delle Terre Liberate si nota un consistente movimento di profughi irredenti dal sud della Penisola verso il nord, che si concentra tra la fine del 1916 e la battaglia di Caporetto. Almeno la metà dei profughi (3.848 persone) abbandona il Meridione e si trasferisce nel nord-ovest della Penisola: in particolare 959 sfollati su 1.195 lasciano la Sicilia; 683 su 798 abbandonano la Puglia; 204 su 205 lasciano la Basilicata. Altri movimenti caratterizzano poi il centro Italia, che accoglie profughi dal sud e dal quale partono sfollati in direzione del nord-ovest[119]. In totale, almeno 5.000 sfollati cambiano residenza durante la permanenza in Italia, spostandosi da sud a nord e da est ad ovest (tav. 6).

Questa migrazione alla spicciolata, che si compie nel giro di un anno, permette due valutazioni di carattere preliminare. In primo luogo si nota che «le autorità italiane furono meno rigide rispetto a quelle austriache nel valutare le richieste di trasferimento»[120]. In secondo luogo, a prescindere dai toni delle relazioni di visita alle singole colonie, questa migrazione interna ci fornisce un metro di come le condizioni di vita per i profughi all'interno del Regno, pur variegate da luogo a luogo e dipendenti da molteplici fattori locali, siano migliori al nord rispetto al sud, almeno dal punto di vista percettivo. Le domande di spostamento erano infatti figlie dei rapporti epistolari tra appartenenti alle singole comunità, che erano stati sparpagliati in diverse località e confrontavano tra loro la qualità dell'assistenza. Lo chiarisce bene Giovanni Pedrotti:

> «Furono fatti dei cambiamenti che avevano di mira soprattutto di riunire le famiglie disperse e di trasferire i profughi, che nelle affrettate disposizioni dei primi momenti, erano finiti in località di clima per loro non confacente»[121].

[119] MINISTERO PER LE TERRE LIBERATE, *Censimento dei profughi*, pp. 218-219.

[120] LABORATORIO DI STORIA DI ROVERETO (ed), *Gli spostati*, II, p. 263.

[121] FMST, Arch. E, b. 52, fasc. 3, c. 120, Giovanni Pedrotti, I profughi trentini nel Regno, minuta.

I profughi di Brentonico e della Valsugana, ad esempio, «domandarono insistentemente di essere tolti» dalle regioni meridionali, dove erano stati spediti in piena estate[122]. L'importanza dei *network* familiari e paesani, veicolati dalla posta, emerge nelle direttrici di spostamento: «Da Ferentino (Roma) quasi tutta la gente di Castel Tesino si trasferisce alla Mirandola ed in altri luoghi della provincia di Modena, chiamata dai compaesani ivi dimoranti»[123].

Questo primo punto fermo, che lascia ipotizzare una migliore assistenza in alcune aree del nord Italia, trova riscontro anche nelle relazioni di visita alle colonie. È impossibile per motivi di spazio fornire una descrizione dettagliata per ogni provincia; tuttavia si possono riassumere per sommi capi le condizioni generali registrate nelle singole macro-aree. Nel Meridione è difficile trovare una colonia profughi dove le condizioni materiali di vita nel periodo compreso tra il giugno 1915 e l'autunno 1916 siano soddisfacenti e rispondenti agli standard indicati dal Ministero. Fatta eccezione per la popolosa colonia di Boscotrecase (circa 350 ospiti trentini) in provincia di Napoli e qualche località minore nel bacino del Volturno, quasi tutte le altre colonie profughi fanno registrare problemi importanti, che si risolvono solo grazie alla partenza di una fetta consistente degli ospiti o, più raramente, in seguito all'applicazione delle nuove disposizioni ministeriali dell'estate-autunno 1916.

Le costanti che emergono dalle relazioni afferenti alle province del sud Italia riguardano la decurtazione dei sussidi ed il ritardo nei pagamenti, le deficienze abitative e igieniche, l'impossibilità o quasi ad accedere al mondo del lavoro, con una conseguente separazione funzionale degli ambiti di vita di residenti e sfollati, i quali non sempre vedono i propri figli accedere all'istruzione pubblica. Si comprende, pertanto, come mai molti degli sfollati nel sud Italia chiedano, poco alla volta, di essere inviati nel Settentrione. Senza addentrarsi nelle mancanze materiali, è comunque utile segnalare un paio di elementi

[122] FMST, Arch. E, b. 52, fasc. 3, c. 120.

[123] FMST, Arch. E, b. 52, fasc. 3, c. 120.

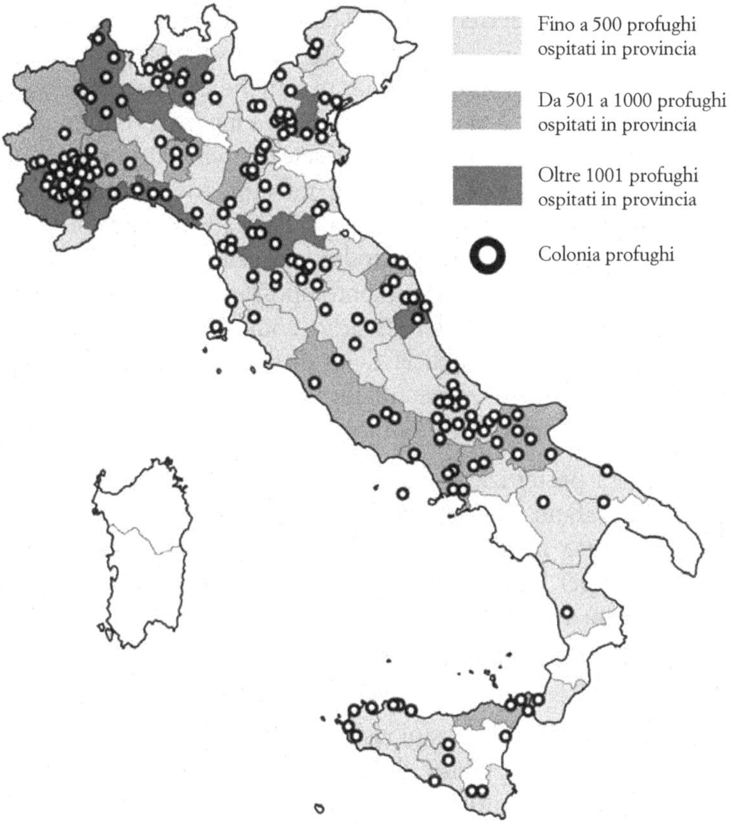


Tav. 6. *Dislocazione dei profughi trentini in Italia (1916).*

che concorrono a chiarire il quadro e che diventeranno una costante dell'esperienza di profugato in Italia: in provincia di Caserta i bambini profughi non accedono all'istruzione pubblica; secondo il prefetto

«... essi attualmente o restano chiusi in casa perché temono dell'ambiente che li circonda, o vivono in mezzo alla strada fatti segno di lazzi, spesso troppo vivaci, dei bambini del luogo»[124].

[124] ACS, MdI, DGPS, Polizia Giudiziaria, Amministrativa e Sociale, Profughi e internati, b. 23, s.n., Provincia di Caserta. Relazione sull'andamento del servizio profughi, 24 agosto 1916.

Una descrizione perfetta della segregazione funzionale, che porta con sé l'impossibilità di accedere alla scuola come vettore non solo di integrazione, ma anche di una pedagogia patriottica di base. Nel comune di Acerra invece il trattamento assistenziale ai profughi sarebbe declinato «in rapporto … ai sentimenti di maggiore o minore italianità dei profughi»[125]. Nei due comuni di Sessa Aurunca e Palma Campania si registrarono invece tafferugli tra sfollati e locali in occasione della presa di Gorizia, con conseguente spostamento dei profughi a Nola e decurtazione del sussidio come misura punitiva[126]. Tutte situazioni che, al di là delle difficoltà materiali, segnalano la scarsa integrazione tra locali ed ospiti e la già citata discrezionalità nel gestire l'aiuto.

Le relazioni prefettizie e dei Comitati d'aiuto relative al nord Italia fotografano una situazione che, pur nella varietà dei casi, è decisamente migliore. La relazione che prendiamo come riferimento per descrivere la situazione del nord-ovest d'Italia è estrapolata tra quelle redatte da Teresita Pasini, una delle componenti del Comitato per le Colonie profughi già citato in precedenza.

Il 29 dicembre 1915 la Pasini visita la colonia istituita a Genova presso la Casa della Gente di Mare; il giorno successivo ispeziona la colonia istituita nella stessa città, presso l'Albergo Colombo. L'impressione che ne ricava è opposta rispetto alle descrizioni ricavate dai rapporti provenienti dal Meridione; la circostanza è ancora più degna di nota se pensiamo che a tale data il Ministero non aveva ancora normato la maggior parte degli aspetti relativi all'assistenza. Nel primo edificio visitato, «costruito con tutte le comodità dettate dall'igiene moderna … alloggiano 300 profughi». Di questi, 190 sono ragazzi e un centinaio donne, in parte sloveni e in parte italiani d'Austria. Delle donne, 40 erano già impiegate come domestiche fuori

[125] ACS, MdI, DGPS, Polizia Giudiziaria, Amministrativa e Sociale, Profughi e internati, b. 23, s.n.

[126] ACS, MdI, DGPS, Polizia Giudiziaria, Amministrativa e Sociale, Profughi e internati, b. 23, s.n.

dalla colonia; altre lavorano in maglieria. «Dormono in numero di 10-12 in vaste stanze pulite e riscaldate, bambini e adulti ciascuno in un letto di ferro con rete metallica, materasso, coperte, lenzuola, guanciali»[127]. La refezione per i profughi era poi abbondante e varia: «ore 7 – caffè, latte, pane; ore 12 pasta asciutta o risotto o polenta con carne o pesce; ore 19 minestra con brodo di carne, carne bollita con contorno di patate di fagioli o di verdura»[128]. Dalla relazione emerge però anche un secondo elemento: non tutte le colonie profughi del nord Italia si caratterizzano per questa buona gestione. Esistono anche nelle regioni settentrionale casi eclatanti di disorganizzazione, segregazione funzionale, mancata o parziale assistenza.

A Oleggio, ad esempio, i profughi dormivano «asserragliati in un lurido cascinale a 4 km dal paese. I profughi vivevano come coatti. Dormono in sacconi di paglia stesi a terra con una sola coperta». Per le 300 persone ospitate nella colonia non era presente neppure una bacinella per lavarsi ed il cibo, preparato da due ragazzi, era immangiabile[129]. Questa situazione ben si rispecchiava in altre, che caratterizzavano l'intera provincia di Novara, dove le condizioni degli evacuati dalla zona di guerra vengono definite «compassionevoli». Questi infatti, «mancando vasti caseggiati, dormono nei cascinali, in luride bettole, bighellando [*sic*], invisi a quei terrazzani, che vedono negli oziosi di oggi i ladruncoli di domani, quando la campagna alletterà i vagabondi coi suoi frutti»[130].

[127] ACS, MdI, DGPS, Polizia Giudiziaria, Amministrativa e Sociale, Profughi e internati, b. 1337 (ex 25), fasc. 31, Comitato nazionale per le colonie dei profughi, n. 173857, Teresita Pasini a commendatore Vigliani, 29 dicembre 1915.

[128] ACS, MdI, DGPS, Polizia Giudiziaria, Amministrativa e Sociale, Profughi e internati, b. 1337 (ex 25), fasc. 31, Comitato nazionale per le colonie dei profughi, s.n., Relazione della Commissione esecutiva del Comitato per le colonie dei profughi delle terre redente, Oleggio [dicembre 1915].

[129] ACS, MdI, DGPS, Polizia Giudiziaria, Amministrativa e Sociale, Profughi e internati, b. 1337 (ex 25), fasc. 31, Oleggio [dicembre 1915].

[130] ACS, MdI, DGPS, Polizia Giudiziaria, Amministrativa e Sociale, Profughi e internati, b. 1337 (ex 25), fasc. 31, Circondario di Novara [dicembre 1915].

Si delinea un quadro variegato, in cui troviamo colonie di grandi dimensioni (prevalentemente nelle città medio-grandi) in cui le condizioni materiali sono molto buone, l'accesso al lavoro agevole e dove la gestione accentrata dell'istituto permette l'imposizione di una propaganda nazionale nel momento in cui le associazioni patriottiche o di fuoriusciti forniscono il personale. Il corollario è il maggior controllo degli spostamenti, degli orari di entrata-uscita e soprattutto delle opinioni politiche, soggette a vaglio continuo. In queste strutture si nota spesso la cooperazione di personale fuoriuscito nella gestione amministrativa e propagandistica (in particolare nei casi di Milano[131], Torino[132], Firenze, Celle Ligure[133]).

Abbiamo poi alcuni casi (il cuneese, il circondario di Vercelli[134], la campagna cremonese, alcune località emiliane[135]) di stanziamenti in colonie di dimensioni medie (150-300 ospiti) in cui le condizioni sono buone sia in relazione all'alloggiamento che alla possibilità di garantire un'alimentazione sufficiente pur coi sussidi limitati che lo Stato garantisce. In queste realtà tuttavia sono meno presenti o meno attive associazioni di assistenza o comitati di preparazione patrocinati da borghesi che si prendono cura dei profughi.

Abbiamo, infine, una serie di situazioni di disagio, anche evidente, che coinvolgono alcune colonie di grandi dimensioni

131 ACS, MdI, PS, DGPS, Polizia Giudiziaria, Amministrativa e sociale, Profughi e internati, b. 1338 (ex 26), fasc. 1078, s.n., Relazione Commissione provincia di Milano, 22 settembre 1916.

132 Laboratorio di storia di Rovereto (ed), *Gli spostati*, II, pp. 272-278.

133 ACS, MdI, DGPS, Polizia Giudiziaria, Amministrativa e Sociale, Profughi e internati, b. 1340 (ex 28), fasc. 1090, Relazione Prefettura Genova su Santa Margherita Ligure, 6 settembre 1916.

134 ACS, MdI, DGPS, Polizia Giudiziaria, Amministrativa e Sociale, Profughi e internati, b. 1340 (ex 28), s.n., Relazione della visita d'ispezione ai profughi di guerra ricoverati nei Comuni di Barolo, Barge di Cuneo, Lagnasco Cuneo, Saluzzo, Cossano Belbo, Neive, Mondovì, Vicoforte, Brà, Alba, Racconigi, Savigliano, Cavallermaggiore, Centallo, Fossano, Busca, Dronero, s.d. [agosto 1916].

135 ACS, MdI, DGPS, Polizia Giudiziaria, Amministrativa e Sociale, Profughi e internati, b. 1340 (ex 28), n. 147261, Profughi della zona di guerra, Prefettura di Parma a Ministero dell'Interno, 19 luglio 1916.

(Diano Marina[136], Legnago[137]), ma in particolare gli stanziamenti in colonie di piccole località del novarese, del piacentino[138], dove l'accesso al lavoro è più difficile o poco remunerativo non essendoci stabilimenti industriali, dove la carità pubblica esaurisce presto le proprie risorse e mostra scarsa volontà di aiutare una popolazione che si mostra ostile ai progetti di guerra italiani.

In questo quadro molto variegato, in cui non mancano casi di buona gestione amministrativa dell'aiuto, si notano alcune costanti. La prima riguarda la scarsa propensione degli sfollati all'integrazione nel contesto circostante. Il prefetto di Cremona ad esempio fa notare come

«... i profughi stanno ritirati quasi tutto il giorno non avendo fatto dimestichezza colla popolazione, la quale li rispetta ma non può fare a meno di rilevare che il Comune è costretto a sacrifici nei confronti degli irredenti, mentre in paese vi sono famiglie bisognose d'aiuto».

Il tutto sarebbe reso più stridente per il fatto che i profughi non lavorano e che, al momento dell'arrivo, avevano dato mostra di un contegno antiitaliano, che non era più emerso dopo che il prefetto aveva disposto l'internamento di una persona[139].

La mancanza di lavoro e la separazione dei profughi dal contesto abitativo circostante, pur in presenza di condizioni materiali decorose, diventano elementi ostativi alla creazione di rapporti positivi con la popolazione locale. Nel momento in cui i profughi non accedono al lavoro, vengono percepiti come parassiti sociali, che usufruiscono di risorse destinate ad altri: la solidarietà tra pari di conseguenza va scemando

[136] ACS, MdI, DGPS, Polizia Giudiziaria, Amministrativa e Sociale, Profughi e internati, b. 1337 (ex 25), fasc. 31, Comitato Nazionale per le Colonie dei profughi, s.n., Relazione della Commissione esecutiva del Comitato per le colonie dei profughi delle terre redente. Diano Marina.

[137] ACS, MdG, CS, SGAC, b. 221, fasc. 42, Vallarsa - Colonia Profughi.

[138] L. Palla, *Il Trentino orientale e la Grande Guerra*, p. 204.

[139] ACS, MdI, MI, DGPS, Polizia Giudiziaria, Amministrativa e Sociale, Profughi e internati, b. 1340 (ex 28), n. 152177, Profughi della zona di guerra, Prefettura di Cremona a Mininistero dell'Interno, 13 agosto 1916.

rapidamente. Se poi l'autorità tende a reprimere ogni gesto di attaccamento al governo austriaco in maniera draconiana, accade che i profughi si chiudano ancora più in se stessi, facendo affidamento solo sul piccolo gruppo e mantenendo atteggiamenti e comportamenti di basso profilo: per non dar adito a sospetti, rendono più radi i contatti con l'altro.

Nella relazione del prefetto di Cremona emerge il concetto di riservatezza dei profughi trentini, che viene certificato da molte visite ispettive. Non si tratta di un elemento caratteriale, come potrebbe apparire a prima vista, quasi fosse una nota antropologica a margine, ma di una forma di protezione di gruppo in un contesto di svantaggio sociale. La riservatezza, in questo caso, va letta come elemento dirimente della segregazione funzionale, del mancato contatto tra gruppi. Questo atteggiamento diventa così un elemento importante per capire come i profughi vivono il primo contatto con l'Italia e gli italiani, se pensiamo che i trentini venivano presentati dalla propaganda come fratelli irredenti.

La seconda costante che emerge dall'analisi dello stanziamento in nord Italia è dato dai caratteri polizieschi dello stanziamento in colonie di grandi dimensioni. I profughi ospitati nelle grandi colonie, pur godendo di condizioni materiali buone, tollerano col tempo sempre meno l'imposizione non richiesta di programmi di pedagogia nazionale, il controllo poliziesco di libertà personali e opinioni e la vita comunitaria[140]. Ne consegue che molti di costoro preferiscono optare per l'uscita dalla colonia non appena hanno la possibilità di integrare il proprio sussidio mediante il lavoro[141]. Ciò accade in quasi tutte le grandi colonie, come Genova, Torino, Milano, Firenze, Celle Ligure, ed è un sintomo indicativo del fatto che i profughi preferiscano lavorare – e vivere autonomamente – piuttosto che usufruire di un'assistenza sotto infusione, per quanto buona, che comporta però l'imposizione di regole stringenti e di una pedagogia nazionale poco tollerata.

[140] Si veda *Scritture di guerra 4*, *Amabile Maria Broz*.

[141] O. FERRARI, *Una bella colonia*; M.U. *La colonia profughi*.

La qualità dell'assistenza rilevata in centro Italia non altera il quadro generale mostrato fino ad ora. Anche qui ci sono casi di amministrazione eccellente delle colonie, come quello di Firenze, nel quale però la presenza di fuoriusciti enfatizzava l'organizzazione di passatempi legati alla pedagogia nazionale e all'introduzione di festività civili connesse con la liturgia nazionale italiana[142]. Ci sono poi casi di assistenza più precaria, come quello umbro, in cui il prefetto si scontra con la difficoltà nel reperire locali adatti. Il funzionario statale definisce la condizione di alloggio degli irredenti come «né perfetta, né conveniente» e attribuisce la responsabilità di questa situazione alla riluttanza delle popolazioni locali nel fornire ospitalità ai nuovi arrivati, a cui deve aggiungersi l'opposizione implicita di molte amministrazioni locali. Il sussidio corrisposto è molto al di sotto degli standard disposti dal Ministero e i comuni devono integrarlo con fondi propri. La popolazione però non tollera lo sforzo integrativo dei comuni, per «la necessità di non sottrarre risorse agli abitanti locali, nel momento in cui maggiore se ne appalesava il bisogno, in conseguenza specie dei richiami delle classi più anziane»[143].

Anche nel caso del centro Italia, sono gli elementi meno legati all'assistenza materiale quelli più interessanti. Come già visto per le altre colonie profughi, anche qui il prefetto sottolinea come

> «... se si fa eccezione per la popolazione di Cinte Tesino, che si mantiene riservata, e non manca di elementi che si mostrano animati da sano patriottismo, tutti gli altri ricoverati manifestano palesemente e talora quasi ostentatamente il loro attaccamento all'Austria e la loro avversione all'elemento italiano (tanto che si ebbero anche condanne ed internamenti)»[144].

Alle misure punitive si affiancano altri elementi già visti: i rapporti con la popolazione locale non sono buoni, tanto

142 FMST, Arch. L, b. 2, fasc. 3, cc. 48-57, Asilo profughi San Salvatore a Prefetto Firenze.

143 ACS, MdI, DGPS, Polizia Giudiziaria, Amministrativa e Sociale, Profughi e internati, b. 1340 (ex 28), n. 150943, Prefettura dell'Umbria a Ministero dell'Interno, Profughi dalla zona di guerra, 11 agosto 1916.

144 ACS, MdI, DGPS, Polizia Giudiziaria, Amministrativa e Sociale, Profughi e internati, b. 1340 (ex 28), n. 150943.

che anche il prefetto di Roma segnala la difficoltà di trovare alloggi per gli sfollati irredenti, imputabile alla «riluttanza delle amministrazioni locali, prevenute contro gli allontanati dalla zona di guerra»[145]. In entrambi i casi la risposta difensiva delle profughe, anche in seguito a denunce anonime ed internamenti, è la riservatezza, ovvero il rinchiudersi all'interno di quel che rimaneva della comunità paesana come elemento di protezione.

Nel complesso dell'esperienza dei profughi trentini in Italia si nota che i rapporti di interazione tra profughi e locali sono, nella maggior parte dei casi, scarsi. Chi viveva nelle grandi colonie apparteneva ad un mondo a sé, separato dall'esterno per svariati motivi: all'interno della colonia lavorava, riceveva il vitto, spesso studiava. Se usciva, non di rado incontrava ostilità (si veda il caso di Firenze)[146] e le numerose misure di controllo messe in atto dalle autorità ne limitavano le libertà personali e di movimento[147]. Non andava molto diversamente per coloro che alloggiavano in colonie medio piccole, caratterizzate dal vitto in comune, che non di rado erano posizionate al di fuori della cerchia urbana in edifici abbandonati, ex conventi o ville (si veda il caso di Parma, ma anche quello di Fiorenzuola d'Arda, Cremona, Novara, Pistoia, Marcianise, Acerra, Boscotrecase). Anche costoro, che sono la maggior parte dei profughi, entrano in contatto raramente con la popolazione locale, non dovendo neppure provvedere da sé alla propria alimentazione. Sono di fatto separati spazialmente e funzionalmente. Inoltre, non vengono cooptati nella gestione dell'assistenza, come invece accade ai fuoriusciti, più affidabili dal punto di vista nazionale.

[145] ACS, MdI, DGPS, Polizia Giudiziaria, Amministrativa e Sociale, Profughi e internati, b. 1340 (ex 28), n. 172396, Prefettura di Roma a Ministero dell'Interno, Servizio di vigilanza ai profughi, 10 dicembre 1916.

[146] O. Ferrari, *I profughi trentini a Firenze*, in cui si dice: «C'è stato un tempo in cui a Firenze venivano destinati fuoriusciti e profughi, internati, pregiudicati e sospetti politici. C'è stato un tempo in cui i fiorentini facevano ben poca distinzione fra gli uni e gli altri ... valse a creare attorno ai profughi un'atmosfera di indifferenza se non di ostilità».

[147] Laboratorio di storia di Rovereto (ed), *Gli spostati*, II, p. 284.

Molto diverso il discorso per chi nelle grandi città o nei distretti industriali trova lavoro – e sono molti in questi contesti – e può uscire dalle colonie. Per costoro l'integrazione e il confronto sono scontati e non di rado l'accesso stesso al mondo del lavoro rappresenta il primo passo per un'accettazione positiva legata alla scomparsa del pregiudizio. Si veda il caso di Torino, in cui tra i circa 3.000 profughi residenti in città, «oltre il 40% sono convenientemente occupati» poiché «il lavoro abbonda ed è ben retribuito»[148].

Quel che emerge dalla lettura delle numerose relazioni sopra citate è però la prevalenza – a eccezione dei contesti urbani e industriali – della riservatezza. Ciò accade più spesso dove i profughi non hanno accesso al mondo del lavoro, all'istruzione scolare o dove l'esternazione di sentimenti di fedeltà asburgica ha portato a misure repressive tali da far ritenere preferibile un comportamento di basso profilo. Molte volte i tre aspetti sono collegati.

Si prendano ad esempio i profughi ospitati a Cortona che lamentano «di sentirsi troppo isolati anche per il fatto che con la popolazione non vi erano buoni rapporti, motivo per cui i bambini non frequentavano la scuola»[149]. È il caso, tra gli altri, dei profughi di Vallarsa, per i quali secondo Barbieri

> «... ciò che occorre soltanto notare ... è uno spirito di estrema riservatezza, nei rapporti coi cittadini nostri; riservatezza che da taluni è interpretata come segno di una latente ostilità nei nostri riguardi»[150].

Riservatezza significa, in sostanza, incapacità o mancanza di volontà di instaurare legami o contatti positivi. La popolazione locale non diventa così vettore di valori patriottici e difficilmente gli sfollati cominciano a sentirsi parte di una comunità altra da quella di partenza, dato che tendono a chiudersi a riccio in quel che resta della propria, che non è mai parcellizzata o

[148] FMST, Arch. L, b. 1, fasc. 3, c. 101, Relazione profughi Torino, Largaiolli.

[149] M. Broz, *Profughi trentini* (1990-1991), pp. 103-104; «La Libertà», n. 23, 7 luglio 1917, pp. 1-2.

[150] ACS, MdG, CS, SGAC, b. 218, fasc. 35, Vallarsa-Sgombero, A. Barbieri (Servizio Affari Civili) a SGAC, 10 novembre 1916.

azzerata come accade invece per coloro che vengono sfollati nelle regioni interne dell'Austria-Ungheria, divisi in gruppi di 15-20 persone e costretti a relazionarsi, nel limite del possibile, con la popolazione locale. In pratica non esiste una pedagogia nazionale dal basso. Abbiamo però visto come questa venga patrocinata dall'alto solo in casi limitati, relativi alle colonie di maggiori dimensioni delle città industriali.

È pur vero che la situazione, se analizzata in chiave diacronica, tende a migliorare col tempo per quanto riguarda l'assistenza materiale: esemplare il caso di Torino, di cui Largaiolli riporta che

> «... al primo periodo di tumultuoso assestamento è subentrato un periodo di tranquillo proficuo lavoro, perciò si può dire che ora nel complesso si trovano tutti bene»[151].

Il lento incedere delle migliorie, scandite dalle circolari dei prefetti, fa sì che nel caso italiano – fatta eccezione per contesti singoli, come Manduria[152] e Legnago[153] – non si registrino episodi eclatanti di epidemie, malattie infettive o denutrizione tale da portare alla morte di larghi strati della popolazione, come avviene invece nei *Barackenlager* austriaci.

Questa tendenza al miglioramento delle condizioni materiali viene però contrastata da un irrigidimento progressivo dei sistemi di controllo e da un peggioramento nei rapporti con l'autorità e con le popolazioni ospitanti, che raggiunge il suo apice dopo l'arrivo nel Regno dei profughi di Caporetto. È in questo contesto che un corrispondente de «La Libertà», fa notare come sia evidente

> «... una certa distinzione che vien fatta fra regnicoli e irredenti: tale distinzione deve assolutamente sparire. Gli irredenti, o sono austriaci, e allora vanno trattati come tali. O sono italiani e si trattino dunque da italiani»[154].

151 FMST, ASP, Arch. L, b. 1, fasc. 3, c. 101, Relazione profughi Torino, Largaiolli.

152 ASTn, Capitanato Distrettuale Primiero, don A. Pellegrini a Capitanato Distrettuale Primiero, 7 luglio 1916.

153 ACS, MdG, CS, SGAC, b. 221, fasc. 42.

154 F.Z. *I nostri profughi*, p. 3.

Abbiamo già avuto modo di vedere come l'arrivo di centinaia di migliaia di profughi veneti e friulani in seguito alla battaglia di Caporetto avesse comportato un'accelerazione nell'emanazione di norme e misure a favore dei profughi: uno sfollamento locale e contenuto nei numeri come quello degli irredenti e dei rimpatriati si era trasformato, nel breve lasso di tempo di alcune settimane, in un'emergenza nazionale. L'implementazione delle norme e il fatto che la questione dei profughi acquisisse risonanza nazionale portavano con sé degli elementi positivi. Tra questi la nomina di fiduciari locali, che affiancavano il lavoro delle commissioni prefettizie e, soprattutto, la nascita di numerose associazioni e comitati di assistenza locali. Questa invasione di profughi regnicoli ha però anche delle conseguenze negative per coloro che già si trovavano nel Regno come sfollati. La psicosi del nemico interno, veicolata anche da esternazioni dei massimi gradi dell'esercito che affibbiavano la colpa della sconfitta ai disfattisti, comportava una stretta nelle misure di controllo poliziesco e nella ricerca di nemici veri o immaginari, che si caratterizzavano per comportamenti antipatriottici. I trentini, giuliani e sloveni ospitati in Italia come profughi potevano opporre a questa visione e a questa stretta poliziesca una narrativa piuttosto debole: fratelli, padri e figli delle profughe combattevano per l'esercito nemico; avevano dato prova già nel periodo 1915-1917 di non essere animati da vivaci sentimenti di fedeltà alla causa italiana; vivevano in molti casi separati dal corpo della nazione e dalla popolazione locale.

In questo contesto fioccano, a partire dall'inizio del 1918, le segnalazioni prefettizie relative al contegno filo-asburgico dei trentini. Non che queste fossero assenti in precedenza; ne abbiamo riscontrate in molti casi, ed internamenti per questo motivo si erano già registrati in molte colonie. Si nota tuttavia con evidenza una stretta nei confronti di questi comportamenti dopo la battaglia di Caporetto. Questa era in parte legata ad una maggiore attenzione dei prefetti per questioni di tipo nazionale; in parte ad una maggiore esposizione dei profughi in tal senso.

Nel 1918 vengono allontanati profughi austriacanti da Pinerolo e Abbadia Alpina[155], Luserna San Giovanni[156], Lodi[157], Cremona[158], Alessandria[159] e in molte provincie del Regno, dove venne organizzata un'indagine apposita, coordinata dal Segretariato generale per gli Affari civili. Questo era preoccupato poiché

«... risulta a questo servizio che tra i profughi della zona invasa [ovvero i veneti e friulani, n.d.a.] si trovano numerosi austriacanti, i quali non nascondono il loro piacere per la riuscita invasione del nemico e dichiarano anzi che sarebbero lieti di tornare, come i loro avi, sotto la dominazione degli Asburgo».

Si dispose di conseguenza una vigilanza tra i profughi, da compiersi mediante agenti fidati, scelti tra i profughi stessi «per evitare che questa nuova specie di propaganda possa compiersi»[160].

La disposizione, ideata per i profughi delle terre invase del Veneto e Friuli, colpì non tanto gli esuli di Caporetto, quanto gli irredenti, i cui sentimenti nazionali erano già noti. Questi ultimi perciò, oltre a diventare profughi di seconda classe nel

[155] ACS, MdI, DGPS, Polizia Giudiziaria, Amministrativa e Sociale, Profughi e internati, b. 10, n. 156561, Prefettura Torino a Ministero dell'Interno DGPS, Profughi di Terre irredente, 3 settembre 1918.

[156] ACS, MdI, DGPS, Polizia Giudiziaria, Amministrativa e Sociale, Profughi e internati, b. 10, n. 129673, Prefettura Torino a Ministero dell'Interno DGPS, Profughi terre irredente ricoverati nel circondario di Pinerolo, 3 maggio 1918.

[157] ACS, MdI, DGPS, Polizia Giudiziaria, Amministrativa e Sociale, Profughi e internati, b. 10, n. 3560, Prefettura di Milano a Ministero dell'Interno, Contegno austriacante di alcuni profughi, 21 febbraio 1918.

[158] ACS, MdI, DGPS, Polizia Giudiziaria, Amministrativa e Sociale, Profughi e internati, b. 10, n. 102443, Prefettura di Cremona a Ministero dell'Interno, Vigilanza sui profughi, 4 aprile 1918.

[159] ACS, MdI, DGPS, Polizia Giudiziaria, Amministrativa e Sociale, Profughi e internati, b. 10, n. 101267, [1918], Prefettura d'Alessandria a Ministero dell'Interno.

[160] ACS, MdI, DGPS, Polizia Giudiziaria, Amministrativa e Sociale, Profughi e internati, b. 10, n. 173622, SGAC a Ministero dell'Interno, Profughi austriacanti, 26 dicembre 1917.

trattamento corrisposto in alcune località[161], diventarono *ipso facto* più sospetti degli altri: i loro comportamenti vennero messi sotto la lente di ingrandimento e vennero richieste loro continue prove di italianità proprio da quelle autorità o quei gruppi e comitati di soccorso che erano maggiormente caratterizzati da patriottismo, perché espressione dei ceti borghesi o dirigenti che avevano voluto la guerra. Lo standard richiesto era perciò elevato e, se trovati mancanti di questa adesione piena e convinta all'ideale nazionale, diventavano meno meritevoli di assistenza o attenzioni rispetto ai locali bisognosi e agli altri profughi.

A questo punto anche la chiusura protettiva concessa dalla riservatezza non era più sufficiente: alcuni prefetti infatti li ritenevano «tutti contadini rozzi ed ignoranti, ma astuti, che non svelano tanto facilmente il loro pensiero e se in apparenza si dimostrano umili o devoti, sono in realtà subdoli e ingannatori»[162]. Dopo Caporetto finisce perciò, anche per gli irredenti, il tempo delle mezze misure. Tutto ciò che non è apertamente e smaccatamente patriottico è censurato. Anche la riservatezza, pur nel rispetto delle regole del luogo, è interpretata come avversità malcelata.

Quello che più allarmò le autorità italiane è però un episodio che è ben stato messo in luce nel volume *Gli spostati*. A partire dalla prima metà del 1918 le autorità italiane cominciarono infatti a ricevere in gran numero richieste di rimpatrio, inviate in prevalenza da profughe della Valsugana, che chiedevano di ritornare nei propri paesi, riconquistati dalle truppe austriache e ormai fuori pericolo[163]. La questione aveva un chiaro risvolto politico: si configurava, forse inconsapevolmente, come una forma di referendum nazionale. Come i regnicoli che si erano trovati in Austria al momento dello scoppio delle ostilità venivano rimpatriati in Italia via Svizzera se non erano maschi

[161] Laboratorio di storia di Rovereto (ed), *Gli spostati*, II, p. 306; D. Ceschin, *Gli esuli di Caporetto*, p. 215.

[162] Lettera del prefetto di Milano a SGAC, 13 giugno 1918, citata in Laboratorio di storia di Rovereto (ed), *Gli spostati*, II, p. 287.

[163] *Ibidem*, p. 288.

adulti compresi nella fascia di età 18-50 anni[164] e come i francesi dei territori occupati dall'esercito tedesco che venivano rimpatriati in Francia via Svizzera[165], anche i trentini, cittadini austriaci, chiedevano di tornare nelle proprie abitazioni, che non si trovavano più sulla linea del fronte e che si trovavano ora sotto controllo austriaco. Le richieste furono numerose e spesso collettive, firmate nella maggior parte da donne e pervennero da numerose provincie (Alessandria, Ascoli, Bologna, Chieti, Cremona, Milano, Modena), coinvolgendo un numero consistente di profughi della Valsugana ed alcuni di Livinallongo[166].

Come per gli spostamenti da sud a nord, le richieste si alimentarono per mezzo delle relazioni amicali e parentali che si mantenevano con la corrispondenza, censurata per l'occasione dal Ministero dell'Interno[167]. La situazione divenne scottante nel momento in cui alcune profughe chiesero supporto al Consolato spagnolo[168] e alla Santa Sede[169] al fine di perorare la richiesta di rimpatrio. Il problema era tangibile: sebbene il movimento fosse stato arginato mediante l'internamento dei promotori dell'iniziativa e il blocco delle richieste di rimpatrio, il Ministero dell'Interno notava con chiarezza il fatto che

[164] ACS, PCM, Guerra Europea, b. 132, fasc. 288, Scambio di internati civili italiani contro l'insieme dei civili austro-ungarici che si trovano in Italia e in Francia.

[165] P. NIVET, *Les réfugiés français*, pp. 47 ss.

[166] ACS, MdI, DGPS, Polizia Giudiziaria, Amministrativa e Sociale, Profughi e internati, bb. 8-9; gli atti sono custoditi in fascicoli divisi per provincia. LABORATORIO DI STORIA DI ROVERETO (ed), *Gli spostati*, II, pp. 288-294. La vicenda è trattata anche in R. MONTELEONE, *La politica dei fuoriusciti*, pp. 174-176.

[167] LABORATORIO DI STORIA DI ROVERETO (ed), *Gli spostati*, II, p. 289.

[168] ACS, MdG, CS, SGAC, b. 782, n. 149617, Ministero dell'Interno a SGAC, Movimento tra i profughi della Valsugana per ottenere il rimpatrio, 13 agosto 1918.

[169] ACS, PCM, Guerra Europea, b. 132, fasc. 288, Scambio di internati civili italiani contro l'insieme dei civili austro-ungarici che si trovano in Italia e Francia, n. 287, Direzione Generale del Fondo per il Culto - Santa Sede a Vittorio Orlando, Presidente del Consiglio dei Ministri, 3 settembre 1918.

«... non può sfuggire l'importanza che ha il movimento in questione per il governo austro-ungarico: infatti le istanze firmate dai profughi trentini rimangono depositate presso l'ambasciata di Spagna, ed all'occorrenza potranno essere fatte valere dal Governo austro-ungarico come prova tangibile che gli irredenti non desiderano di stare sotto il governo italiano»[170].

L'epilogo della vicenda però è ancora più indicativo delle ricadute di questa azione, che si trasforma da semplice volontà di rimpatrio legato all'insofferenza per una situazione precaria[171] a caso politico. Infatti ne nasce una *querelle* tra Ministero degli Affari Esteri e Ministero degli Interni. Il primo infatti sosteneva che fosse necessario «migliorare la condizione morale ed economica dei profughi irredenti allo scopo di tenerli legati e avvinti alla causa italiana»[172]. Il Ministero dell'Interno, stimolato dall'incalzare degli eventi, solo a due anni di distanza dalle massicce evacuazioni del 1916 proponeva la sua linea d'azione:

«Sembra che sia sana politica cercare di svolgere opera assidua di propaganda patriottica tra i profughi, specialmente a mezzo di altri profughi di provati sentimenti italiani»[173].

Siamo nell'agosto del 1918 e i profughi irredenti si trovavano nel Regno ormai da due anni (alcuni da tre). Era stata però necessaria la comparsa di un caso politico di rilievo prima che il Ministero dell'Interno si decidesse a operare nel campo della propaganda patriottica.

La proposta non rimase sulla carta.

«Un valido aiuto in questo senso ha offerto l'Associazione Politica tra gli Irredenti [*sic*], la quale si è proposta di inviare propri delegati nelle principali colonie di profughi trentini, allo scopo di recare loro conforto morale e svolgere allo stesso tempo propaganda patriottica. La stessa associazione si è proposta il compito di far firmare dai profughi per l'occasione dell'an-

[170] ACS, MdG, CS, SGAC, b. 782, n. 149617, Ministero dell'Interno a SGAC, Movimento tra i profughi della Valsugana per ottenere il rimpatrio, 13 agosto 1918.

[171] Laboratorio di storia di Rovereto (ed), *Gli spostati*, II, p. 289.

[172] ACS, MdG, CS, SGAC, b. 782, n. 149617.

[173] ACS, MdG, CS, SGAC, b. 782, n. 149617.

niversario della morte di Cesare Battisti un indirizzo politico che sarà poi presentato a S.M. il Re»[174].

La mobilitazione dell'APII, che prendeva le forme di una conta patriottica, si risolse però in un flop in molte località, sebbene venissero fatte pressioni esplicite al fine di ottenere le firme dei profughi, per i motivi già visti in precedenza[175].

Di fatto la mancata soluzione di annose mancanze materiali registrate in alcune colonie, unita alla separazione spaziale cui erano di fatto soggetti i profughi, non contribuì a far nascere in loro un senso di attaccamento allo Stato italiano, alle sua autorità o ai suoi abitanti, tali da scalfire percezioni identitarie che, pur sfaccettate, erano radicate. Ancora nell'ultimo anno di guerra, sebbene non siano disponibili le relazioni prefettizie, si riscontrano casi di carenze importanti nell'assistenza[176], cui doveva aggiungersi l'aumentare progressivo dell'inflazione ed il razionamento alimentare, che andavano a erodere il potere d'acquisto dei magri sussidi garantiti dallo Stato. A questo si affiancavano le disparità di trattamento – reali o percepite – che li distinguevano dai profughi veneti dell'ultima ora.

Riassumendo, lo Stato italiano organizzò l'assistenza agli irredenti sfollati nel Regno con ritardo e difficoltà. Mentre il Segretariato generale per gli Affari civili applicava fin dal momento dell'occupazione una politica mirante ad italianizzare le popolazioni delle terre occupate, lo stesso non può dirsi per la politica del Ministero dell'Interno nei confronti degli sfollati. Nei loro confronti venne imposta una forma di accaparramento nazionale di tipo fisico, poiché venivano evacuati con la forza e equiparati *de facto* ai regnicoli nei sussidi. Però, a questo punto, il Ministero dell'Interno fermò i suoi sforzi volitivi finalizzati alla conquista di cuori e menti degli sfollati irredenti. Solo con l'arrivo dei profughi vicentini prima e veneto-friulani poi il *welfare* statale per i profughi venne razionalizzato e implementato. Ciò comportò che lo Stato,

[174] ACS, MdG, CS, SGAC, b. 782, n. 149617.

[175] Laboratorio di storia di Rovereto (ed), *Gli spostati*, II, p. 291.

[176] *Ibidem*, pp. 305-306.

di fatto, delegasse per un lungo periodo ad amministrazioni locali, enti caritatevoli e enti terzi l'assistenza materiale agli irredenti, che si caratterizzò per essere diversa da luogo a luogo e non sempre all'altezza delle aspettative. Inoltre, lo Stato non si interessò granché fino all'estate 1918 della propaganda nazionale a favore dei profughi, lasciando questo compito alle associazioni di irredenti o ad attivisti dei ceti medi.

Ne consegue che le condizioni materiali dei profughi irredenti si caratterizzarono per l'estrema indigenza registrata nel Meridione, ma anche in alcune località del Centro e del Settentrione; si nota una corretta gestione amministrativa nelle grandi colonie, dove però vigeva un controllo autoritario di comportamenti e la limitazione delle libertà personali; infine sono frequenti i casi di segregazione funzionale e spaziale nelle colonie medio-piccole, poco organizzate, slegate dal contesto sociale, inadatte a garantire l'accesso al mondo del lavoro. Gli irredenti si trovarono, in sostanza, come separati in casa, ospiti poco desiderati che venivano valutati più sulla base del pregiudizio che della conoscenza diretta, costretti a comportamenti riservati per non incappare nelle rigide maglie della pubblica sicurezza. Invece che essere accolti come nuovi cittadini della madrepatria, erano di fatto cittadini dimezzati.

In questo contesto le associazioni di fuoriusciti, pur animate da buoni propositi, attivismo innegabile e progettualità precisa, non riuscirono ad incidere sulle condizioni materiali e morali dei profughi, fatta eccezione per l'invisibile lavoro di *lobby* parlamentare, di aiuto personale *una tantum* e di organizzazione di alcune grandi colonie ben amministrate. Tutti gli altri sforzi miranti a creare una forma di pedagogia nazionale tra gli sfollati fallirono per svariati motivi, tra i quali non mancarono liti interne, il mancato appoggio governativo, il fatto di essere percepiti come socialmente e politicamente alieni dalle classi popolari profughe. Il fatto di essere concentrati in poche città del Nord, mentre i profughi erano sparpagliati in tutta Italia, rendeva infine vani gli sforzi dei fuoriusciti irredenti, per banali ragioni geografiche. In breve, i fuoriusciti incidono poco in questo campo, come dimostra la vicenda delle firme dell'APII.

I profughi dal canto loro vissero questa esperienza all'insegna della riservatezza, della separazione rispetto al corpo della società italiana, del sospetto, fatta eccezione per quelle realtà in cui gli sfollati avevano un miglior accesso al mondo del lavoro (prevalentemente industriale o dei servizi), che però caratterizzava solo le grandi città. Questi casi si contano sulle dita di una mano. In tutti gli altri casi erano frequentemente circondati dal pregiudizio sociale e politico, difficile da fugare, in condizioni materiali più o meno buone a seconda delle località. Le condizioni di stanziamento non furono mai drammatiche come quelle che caratterizzarono i profughi trentini in Austria e in particolare quelli ricoverati nei *Barackenlager*. Non si arriva inoltre nel caso italiano ad una crisi della convivenza civile tale da spingere ad espulsioni coatte per mancanza di beni di prima necessità. Ciononostante risulta difficile sostenere che il contatto con la popolazione italiana (se di contatto si può parlare) sia stato positivo. I confini tra i gruppi, in tal caso, sono e restano impermeabili in seguito all'esperienza di sfollamento.

La scelta di istituire colonie di medie dimensioni in edifici abbandonati, caratterizzati da vitto comune e da dislocazioni inadeguate inibiva in molti casi le relazioni personali e, al contempo, permetteva di usufruire di un *network* minimo di assistenza reciproca tra i paesani, che si chiudevano di conseguenza in se stessi. Non si veniva a creare, fatta eccezione per pochi casi (nel Cuneese, Corropoli, altre piccole colonie sparse nel torinese), quel rapporto personale tra comunità ospitanti e ospiti che invece aveva caratterizzato gli stanziamenti in Boemia e Moravia e che, prima del tracollo economico dell'Impero, aveva portato alla normalizzazione dei rapporti tra pari. Si ha la sensazione che gli irredenti abbiano vissuto l'esperienza di profugato in Italia, perlomeno in misura prevalente, come stranieri parlanti la stessa lingua di chi li ospitava. Questa sensazione li portava indirettamente a provare a loro volta un senso di alterità verso le autorità, incapaci di garantire un regime di vita decoroso.

Partiti dal Trentino con un *set* di rappresentazioni identitarie complesso e sfaccettato, che aveva nella fedeltà asburgica, nel riconoscimento della piccola patria e nella contemporanea consapevolezza della propria cultura italiana i suoi nodi concettuali prevalenti ma non esclusivi, vedono nel corso dei tre anni di profugato irrigidirsi in molti casi queste convinzioni, arrivando a chiedere, più o meno consapevolmente, di rimpatriare nella Valsugana riconquistata dagli austriaci, continuando a rifiutare le parole d'ordine degli irredentisti e a mostrare ancora nel 1918 comportamenti anti-italiani sebbene questi venissero puntiti.

Il primo contatto con la madrepatria putativa, che voleva conquistarne cuori e menti, era stato più traumatico e meno fruttuoso del previsto. I confini e le differenze identitarie, invece che essere abbattute, risultavano rafforzati da questa esperienza. Amabile Maria Broz descrive con queste parole il primo contatto con i regnicoli a Legnago:

«Ecco i benefici che riceviamo noi da questa gente. Nel tempo che eravamo in fiera [a Legnago] venivano al di fuori dei ragazzacci e per farci rabia ci cantavano insolenti canzoni ci gridavano tedescacci tedesconi vi abiam presi si questa volta, vi abbiamo messo in gabbia»[177].

Trasferita nella colonia di Celle Ligure, dove le condizioni materiali sono migliori per sua stessa ammissione, nota tuttavia come «battere le nostre ragioni non possiamo perché ... per semplice parola detta contro ... c'incarcerano ci fanno soffrire e forse anche morire»[178]. Nella colonia vengono controllate le opinioni dei singoli e l'unica risorsa disponibile, come abbiamo già notato, è la riservatezza, il silenzio, i comportamenti di basso profilo, che nascondono il sentire intimo della scrivente. Questa nel suo diario annota di essere

«... sempre fedele alla mia cara patria ... nella quale bramo ardentemente ritornare»[179].

Amabile continua annotando che

«... tutti anche i ragazzi e uomini nostri devono stare coi piedi nelle scarpe tanto nel parlare che nel trattare con qualunque se nò via il sussidio e anche

[177] *Scritture di Guerra 4, Amabile Maria Broz*, cc. 48-49.

[178] *Ibidem*, c. 54.

[179] *Ibidem*.

di più. Libertà ne hanno solo quelli che abbiamo davanti medico maestre e quelli che sono venuti dalla Russia [ovvero ex Kirsanover] e desertori [ovvero fuoriusciti, che vengono indicati negativamente col termine di disertori]»[180].

Nello scritto della sfollata emerge anche la vicenda della richiesta di rimpatrio verso la Valsugana che, in maniera indicativa, viene riassunta con queste parole, che forniscono il metro delle libertà degli sfollati e del rapporto tra questi e i fuoriusciti:

«... avendo noi davanti tutto disertori traditori di patria capaci di qualunque azione pur di recar male a tutti e in tutto dove possono hanno fatto esporre questo manifesto in fondo minacciando anti italiani e rei di mille guai coloro che ardissero chiedere ciò [ovvero rimpatriare nei territori controllati dagli austriaci]. Guai a coloro che se per caso qualcheduno ci chiedesse una firma e che noi la facessimo saressimo subito internati»[181].

Ne emerge un quadro in cui i trentini sfollati si sentono sempre più legati al proprio territorio anziché allo Stato italiano. Inoltre, il solco tra evacuati e classe dirigente fuoriuscita si fa sempre più profondo, a causa delle misure repressive e dei regolamenti draconiani imposti nelle colonie. Più che essere un'esperienza di *nation building* in senso italiano, come i presupposti facevano pensare, quello dei trentini sfollati in Italia diventa perciò un percorso identitario opposto, che irrigidisce i confini tra loro e gli italiani.

[180] *Ibidem*, c. 56.

[181] *Ibidem*, c. 60.

*Capitolo quarto*

# Ritorni e mancate partenze

Il momento del rimpatrio rappresenta l'epilogo della vicenda. Tuttavia, la sua analisi merita un'attenzione particolare: è infatti nel momento e nelle dinamiche del ritorno che giungono a maturazione le tendenze a cui abbiamo fatto cenno nei capitoli precedenti.

La fase del rientro chiarisce come l'evacuazione fosse stata forzata e, almeno nel caso asburgico, di dimensioni superiori alle aspettative. Le modalità di partenza dai luoghi di stanziamento temporaneo evidenziano come il grado di tolleranza fra il gruppo degli ospitati e quello dei locali fosse oramai nullo: entrambi avevano irrigidito col tempo la propria percezione dell'altro e i confini tra le due comunità erano diventati impermeabili. L'ostilità era all'ordine del giorno. Le politiche statali di rimpatrio mostrano, ancora una volta, come il controllo dirigistico intenda prendere il sopravvento sulla volontà individuale. Al contempo, la volontà degli sfollati di tornare nella propria terra, idealizzata nei mesi di profugato, segnala come questi avessero visto sfiorire poco alla volta la fiducia nei due Stati ospitanti e nelle loro istituzioni.

I rientri nascondono però anche altro. In primo luogo, almeno nel caso asburgico, è evidente come lo Stato rigetti i propri cittadini e li escluda definitivamente dalla comunità nazionale: si conclude così quel processo che aveva visto i profughi spogliati gradualmente dei propri diritti civili, fino al punto da essere esclusi dalla cittadinanza e venire espulsi. Rientrando in Trentino, gli sfollati trovano poi altri profughi in regione: sono coloro che, sebbene sfollati, non avevano mai abbandonato il Trentino e il Tirolo e la cui esperienza di profugato è altrettanto significativa per il fatto di essere stata vissuta in una regione soggetta a dittatura militare.

Il rientro è, infine, anche rientro della memoria e rielaborazione dell'accaduto. È infatti nella *Erinnerungskultur* che si compie l'oblio di questa vicenda: le classi dirigenti, che non erano riuscite a diventare *leader* naturali degli sfollati, diventano depositari della memoria per interposta persona e rappresentano nel discorso pubblico post-bellico l'intera esperienza di guerra dei trentini dal proprio punto focale. La vicenda dei 105.000 sfollati esce così dalla storia ufficiale, soppiantata dalla narrativa patriottica, per rientrarvi solo negli anni Ottanta grazie alla scoperta delle scritture popolari.

## 1. *«Tutto il Sudtirolo è pieno da scoppiare sebbene a questo punto il ritorno dei profughi sia decisamente inopportuno». Il rimpatrio dall'Austria-Ungheria*

Il rimpatrio dei profughi sfollati nelle regioni interne dell'Austria-Ungheria prende il via nel febbraio 1916, prosegue senza soluzione di continuità fino alla fine delle ostilità e raggiunge il suo apice tra il novembre 1918 e il febbraio seguente, anche se gli ultimi rimpatrianti torneranno solo nel maggio 1919. È quindi un fenomeno complesso, che vede come attori sia le autorità asburgiche che quelle italiane e che incide in maniera significativa sull'esperienza dei profughi.

I primi movimenti di profughi trentini dall'interno dell'Impero verso il Tirolo sono da attribuire all'esigenza dei militari di avere manodopera a disposizione nelle aree di retrovia del fronte, sia per lavori militari che per la coltivazione delle vaste aree agricole che in seguito allo sfollamento dei civili erano rimaste incolte. Si replicava in questo caso la pratica di raccogliere tra i profughi manodopera a basso costo da impiegare per le esigenze belliche[1] che si era già esplicitata con il prelievo dei maschi adulti dai treni di passaggio a Bolzano nei giorni dell'evacua-

[1] H. Kuprian, *«Frondienst redivivus im XX. Jahrhundert»*, pp. 15-38.

zione[2]. Si ammetteva così implicitamente che lo sfollamento, avendo raggiunto proporzioni non previste, aveva depresso dal punto di vista agricolo le aree di retrovia, che erano diventate improduttive proprio mentre le difficoltà alimentari dell'Impero cominciavano a palesarsi. Matthias Rettenwander ad esempio nota come nel gennaio 1916, nei soli distretti di Trento e Mezzolombardo, ben 8.401 ettari di arativo, 7.935 ettari di vigneti e 5.113 ettari di prati fossero inutilizzati per mancanza di manodopera[3]. Questa fase, durante la quale il rimpatrio fu legato a esigenze agricole ed economiche, durò dal febbraio 1916 al settembre 1917. In questo primo periodo vennero rimpatriati in Trentino dalle regioni interne dell'Impero circa 5.500 sfollati. Queste persone rimpatriavano come lavoratori militarizzati[4] o come possidenti agricoli, coloni e affittuari[5]. Quasi tutti, con pochissime eccezioni relative a singoli possidenti, rimpatriavano dai *Lager*, che svolgevano in tale contesto la funzione di *Arbeitsreservoir* e centro di smistamento[6]. L'elemento dirimente che rendeva alcuni profughi candidati al rimpatrio, e altri invece no, era il seguente: dovevano essere «in grado di lavorare e volenterosi», mentre «persone non in grado di lavorare (vecchi, bambini ecc.) sono escluse senza eccezioni»[7]. Inoltre, tutte le richieste di rimpatrio venivano vagliate sulla base dell'affidabilità politica del richiedente[8].

[2] TLA, *Statth.*, Präs 1916, 2459/86 - XII 76e, Räumung von Südtirol, Bezirkshauptmann Borgo an Statth. Tirol, Evakuierung: Auswahl von Arbeitern, 3 giugno 1915.

[3] M. Rettenwander, *Eroismo silenzioso?*, p. 69.

[4] HHStA, ADR, BKA, KFL, Zl. 4638K, Statth. Oberösterreich an Flüchtlingslager Braunau, Betreff: Beistellung von Flüchtlingen zum Rebschnitt, 29 febbraio 1916.

[5] HHStA, ADR, BKA, KFL, Zl. 8858, Min. des Innern an Statth. Innsbruck, Betreff: Heranziehung von Flüchtlingen zu den landwirtschaftlichen und Weinbauarbeiten in Tirol und Vorarlberg, 8 marzo 1916.

[6] F. Frizzera, *Il rimpatrio dei profughi trentini*, pp. 419-422.

[7] HHStA, ADR, BKA, KFL, Zl. 4638K, Statth. Oberösterreich an Flüchtlingslager Braunau, Betreff: Beistellung von Flüchtlingen zum Rebschnit, 29 febbraio 1916.

[8] HHStA, AVA, MdI, All. 19, Zl. 45903/16, Statth. Tirol an Min. des Innern, Betreff: Rückkehr der evakuierten Bevölkerung nach Südtirol, 31

Tutti questi rimpatriati si vedono decurtati del sussidio profughi dal momento in cui rientrano in Tirolo, vivono del loro lavoro e delle pensioni militari e sono soggetti alla disciplina militare nella maggior parte dei casi. Per di più, sebbene siano da considerarsi come «rimpatriati», spesso non tornano alle proprie abitazioni, essendo soggetti alla *Kriegsleistungsgesetz*[9]. L'aspetto più significativo di questo primo flusso di rimpatri riguarda tuttavia la selettività con cui viene condotto: il rimpatrio in questa fase è legato alla qualità di lavoratore agricolo e questo elemento va a indebolire le capacità di resistenza, di operosità e di coesione dei gruppi di profughi dislocati nell'interno dell'Impero, che si caratterizzano sempre più per il fatto di essere indigenti e inabili al lavoro. Ciò porta a un ulteriore peggioramento indiretto dei rapporti di convivenza tra popolazioni autoctone e sfollati, poiché questi vengono sempre più percepiti come parassiti sociali. L'accenno alla fedeltà politica come discriminante per poter rimpatriare lascia poi trasparire ancora una volta come le autorità militari temessero la presenza di popolazione civile di lingua italiana nei pressi del fronte.

La seconda fase del rimpatrio dei profughi trentini dislocati in Austria cominciò con il 1° settembre 1917, quando il Ministero dell'Interno, pressato dalle discussioni parlamentari ed essendo a conoscenza della concreta possibilità di ritorno per alcune migliaia di trentini e giuliani, emanò un «Regolamento Generale per il rientro dei profughi meridionali», al pari di quanto fatto nel 1915 e nel 1916 per i profughi provenienti dalle regioni nord-orientali[10]. Il rimpatrio aveva perciò da questo momento come discriminante la provenienza geografica e la possibilità di disporre dei mezzi di sussistenza, e non più la

agosto 1916. Si veda anche AVA, MdI, All. 19, Zl. 47980, K.u.K. Heeresgruppenkommando Eugen an Min. des Innern, Betreff: Rückkehr der evakuierten Bevölkerung in das engste Kriegsgebiet, 9 settembre 1916.

9 Legge sulle prestazioni di guerra: Gesetz vom 26. Dezember 1912, in «Reichsgesetzblatt» n. 236, betreffend die Kriegsleistungen, § 7 (Verord. d. Min. f. Landesverteid., 25. Juli 1914, *ibidem*, n. 171).

10 HHStA, AVA, MdI, All. 19, Zl. 19442, Betreff: Rückkehr der Flüchtlinge nach Galizien und die Bukowina, 25 maggio 1916.

capacità lavorativa: si rimpatriava perché si era stati forzatamente evacuati e non più perché utili altrove.

Il territorio trentino veniva diviso in tre aree: una denominata A, dove il rimpatrio era possibile fin da subito; una denominata B, comprendente i comuni che avevano subito alcune distruzioni o erano ancora parzialmente occupati da militari, dove potevano tornare solo persone utili al ripristino della vita economica del luogo (ovvero le stesse categorie rimpatriate fino a quel momento, cioè *arbeitsfähig* e persone assolutamente fidate dal punto di vista politico); una denominata C dove il rimpatrio era interdetto, essendo questa ancora zona di guerra, con villaggi distrutti, soggetti al tiro di artiglierie nemiche o occupati *in toto* da militari perché lungo la linea del fronte[11].

Nel periodo compreso tra il 1° settembre 1917 e il 4 novembre 1918 circa 27.518 persone, tutte rimpatriate, si sommarono ai 12.192 profughi dimoranti in Tirolo al settembre 1917 (di cui 6.535 residenti in distretti di lingua italiana)[12]. Mediante l'incrocio di dati statistici si può calcolare che almeno 13.268 di queste riuscirono a rientrare nelle proprie abitazioni. Gli altri vissero una seconda fase della propria esperienza di profugato, questa volta però all'interno della propria regione[13].

Questa seconda fase del rimpatrio sembrerebbe a prima vista meglio organizzata e più intensa della prima, essendo gestita direttamente dal Ministero dell'Interno. In realtà, anche a causa del peggiorare delle condizioni economiche complessive della monarchia, vi si palesarono i limiti raggiunti dall'apparato amministrativo ed economico asburgico. Tra gli aspetti

[11] HHStA, AVA, MdI, All. 19, Zl. 55641, Min. des Innern an alle Landesbehörden, Betreff: Flüchtlinge aus dem Süden; Rückkehr in die Heimat; Generelle Regelung, 1° settembre 1917.

[12] HHStA, AVA, MdI, All. 19, Zl. 69033/17, Evidenz der Kriegsflüchtlinge, 1° novembre 1917.

[13] HHStA, AVA, MdI, All. 19, Zl. 69033/17, 1° novembre 1917; Zl. 77140, 5 dicembre 1917; Zl. 59921/18; Zl. 53103/18; Zl. 47148/18 (Evidenz der Kriegsflüchtlinge). Si veda inoltre AVA, MdI, Präs. Varia, Zl. 71232/17; Zl. 79653/17; Zl. 3307/18; Zl. 11174/18; Zl. 14925/18; Zl. 20465/18; Zl. 37096/18; Zl. 40302/18 (Evidenz der Kriegsflüchtlinge).

di problematicità spicca il peso della burocrazia nella gestione dei flussi di rimpatrio. Già il 1° settembre 1917 il Capitanato di Riva faceva notare che intercorrevano, nella migliore delle ipotesi, 3-4 settimane dalla verifica delle legittimazioni di viaggio dei rimpatrianti all'effettiva partenza[14]. In realtà già l'8 ottobre 1917 ci si rese conto che il sussidio bimestrale per i rimpatrianti andava prolungato, poiché in Nord Tirolo si stavano ammassando in gran numero i profughi in viaggio verso il Trentino[15]. Già il 10 ottobre fu necessario riattare un ex *Lager* per prigionieri di guerra a Brixlegg (in Tirolo) per ospitare circa 680 rimpatrianti, tra cui molti bambini[16].

La situazione andò peggiorando nel corso dei mesi seguenti: i rimpatri proseguirono a un ritmo tale che gli sfollati alloggiati nel Tirolo a nord del Brennero passarono dai 5.157 del 1° settembre 1917[17] ai 14.572 del 5 dicembre 1917[18]. Nello stesso periodo i profughi che riuscirono ad attraversare il passo del Brennero e a raggiungere il Trentino furono solo 1.571[19]. Questa invasione di profughi in un territorio ristretto, che familiarizzava da poco con le procedure burocratiche del *welfare* per i profughi (il sussidio era stato introdotto in Tirolo solo il 23 agosto 1917) e che si trovava al collasso dal punto di vista alimentare, creò non pochi problemi. La Luogotenenza del Tirolo comunicò al Ministero dell'Interno di non riuscire a

[14] HHStA, ADR, BKA, KFL, K. 79, Zl. 8343, Bezirkshauptmann Riva an Flüchtlingslager Braunau, 1° settembre 1917.

[15] HHStA, AVA, MdI, All. 19, Zl. 62937, Statth. Tirol an Min. des Innern, Betreff: Legitimationen für Rückkehrenden Flüchtlingen, Verlängerung, 8 ottobre 1917.

[16] HHStA, AVA, MdI, All. 19, Zl. 64655, Statth. Innsbruck an Min. des Innern, Betreff: Rückkehr der Flüchtlinge aus dem Süden, Beteiligung der in Brixlegg provisorisch untergebrachten Flüchtlinge mit Wäsche eventuell Kleidern, 10 ottobre 1917.

[17] HHStA, AVA, MdI, All. 19, Zl. 59921/18, 2 ottobre 1918.

[18] HHStA, AVA, MdI, All. 19, Zl. 77140, Betreff: Flüchtlingsfürsorge, Heranziehung von Nordtirol und Vorarlberg in das Fürsorgegebiet, 5 dicembre 1917.

[19] HHStA, AVA, MdI, Präs. Varia, K. 31, Zl. 3307/18, Übersicht Kriegsflüchtlinge 1° dicembre 1917.

distribuire con regolarità i sussidi anticipati di mantenimento ai profughi giunti in regione, essendo questi sparpagliati in 495 diversi comuni[20].

Tale sovraffollamento dei distretti del Tirolo settentrionale era dovuto, tra le altre cose, alla partenza senza legittimazione di viaggio di numerosi profughi dai distretti di Vsetin, Holleschau, Littau, Wishau, Brünn, Neustadtl, Znaim, Olmütz, Datschitz, Gross Meseritsch, Boskowitz, Tischnowitz, per un totale di 1.025 famiglie (ovvero 4-5.000 persone), che vennero bloccate dalle autorità militari prima che attraversassero il Brennero, non potendo entrare nella zona di guerra ristretta senza documenti di viaggio[21]. Si trattava di profughi espulsi con la forza dai luoghi di stanziamento temporaneo[22]. Solo il 12 novembre la Luogotenenza di Innsbruck ordinò il blocco dei rimpatri nel distretto di Riva, poiché «in caso contrario sarebbe inevitabile una catastrofe». Il luogotenente scrisse al Ministero dell'Interno che «tutto il Sudtirolo è pieno da scoppiare, tutto è in movimento, sebbene a questo punto il ritorno dei profughi sia decisamente inopportuno». Continuava osservando che il «Tirolo è di nuovo di fronte a una crisi alimentare, poiché sono disponibili riserve di farina per un solo giorno»[23].

Non andava molto meglio per i profughi che riuscivano effettivamente a raggiungere il Trentino: il caso di Vermiglio[24] è significativo. Ai profughi del paese non venne consentito di

20 HHStA, AVA, MdI, All. 19, Zl. 3555, Statth. Tirol an Min. des Innern, Betreff: Auszahlung der Flüchtlingsunterstützung in Tirol zur Erlass vom 29. Dezember 1917 Zl. 80863, 17 gennaio 1918.

21 D. Leoni - C. Zadra (edd), *La città di legno*, p. 185.

22 Si veda per esempio HHStA, AVA, MdI, All. 19, Zl. 33133/18, Statth. Innsbruck an Statth. Brünn, Betreff: Flüchtlinge aus dem Süden; Rückkehr in die Heimat, 31 maggio 1918; AVA, MdI, All. 19, Zl. 39443, Statth. Innsbruck an Statth. Prag, Betreff: Flüchtlinge aus dem Süden; Rückkehr in die Heimat, s.d.

23 HHStA, AVA, MdI, All. 19, Zl. 73976, Statth. Tirol an Min. des Innern, Betreff: Regelung der Flüchtlingsrückkehr nach Südtirol, 22 novembre 1917.

24 HHStA, AVA, MdI, All. 19, Zl. 7832/18, 8 dicembre 1917, Bezirkshauptmann Cles an Statth. Tirol, Betreff: Flüchtlinge von Vermiglio an K.H.A. 852/151, 18 ottobre 1917.

tornare nelle proprie abitazioni per un insieme di motivi, tra cui spiccavano il pericolo di bombardamento, i problemi di approvvigionamento, l'occupazione delle abitazioni da parte delle truppe e, non da ultimo, il fatto che secondo i militari la popolazione «era molto inaffidabile»[25]. Tornava così di nuovo a galla il tema del sospetto e i residenti del villaggio della valle di Sole, sebbene rimpatriati in Trentino, dovettero trascorrere un altro inverno come profughi nell'adiacente valle di Non.

Questo flusso di rimpatriati venne infine incentivato sia dalle pressioni dei luogotenenti dei singoli *Länder* (la presenza sgradita dei profughi nei villaggi dell'Alta Austria spinse il luogotenente di Linz ad accelerare il processo di rimpatrio)[26] sia dalle espulsioni coatte dai comuni di Boemia e Moravia, dove le popolazioni e le autorità locali tolleravano sempre meno i profughi lì presenti[27]. La prassi delle espulsioni coatte divenne così frequente da sollecitare più volte interpellanze parlamentari e richieste di chiarimenti da parte della Luogotenenza di Innsbruck, che notava come le autorità locali dei tre *Länder* intimassero la partenza a profughi afferenti a comuni in cui il rimpatrio non era consentito, pena la cessazione dell'erogazione del sussidio, fornendo loro i documenti di viaggio[28]. Ciò faceva sì che il 1° settembre 1918 si contassero nel solo Trentino ben 18.589 profughi, a cui dovevano aggiungersi altri 7.852 trentini che si trovavano nel Tirolo di lingua tedesca[29].

25 HHStA, AVA, MdI, All. 19, Zl. 50392/17, Vermiglio; Repatriierung, 7 agosto 1917.

26 HHStA, AVA, MdI, All. 19, Zl. 25884, Statth. Linz an Min. des Innern, 29 aprile 1918.

27 HHStA, AVA, MdI, All. 19, Zl. 33133/18, Statth. Innsbruck an Statth. Brünn, Betreff: Flüchtlinge aus dem Süden; Rückkehr in die Heimat; relativamente alle espulsioni coatte compiute nel distretto di Beneschau, 31 maggio 1918; AVA, MdI, All. 19, Zl. 39443, Statth. Innsbruck an Statth. Prag, Betreff: Flüchtlinge aus dem Süden; Rückkehr in die Heimat, s.d.; relativamente a espulsioni coatte dai distretti di Tachau avvenute il 24 maggio 1918.

28 HHStA, AVA, MdI, All. 19, Zl. 46811, Flüchtlingsfürsorge; Anfrage der Abgeordneten Mon. Delugan und Genossen betreffend Überstände bei der Repartierung der Flüchtlinge, 22 luglio 1918.

29 HHStA, AVA, MdI, All. 19, Zl. 59921/18, Übersicht der mittellosen Kriegsflüchtlinge aus dem Stande von 1. September 1918, 2 ottobre 1918.

Questa massa di sfollati, pur non trovandosi in «terra straniera» (come molti di essi definivano la propria condizione in Austria, Boemia e Moravia), si trovò costretta a vivere in condizioni precarie. La sensazione di non essere «più scortate dai militari», senza «più guardie da ogni parte», di essere «finalmente padrone noi della nostra volontà»[30] era controbilanciata dalle difficoltà materiali. Dominica Daldoss, riparata in val di Non dall'estate 1917 all'aprile 1919, ricorda nella sua memoria come «soffrimmo assai anche quì, la gente ci guardavano di mal'occhio, patimmo la fame»[31]. Si capisce come i rimpatriati fossero percepiti anche in Trentino come concorrenti nell'accaparramento delle limitatissime risorse a disposizione. Non è un caso che la censura austriaca segnali nei propri resoconti mensili il fatto che i profughi si lamentassero dell'accoglienza ricevuta in Trentino, notando il fossato invisibile di esperienze che si era creato tra ex evacuati e locali, i quali, secondo i profughi, «non hanno conosciuto l'esilio e non possono giudicare la nostra triste situazione»[32]. Il rimpatrio dalle regioni interne dell'Impero subì una brusca fase di arresto con la fine delle ostilità e riprese solo un mese dopo. Comincia qui la terza fase del ritorno che, a differenza delle due precedenti, non fu gestita dalle autorità austriache, ma da quelle italiane.

Per quanto concerne l'organizzazione strutturata di un movimento di rimpatrio, questa fu all'inizio eterodiretta e il risultato di una reazione più che di un'azione delle autorità italiane. I rappresentanti dell'Austria tedesca infatti si affrettarono a riconoscere come cittadini sussidiati solo quelli pertinenti alle regioni tedescofone del Tirolo e ciò escludeva esplicitamente gli italofoni[33]. In secondo luogo i campi profughi, con i loro

[30] FMST, ASP, Dominica Daldoss, Diario, c. 51.

[31] FMST, ASP, Dominica Daldoss, Diario, c. 54.

[32] HHStA, AVA, MdI, All. 19, Zl. 7553/18, GZNB Zensurabteilung an Min. des Innern, Angelegenheiten der Flüchtlinge in der Monarchie – Dezember/Jänner Bericht 1918, 31 gennaio 1918.

[33] OÖLA, *Statth.*, Präs. (1911-1918), I Weltkrieg, K. 54, Zl. 158, Deutschösterreichisches Staatsamt des Innern an die OÖ Landesregierung, Betreff: Flüchtlingsfürsorge; Fortführung in Deutschösterreich, 25 novembre 1918.

magazzini pieni di viveri e di altre merci, venivano percepiti dalle popolazioni locali come il prodotto della sperequazione con cui il governo sussidiava i nemici dello Stato mentre loro pativano la fame: passare da questa percezione all'assalto organizzato dei *Lager* era un passo breve, soprattutto con il vacillare del principio di autorità. Ciò accadde a Wagna[34], Braunau e Mitterndorf; i fuggiaschi dovettero quindi dotarsi in breve di una milizia per proteggere i propri averi e i pochi viveri rimasti[35]. Furono perciò i profughi a inviare al Comando supremo italiano un telegramma chiedendo appoggio morale e soccorso, poiché «taluni capitanati austriaci per diminuire viveri da distribuirsi minacciano immediata partenza diverse migliaia profughi»[36].

Il Comando supremo italiano si mosse solo in seguito a queste richieste (siamo al 21 novembre 1918), valutando l'opportunità di istituire una commissione per il rimpatrio dei profughi trentini; il governatore militare di Trento, Guglielmo Pecori Giraldi, scrisse al segretario per gli Affari civili che da informazioni ricevute

> «... risulta che nostri profughi nei viaggi di ritorno sono saccheggiati dei loro averi e che autorità locali non sono in condizioni di proteggerli. Si fa presente necessità urgente invio nota commissione per regolare movimento profughi»[37].

Pochi giorni dopo sempre Pecori Giraldi ribadiva la necessità di organizzare un distaccamento per proteggere le vite e i pochi averi dei profughi[38], essendo quelli «di Braunau maltrattati [e]

[34] P. Malni, *Fuggiaschi*, p. 168.

[35] HHStA, AVA, MdI, All. 19, Zl. 63727/18, Flüchtlingslager Mitterndorf, Bildung eines Nationalrates, Verwertung der Vorräte, 8 novembre 1918.

[36] ACS, MdG, CS, SGAC, b. 789, Telegramma n. 2888-123-22, Delegati campi concentramento Austria a Segretariato generale per gli Affari civili, s.d. [11 novembre 1918].

[37] ACS, MdG, CS, SGAC, b. 789, Telegramma n. 3861-92-26, Pecori Giraldi a SGAC, 20 novembre 1918.

[38] ACS, MdG, CS, SGAC, b. 789, Telegramma n. 508-91-03, Pecori Giraldi a Comando supremo, 3 dicembre 1918.

saccheggiati da truppe e popolazioni austriache» e segnalando che questi «invocano ripetutamente soccorso e protezione»[39]. Notizie analoghe provenivano da Mitterndorf[40]. Il giorno stesso (3 dicembre 1918) Pietro Badoglio autorizzò l'invio di scorte armate per l'accompagnamento dei profughi[41]. Nel frattempo Pecori Giraldi era venuto a conoscenza dalla commissione militare di Innsbruck che il rientro del primo scaglione di profughi era già in corso: il movimento dei profughi dalle regioni austriache verso il Trentino era partito il 28 novembre[42].

Dalla fine di novembre al 10 gennaio 1919 poterono quindi essere rimpatriati tutti i profughi residenti nell'Austria tedesca che, secondo la commissione, si trovavano «in condizioni di vita disagiatissima», essendo «sospesa ogni distribuzione di viveri e ogni pagamento di sussidi»[43]. Il rimpatrio era indilazionabile, dato che il 5 dicembre 1918 l'Assemblea Nazionale austriaca aveva escluso legalmente i trentini dalla cittadinanza austriaca e dai sussidi mediante la nuova legge di cittadinanza, accompagnata da un decreto di espulsione per tutti coloro che erano da considerarsi stranieri secondo la nuova legislazione[44].

Organizzato il rimpatrio dei profughi dell'Austria tedesca, la Commissione concentrò la propria attenzione su quelli residenti in Boemia e Moravia. Il 30 dicembre si pianificò il rientro dei circa 16.000 profughi italofoni che secondo le statistiche dovevano trovarsi nella Repubblica cecoslovacca. Parte di questi

39 ACS, MdG, CS, SGAC, b. 789, Telegramma n. 508-91-03.

40 ACS, MdG, CS, SGAC, b. 789, Telegramma n. 4999-79-30, Commissione militare Innsbruck a SGAC, 4 dicembre 1918.

41 ACS, MdG, CS, SGAC, b. 789, Telegramma n. 508-91-03.

42 I primi a rimpatriare con trasporti collettivi furono i circa 600 confinati ed ex internati trentini che avevano trovato alloggio in Alta Austria. Si veda: OÖLA, *Statth.*, Präs, I Weltkrieg, Zl. 38368/4, Polizeimagistrat Linz an Bezirkshauptmann Linz, Betreff: Sammeltransport der ehemaligen konfinierten österreichischen Italiener bezw. Südtiroler, 26 novembre 1918.

43 ACS, MdG, CS, SGAC, b. 789, Telegramma n. 112/5/961, SGAC a Ministero dell'Interno – Ufficio stampa, 22 gennaio 1919.

44 U. von Hirschhausen, *From Imperial Inclusion*, p. 559.

era però già fuggita in maniera autonoma e disorganizzata, «facilitata dai capitanati distrettuali che volentieri ne vedevano la partenza»[45]. Nel frattempo si erano verificati inconvenienti relativi al pagamento del sussidio profughi anche nei distretti cechi e fu necessario riconfermare l'ordine di continuare a distribuire i sussidi fino alla partenza[46]. Stabiliti i preparativi, il 22 gennaio fu possibile cominciare il rimpatrio dei profughi dalle regioni cecoslovacche, su carri bestiame riscaldati con stufe. Il viaggio durò dai 3 ai 6 giorni[47]. In 20 giorni vennero rimpatriati pressoché tutti i profughi italofoni ancora presenti nei due ex *Länder*, tanto che il 16 febbraio 1919 Giuseppe Invernizzi, responsabile della Commissione militare italiana, poté comunicare da Praga che il «rimpatrio profughi [da] Boemia e Moravia [era] ultimato secondo [il] programma stabilito»[48]. Nel frattempo aveva trovato soluzione anche il rimpatrio dei circa 1.000 profughi dei distretti di Riva e Rovereto dimoranti nel Vorarlberg, dove l'animosità nazionale rendeva la permanenza di italofoni estremamente precaria[49].

In breve, entro la fine di febbraio 1919 la Commissione militare italiana per i profughi aveva terminato la sua missione e, stando ai conteggi dei rientranti effettuati dal Governatorato di Trento, erano tornati circa 25.000 profughi entro il 18 dicembre[50], il cui numero complessivo ascese a 56.000 col rimpatrio dei profughi da Boemia e Moravia terminato alla metà

45 ACS, MdG, CS, SGAC, b. 789, Telegramma n. 112-5-768, Commissione militare italiana internati civili a SGAC, Governatorato di Trento, Governatorato di Trieste, 30 dicembre 1918.

46 ACS, MdG, CS, SGAC, b. 789, Telegramma n. 112-5-768.

47 ACS, MdG, CS, SGAC, b. 789, Telegramma n. 112-5-907, tenente Merzari al colonnello Invernizzi, 16 gennaio 1919; CS, SGAC, b. 789, Telegramma n. 112-5-1571, tenente Merzari al colonnello Invernizzi, 24 gennaio 1919.

48 ACS, MdG, CS, SGAC, b. 789, Telegramma n. 112-5-2571, colonnello Invernizzi a Comando supremo, 16 febbraio 1919.

49 D. Leoni - C. Zadra (edd), *La città di legno*, p. 188.

50 FMST, Arch. Nn, b. 1, f. 1, Carte Pecori Giraldi, Allegato n. 43 alla Prima relazione sull'Attività svolta dal Governatorato di Trento nel periodo 4 novembre 1918 - 19 dicembre 1918.

di febbraio[51]. I rimpatriati effettivamente censiti ammontarono a 63.727 il 31 marzo 1919[52] e a 65.632 alla fine di maggio[53].

Questa vicenda permette di abbozzare alcune valutazioni di ordine generale. Il primo elemento degno di nota riguarda gli aspetti economici. La necessità di rimpatriare un numero consistente di lavoratori adulti per mettere a coltura le campagne abbandonate del Trentino spiega da sé come l'evacuazione avesse prodotto conseguenze non previste sull'economia della regione e, indirettamente, come lo sfollamento fosse stato più intenso del previsto e in parte slegato da motivazioni di ordine militare. In breve, al momento delle evacuazioni i militari si erano lasciati prendere la mano, evacuando anche persone che vivevano a distanza di sicurezza dalla linea del fronte, sulla base di pregiudizi di ordine nazionale. Il fatto che venissero rimpatriate nel primo periodo solo persone abili al lavoro, disgregando gruppi familiari e comunitari, portò inoltre a un peggioramento indiretto delle condizioni di vita dei profughi evacuati e all'indebolirsi dei rapporti di solidarietà con le popolazioni dell'*Hinterland*, che percepivano i profughi sempre più come bocche da sfamare. Questo elemento, connesso alla crisi alimentare dell'Impero, portò al deteriorarsi dei rapporti civili nelle comunità ospitanti, che ricorsero in molti casi a espulsioni coatte, percependo sempre più i profughi come una categoria di parassiti sovvenzionati dallo Stato.

Il secondo aspetto che merita attenzione è legato alle dinamiche di rimpatrio. Se l'evacuazione viene descritta in termini aspri nei diari, lo stesso si può dire per le condizioni materiali del rimpatrio. Si tratta infatti di una vera anabasi a tappe che

[51] FMST, Arch. Nn, b. 1, fasc. 1, Carte Pecori Giraldi, Allegato n. 8 alla Relazione del periodo 20 dicembre 1918 - 31 gennaio 1919.

[52] FMST, Arch. Nn, b. 1, fasc. 1, Carte Pecori Giraldi, Allegato n. 19 alla Relazione del periodo 11 febbraio 1919 - 30 aprile 1919.

[53] Entro il 31 maggio 1919 vennero censiti 65.632 profughi rimpatrianti dall'Austria. Si veda FMST, Arch. Nn, b. 1, fasc. 1, Carte Pecori Giraldi, Relazione riassuntiva sull'opera svolta a favore delle popolazioni e dei paesi danneggiati dalla guerra dal novembre 1918 al 31 maggio 1919. Il conteggio tiene conto anche di molti soldati italofoni dell'esercito austro-ungarico che nel frattempo si erano ricongiunti alle famiglie.

richiede mesi di stenti e piccoli spostamenti. L'amministrazione asburgica mostra in questa circostanza tutti i suoi limiti, non riuscendo a organizzare coerentemente il rientro degli sfollati e scontrandosi con l'intransigenza dei militari. La volontà di controllare ogni movimento e ogni singolo documento di legittimazione mise in crisi la macchina burocratica asburgica, che si ostinava a gestire i movimenti degli sfollati in maniera dirigistica. Casi estremi di disorganizzazione, che portarono intere comunità a trascorrere l'inverno in Trentino senza alloggio né suppellettili[54], concorsero ad intaccare la già scarsa stima che era rimasta nelle capacità di tutela dell'apparato amministrativo austriaco.

Dopo l'armistizio, in particolare, non si può parlare né di accettazione né di malcelata tolleranza nei confronti dei profughi rimasti nell'*Hinterland*: i loro beni vengono saccheggiati e, soprattutto, i profughi stessi vengono ufficialmente disconosciuti dalle autorità austriache. Sono, in poche parole, rigettati come cittadini ed esclusi dalla comunità civile e politica. Lo Stato e le comunità ospitanti si liberarono di loro, e non viceversa, come invece farebbe supporre la tradizione storiografica che individua i movimenti nazionali come forza centrifuga nel contesto imperiale.

Questo è un passaggio chiave, perché segna il passaggio da una sovranità all'altra. I profughi trentini vengono infatti espulsi dai luoghi di stanziamento, alle volte con stratagemmi legali, altre con la minaccia: si tratta di uno spostamento forzato al contrario, che segnala l'esclusione dal corpo sociale e dalla comunità immaginata. Oltre all'aspetto percettivo, ce n'è però uno molto più materiale: anche la nuova legislazione sulla cittadinanza austriaca, emanata in tempi rapidissimi, escluse esplicitamente gli italofoni dalla cittadinanza. Si chiude così il cerchio, che vede i cittadini austriaci di lingua italiana evacuati con la forza, poi spogliati di alcuni diritti civili, tutelati in maniera carente dallo Stato ed infine esclusi dalla comunità politica. Solo l'intervento dei militari italiani, anche se tardivo ed eterodiretto, riuscirà a riportare l'ordine, la sicurezza

[54] F. Frizzera, *Il rimpatrio dei profughi trentini*, pp. 430-432.

materiale, il cibo, e fungere da base per un rimpatrio tutto sommato ordinato.

Sebbene difficile da analizzare tramite le fonti soggettive, questo passaggio riveste un ruolo cruciale per comprendere lo spirito con cui gli evacuati affrontarono il passaggio di sovranità da uno Stato all'altro. Potrebbe sembrare scontato da dire, ma lo Stato verso cui avevano riposto fedeltà e fiducia all'inizio del conflitto non solo era scomparso, ma li aveva ufficialmente rigettati come cittadini, mentre altri cittadini di quello stesso Stato si sentivano autorizzati a saccheggiare i beni ed espellere dai paesi gli sfollati delle nazionalità minoritarie. Con questo spirito i profughi trentini sfollati in Austria scoprirono di conseguenza di essere diventati cittadini italiani.

Si tratta di un passaggio complesso e traumatico, che ben si può riassumere con le parole di Amelia Vivaldelli, che alla data dell'armistizio annota sul proprio diario che il Trentino era stato «invaso dai nostri redentori O fratelli ora italiani [*sic*]»[55]. Questa citazione all'apparenza contraddittoria contiene tutte le trasformazioni identitarie legate all'esperienza di profugato e alla condizione di instabilità precedente il rimpatrio che abbiamo voluto mettere in evidenza. Lo spazio di riferimento è oramai diventato il Trentino. La scrivente, che pure in altri spezzoni del diario aveva fatto riferimento anche al Tirolo e all'intero costrutto statale come spazio territoriale, è interessata solo alla sorte della sua terra. Non del suo singolo paese o vallata, ma dell'area linguistica, che sente come propria. Questa però, è stata «invasa» dai nostri «redentori». Non conquistata, non liberata, bensì invasa. Si capisce come nella scelta subitanea dei vocaboli, emerga la consapevolezza di non sentirsi politicamente italiana; allo stesso tempo l'esercito italiano è redentore, se non altro perché rappresenta la liberazione tangibile da una situazione divenuta insostenibile.

L'elemento che spicca – e che invece non compariva nel diario fino a questo momento – è l'accenno alla comunanza linguistica come elemento di fratellanza, che è venuto a rafforzarsi nel

[55] *Scritture di guerra 5, Amelia Vivaldelli*, c. 44.

periodo di profugato in contesti di alterità. Spariscono perciò i riferimenti al costrutto statale asburgico; sono presenti riferimenti allo spazio linguistico italiano, percepito come condiviso e comunitario. Il rigetto politico da parte dell'Austria e delle sue popolazioni quindi non porta automaticamente all'adesione a valori patriottici italiani – i soldati italiani continuano a configurarsi come invasori – ma piuttosto al ripiegamento su identificazioni territoriali più limitate spazialmente, coincidenti con l'area trentina. Il patrimonio di fedeltà di cui poteva giovare lo Stato austriaco all'inizio del conflitto era così andato sfaldandosi, sotto le pressioni dei militari, sotto il clima di sospetto e controllo pressante, a causa dell'incapacità dello Stato di prendersi cura dei suoi amministrati e, infine, per il fatto banale, ma determinante, che lo Stato stesso aveva escluso gli italofoni dalla comunità dei cittadini, dopo averne eroso i diritti. Al contempo, non era nata tra i profughi una decisa corrente di simpatia nei confronti dell'Italia, né patrocinata dall'alto, né autosviluppatasi dal basso. Si nota la *pars destruens*, ma si fatica a individuare il formarsi di identità alternative, se si esclude l'aspetto materiale od utilitaristico del rimpatrio. Impressioni analoghe si possono ricavare dalla lettura di altri ego-documenti.

Corina Corradi, sfollata a Mitterndorf ed in seguito a Mistelbach, riedige il 2 dicembre 1918 un componimento in versi che, in maniera analoga al testo della Vivaldelli, descrive lo stato d'animo dei profughi al momento del rientro:

«Ed ora son corsi quarantadue mesi / che pratichiamo questi paesi / e siamo stanchi di questa gente / perché molto roza e poco prudente // Per grazia del Signore prima d'inverno / saremmo liberati da questo inferno / per respirare ancora un pochino / le care arie del nostro Trentino // Speriamo che dopo sotto l'italiani / non passeremmo così tristi affani / e ci faranno restare contenti / perché siamo stati da loro redenti // Non mangeremo più pane di paglia / sotto vittorio gra rè di Italia / ma del buon riso e pappardelle / consolerà le nostre budelle»[56].

Non molto diversa l'impressione di Cecilia Rizzi Pizzini, che annota:

[56] *Scritture di guerra 5, Corina Corradi*, cc. 14-15.

«... il primo novembre mille novecento diciaotto si sente dire essere finita la guerra ... il quatro di detto mese arriva anche mio marito ora si aspeta con impazzienza il giorno del rimpatrio ci dicono voi siete Italiani ma poco cinporta Italiani ho Tedeschi basta sia finita e poter tornare al caro paesello abbandonato».

Il primo contatto coi soldati italiani, poi, evidenzia quanto scarsamente idealizzato fosse il passaggio di sovranità per la scrivente: «siamo passati per Vienna, Linz poi Salisburgo finalmente Isbruch qui abbiamo trovato Italiani ci diedero da mangiare»[57].

Il cambiamento di cittadinanza non è quindi attivamente cercato, ma piuttosto accettato passivamente. Questo, tuttavia, nel 1915 sarebbe stato apertamente osteggiato da molti dei protagonisti di questa vicenda, mentre adesso veniva riconosciuto e tollerato senza particolari scossoni e, anzi, accettato con una certa riconoscenza nel momento in cui le autorità militari italiane riuscivano a farsi promotrici del rimpatrio e, in misura non secondaria, nel garantire un'alimentazione decorosa dopo anni di stenti.

## 2. *«La popolazione sarebbe oltremodo felice di vederli rimpatriare». Il ritorno dalle provincie italiane*

La questione del rimpatrio degli sfollati dalle regioni interne del Regno è piuttosto diversa. Le autorità asburgiche infatti continuarono a detenere il controllo di vaste aree della regione e quindi la possibilità di un rimpatrio era concreta anche durante il conflitto; le autorità italiane ebbero spazi d'azione molto più ristretti. Ci sono poi questioni ben più profonde: la questione del rimpatrio in Austria-Ungheria era un problema eminentemente politico, poiché alcune delle zone evacuate non erano a diretto contatto della linea del fronte e, ciononostante, i militari si opposero a lungo ad un ritorno della popolazione civile. Le truppe italiane avevano invece evacuato solo popolazioni che si venivano a trovare a diretto contatto

[57] *Scritture di guerra 5, Cecilia Rizzi Pizzini*, parte II, cc. 58-59.

con la linea del fuoco e le cui case erano diventate insicure o irraggiungibili. Ciò incideva, in prima istanza, sulla dimensione dei flussi di rimpatrio potenziali che si potevano mettere in moto prima della fine del conflitto: molto consistenti nel caso asburgico; limitati a pochi casi selezionati nel caso italiano.

Ci sono comunque elementi sufficienti per delineare un trend. Questo è già stato notato nel volume *Gli spostati*, in cui si sostiene che durante la guerra le domande di rimpatrio gestite dalle autorità italiane

> «... venivano respinte quando riguardavano località esposte alle artiglierie austriache o site in prossimità della linea del fuoco, ma non c'era preclusione di principio ai rientri dei profughi ... in zone vicine al fronte, un atteggiamento certo meno rigido di quello adottato dai comandi militari austriaci»[58].

La circostanza è confermata da numerose disposizioni emanate dal Comando della I armata. Anche qui emergono tuttavia elementi peculiari: il Segretariato generale per gli Affari civili segnala come

> «... il Comando Supremo nulla ha in contrario a che codesto Comando [I Armata] consenta al ritorno di taluni profughi ... Resta ben inteso che tale ritorno è assolutamente subordinato a esigenze militari. Deve avere carattere di eccezionalità e essere limitato a persone di non dubbi sentimenti nazionali»[59].

Fissate le linee guida, le concessioni di rimpatrio furono numerose, se si tiene conto dei ristretti spazi d'azione lasciati alle autorità italiane. Il Comando della I armata acconsentì ad esempio al rimpatrio a Tezze Valsugana già nel corso dell'estate 1916[60] e vennero concessi permessi singoli di rimpatrio nelle frazioni meno esposte del comune di Brentonico[61]. Una dinamica analoga si registra per il Primiero: qui i profughi

[58] Laboratorio di storia di Rovereto (ed), *Gli spostati*, II, p. 328.

[59] ACS, MdG, CS, SGAC, b. 216, n. 6056, SGAC a Comando I armata, Rimpatrio profughi, 3 settembre 1915.

[60] ACS, MdG, CS, SGAC, b. 223, fasc. 50, Rimpatrio nei Comuni della Valsugana, Ritorno profughi Tezze ed altri Comuni della Valsugana, 11 agosto 1916. A tale data erano già rientrati a Tezze 380 sfollati circa.

[61] ACS, MdG, CS, SGAC, b. 223, n. 11096, Comando I armata a SGAC, 21 novembre 1916.

di Canal San Bovo, Fiera di Primiero e Siror che erano stati evacuati nella primavera del 1916 chiesero e ottennero di poter rimpatriare: entro il settembre 1916 si trovavano già nelle proprie abitazioni[62].

Si evidenzia in questo movimento la diversa prospettiva delle autorità militari asburgiche e italiane nei confronti dei civili trentini. Non che i militari italiani si fidassero dei sentimenti patriottici degli stessi: avevano però la necessità politica di rendere tangibile la redenzione, a prescindere dalla volontà delle popolazioni redente. Non si trattava di semplice accaparramento di territorio, ma anche della popolazione che lo abitava. Non mancano poi motivazioni economiche. Luciana Palla fa infatti notare come tra le motivazioni di rimpatrio addotte dai profughi canalini vi fosse la constatazione che se fossero tornati in tempi rapidi avrebbero potuto effettuare la semina autunnale e la successiva semina primaverile; in caso contrario, sarebbero rimasti sulle spalle del governo o dell'autorità militare per quanto riguarda l'alimentazione ed i necessari sussidi in denaro per tutto l'anno successivo[63]. Una dinamica simile si registra anche per alcuni comuni della Vallagarina[64].

In totale, durante la guerra ottennero perciò il permesso di rimpatriare dall'Italia circa 3.500 profughi trentini: pur non costituendo un numero rilevante in termini assoluti, essi rappresentavano la quasi totalità di coloro che avevano ancora un alloggio sotto controllo italiano che non fosse sulla linea del fronte. Si tratta di una politica piuttosto diversa rispetto a quella dell'Austria-Ungheria.

Le differenti vicissitudini politiche dei due Stati non permisero nel caso italiano la pianificazione di un piano di rimpatrio complessivo prima della fine del conflitto: i prefetti e le

[62] ACS, MdG, CS, SGAC, b. 224, fasc. 52, Rimpatrio profughi Comuni Primiero, n. 45462, Comando I armata a SGAC, 5 luglio 1916.

[63] L. Palla, *Il Trentino orientale e la Grande Guerra*, p. 212.

[64] Laboratorio di storia di Rovereto (ed), *Gli spostati*, II, p. 328; ACS, MdG, CS, SGAC, b. 223, fasc. 49, Rimpatri, s.n., Comando I armata a SGAC, 21 novembre 191. I casi sono relativi a Sabbionara, Cornè, Prade. G. Parmeggiani, *Il burocrate va alla guerra*, p. 179.

popolazioni locali, che pure anche a sud delle Alpi tolleravano i profughi più che assisterli, non disponevano pertanto di alcuna scappatoia legale per allontanare i profughi mediante la distribuzione di legittimazioni di viaggio, come invece accade in Boemia e Moravia a partire dalla fine del 1917. È però significativo il fatto che questa circostanza diventi realtà anche in Italia subito dopo la fine del conflitto. Già prima del termine della guerra, in molte relazioni prefettizie, si intuisce lo scollamento fra le comunità dei profughi e le popolazioni ospitanti. Il prefetto di Bologna, commentando le richieste di rimpatrio avanzate dai profughi della Valsugana nel 1918, si esprime così riguardo ai suoi amministrati:

«... sono ... facili a sobillazioni, sia perché si trovano nel Regno senza alcun atto di loro volontà, sia perché hanno parenti nell'esercito austro-ungarico, sia perché per condizioni intellettuali e sociali sono meno inclini a comprendere ogni ragione ideale»[65].

La citazione rappresenta una summa del paternalismo e dei pregiudizi che vedevano coinvolti i profughi irredenti nel Regno, che per i motivi elencati si distinguevano dai fuoriusciti. Fino al novembre 1918 però le autorità che condividevano questo punto di vista erano impossibilitate a liberarsi degli ospiti, che di fatto non avevano più una patria dove andare, dato che questa veniva a trovarsi oltre la linea del fronte. Queste visioni intolleranti o paternalistiche trovarono quindi sfogo appena la guerra si concluse. Il sindaco di Ponte dell'Olio (Piacenza), ad esempio, scrive:

«Questo Comune fino dal giugno 1916 ebbe ad alloggiare una quantità di profughi di Castel Tesino; ... la condotta dei nuovi amministrati fu dapprima incerta e la fama dubbia; successivamente invece la maggior parte si dimostrò sospettosa, pretendente, incontentabile per quanto si mantenesse oziosa. Attualmente perciò la popolazione, che aveva dimostrato di accoglierli con la massima benevolenza, sarebbe oltremodo felice di vederli rimpatriare. Ciò sarebbe necessario anche per prevenire qualche ostile dimostrazione che potrebbe essere rivolta contro i profughi pel loro contegno qualche volta

[65] ACS, MdI, DGPS, Polizia Giudiziaria, Amministrativa e Sociale, Profughi e Internati, b. 8, fasc. 673, Bologna, Prefettura di Bologna a Ministero dell'Interno, 30 luglio 1918. Anche in LABORATORIO DI STORIA DI ROVERETO (ed), *Gli spostati*, II, p. 292.

immorale e quasi sempre contrario a quello da tenersi da chi vive ospite in un paese non suo»[66].

La valvola di sfogo del rimpatrio venne però chiusa subito. Già il 6 novembre 1918 il Comando supremo fece sapere che «per imprescindibile necessità tale ritorno è per ora vietato»[67]. Questa presa di posizione netta era stata resa necessaria per il fatto che, causa l'errata interpretazione di una circolare emanata nell'agosto 1918, la quale permetteva di raggiungere le proprie abitazioni con il semplice certificato di residenza, molte persone si stavano avviando verso la zona di guerra senza aver prima chiesto il permesso all'autorità militare, col tacito assenso dei prefetti che fornivano la documentazione di partenza agli sfollati, i quali si vedevano però respingere nel momento in cui entravano nell'area di competenza dell'esercito[68]. Una situazione che, con la fine delle ostilità, rischiava di diventare una bomba a orologeria.

Questa disposizione, che tentava di limitare gli inconvenienti di un rimpatrio disordinato e aveva come *ratio* di fondo la volontà di impedire a prefetti ed autorità locali di liberarsi con uno stratagemma legale dei profughi, non piaceva però né ai fuoriusciti né ai profughi stessi, che vedevano svanire la prospettiva di un rapido rientro. I primi in particolare fecero pressione sul Ministero dell'Interno e sul Segretariato generale per gli Affari civili, al punto che la Presidenza del Consiglio notava il 13 novembre che «l'irritazione degli irredenti per vedersi vietato il ritorno è giustificata» e puntellava la propria posizione sostenendo che «tale provvedimento torna anche di danno alla affermazione nostra italiana nelle stesse terre»[69].

66 ACS, MdI, DGSP, Polizia giudiziaria, amministrativa e Sociale, Profughi e internati, b. 19, fasc. Piacenza, s.n., sindaco di Ponte Oglio a Giovanni Pallastrelli, Rimpatrio profughi rispettivi paese, 27 dicembre 1918.

67 ACS, MdG, CS, SGAC, b. 782, fasc. 109/2, s.n., SGAC a Ministero dell'Interno, 6 novembre 1918.

68 ACS, MdG, CS, SGAC, b. 782, fasc. 109/2, n. 1113144, Comando supremo a SGAC, 22 ottobre 1918.

69 ACS, MdG, CS, SGAC, b. 782, fasc. 109/2, n. 1128820, Presidenza Consiglio Ministri a SGAC, Ritorno alle loro sedi italiani irredenti, 13 novembre 1918.

Allo stesso tempo la Commissione centrale di patronato tra fuoriusciti caldeggiava un rapido rimpatrio, poiché i profughi erano a conoscenza del fatto che si stavano già organizzando i primi convogli di rientro per i profughi sfollati in Austria e «per quanto si faccia e si dica riesce difficile di dissuaderli dal credere che verso di loro si usa un trattamento non giusto»[70]. Ne conseguì che il Ministero permise a notabili e professionisti, prevalentemente fuoriusciti, di rientrare in zona occupata già dal gennaio 1919[71]. Nonostante molte autorità locali si fossero viste chiudere in faccia la possibilità di rimpatriare subito i profughi, ci furono comunque tentativi di liberarsi degli ospiti sgraditi. Lo fa notare ad esempio il prefetto di Modena. In una nota questo scrive infatti con preoccupazione che in provincia

> «... seguitano a pervenire senza preventiva autorizzazione molti profughi di paesi redenti per riunirsi o visitare brevemente i congiunti ... muniti di fogli di via rilasciati dalle autorità civili. Le prefetture rifiutano poi il nulla osta per il ritorno di cotali persone anche dopo brevissime permanenze o non rispondono alle sollecitazioni»[72].

Ne emerge un quadro in cui gli irredenti vengono rigettati o allontanati con mezzi più o meno legali e dati in carico ad altre autorità appena se ne offre la possibilità, avvicinandoli più possibile alla zona di guerra. Questo non è un caso isolato. Anche il prefetto di Milano fa notare la stessa situazione. La soluzione adottata dal funzionario statale per limitare questi trasferimenti e per contenere le spese correlate è però drastica: viene negata la corresponsione del sussidio a tutti coloro che sono giunti in città dopo la fine delle ostilità[73]. La misura adottata, unita al permanere dei flussi in arrivo, comporta

[70] ACS, MdG, CS, SGAC, b. 782, fasc. 109/2, n. 11210258, Commissione centrale di Patronato tra fuoriusciti adriatici e trentini a SGAC, 3 dicembre 1918.

[71] ACS, MdG, CS, SGAC, b. 782, fasc. 109/2, n. 11211241, Rimpatrio profughi, SGAC, 15 gennaio 1919.

[72] ACS, MdG, CS, SGAC, b. 782, fasc. 109/2, n. 11210599, prefetto di Modena a SGAC, 23 dicembre 1918.

[73] ACS, MdG, CS, SGAC, b. 782, fasc. 109/2, n. 11210673, prefetto di Milano a SGAC, Immigrazione di cittadini appartenenti a terre liberate o redenti, 9 dicembre 1918.

però «miseria, disordini e disoccupazione» tali da far ritenere opportuna un'accelerazione del rimpatrio[74]. Di tenore analogo le comunicazioni che pervengono dalla prefettura di Torino[75].

In pratica le singole autorità provinciali accampano problematiche di ogni genere connesse con la permanenza ad oltranza dei profughi, ormai percepiti come ospiti indesiderati di cui si vedrebbe volentieri la partenza. Il blocco ai rimpatri imposto dal Comando supremo, pur limitando gli arrivi nelle zone occupate, non frena così gli spostamenti da sud verso nord e da ovest verso est. Questi erano, se non patrocinati, almeno tollerati dalle autorità di partenza e concorrevano a peggiorare le condizioni materiali dei profughi che si trovavano nelle province limitrofe al fronte. Gli sfollati, percepiti come un peso di cui liberarsi, non vengono allontanati con la forza, come accade in molti distretti asburgici; però se ne vede con favore la partenza, che viene agevolata con mezzi legali e semi-legali. Non si arriva a episodi di violenza, ma si sfrutta la volontà dei profughi di tornare in patria per sgravare le società ospitanti da un gruppo umano percepito come un peso indesiderato.

Di fronte alle richieste dei prefetti, il Comando supremo fu costretto a fare alcune concessioni. A partire dal gennaio 1919 fece in modo di non ostacolare il ritorno dei profughi che disponevano di abitazioni o mezzi di mantenimento[76]. Al contempo, emanò nuove norme che rendevano possibile il rientro «senza uopo di alcuna autorizzazione o speciale permesso» a tutti «i profughi dei paesi al di qua della linea di combattimento del 24 ottobre»[77]. In sostanza venne permesso il rimpatrio nella valle del Chiese e nella Bassa Vallagarina. Allo stesso tempo tenne a sottolineare come «non deve essere concesso e *tantomeno disposto d'autorità* il rimpatrio dei profughi che abitano le case

74 ACS, MdG, CS, SGAC, b. 782, fasc. 109/2, n. 11210673.

75 ACS, MdG, CS, SGAC, b. 782, fasc. 109/2, n. 1211241, prefetto di Torino a SGAC, Rimpatrio profughi, 20 dicembre 1918.

76 ACS, MdG, CS, SGAC, b. 782, fasc. 109/2, n. 11211241, Rimpatrio profughi, SGAC, 15 gennaio 1919.

77 ACS, MdG, CS, SGAC, b. 782, fasc. 109/2, n. 11211241.

ancora inabitabili o che manchino dei mezzi di sussistenza». Soprattutto, «il sussidio statale deve essere mantenuto finché tali condizioni permangono»[78]. Comincia così verso la metà di gennaio 1919 il rientro nei comuni meno disastrati che si trovavano a sud della linea del fronte. Questo primo flusso è però limitato nei numeri e serve più per placare gli animi di prefetti e profughi che a titolo effettivo. Il tutto per una circostanza evidente: le abitazioni dei profughi trentini sfollati in Italia si erano venute a trovare nella totalità dei casi in zona di operazione militare ed erano totalmente inagibili.

Il movimento di rientro da sud acquisisce perciò più sostanza solo a partire dal marzo 1919[79]. Ai profughi rimpatrianti veniva concessa l'erogazione del sussidio profughi fino a tre mesi dopo la data del rimpatrio per permettere la ripresa della vita civile e le prime spese, fintantoché la vita normale non avesse ripreso il suo corso[80]. Si verificava così il caso che, a «causa dell'irrefrenabile impazienza dimostrata dai profughi di ritornare alle loro case», questi si adattassero a «dimorare nelle cantine e negli androni pur di poter procedere subito alla sistemazione delle loro case ed iniziare i lavori di coltivazione delle loro terre»[81]. In tal modo si calcolava che all'inizio del marzo 1919, tenendo conto delle persone già rientrate perché utili alla ripresa della vita civile o allontanatesi per errata interpretazione delle norme da parte di qualche prefettura, fossero presenti in Italia ancora 20.000 profughi trentini[82]. Tre mesi

[78] ACS, MdG, CS, SGAC, b. 782, fasc. 109/2, s.n., Provvedimenti improrogabili chiesti in recente ordinanza per il ripopolamento e la restaurazione delle terre liberate, capo XIV, 16 gennaio 1919 (corsivo dell'autore).

[79] ACS, MdG, CS, SGAC, b. 782, fasc. 109/2, n. 10923709, Ministero Terre liberate a Comando supremo, Profughi Brentonico ricoverati a Bergamo, 4 aprile 1919.

[80] ACS, MdG, CS, SGAC, b. 912, fasc. 0633, n. 687, SGAC a Presidente del Consiglio dei Ministri. Inizialmente il sussidio straordinario era limitato a due mesi, 24 giugno 1919.

[81] S. Benvenuti (ed), *La terza relazione del generale Guglielmo Pecori-Giraldi*, p. 61.

[82] S. Benvenuti (ed), *La seconda relazione del generale Guglielmo Pecori-Giraldi*, p. 33.

dopo, alla fine di maggio, il numero dei rientrati ammontava a 25.871, per poi assestarsi a 27.500 unità a luglio[83].

Il processo di rimpatrio dei trentini dalle regioni interne del Regno appare così meno complesso di quello degli sfollati in Austria-Ungheria. Ciononostante, permette alcune considerazioni generali. Si nota fin da subito la volontà del Comando supremo di mantenere, nel limite del possibile, i civili nelle zone occupate, per motivi di natura politica: la redenzione doveva apparire tangibile. Questo non toglie che vengano incentivati ed accelerati i rimpatri soprattutto di coloro che condividevano spiccati sentimenti filo-italiani. Tornano prima gli irredentisti; poi le persone utili alla ricostruzione; più tardi contadini, donne e bambini; per ultimi gli internati e con essi i soldati smobilitati di lingua italiana che avevano combattuto nell'ex esercito austro-ungarico.

Questo processo non va a indebolire la già debole capacità di resistenza e coesione dei profughi nel Regno, come invece accade nel caso asburgico, perché le categorie sono piuttosto distinte tra loro. Quel che cambia, con la possibilità di rimpatrio che si apre nel novembre 1918, è il fatto che emergono con chiarezza linee di tendenza intuibili, ma che fino a quel momento erano rimaste sottotraccia: diventa evidente come «l'assistenza fraterna»[84] delle autorità italiane in realtà nasconda dinamiche complesse, in cui è presente anche una dose non marginale di intolleranza nei confronti degli sfollati, di cui si auspica un rapido rimpatrio, perché vengono percepiti come ospiti indesiderati. Fino all'ottobre 1918 non esisteva una scappatoia legale per liberarsene; dopo l'armistizio, sebbene il Comando supremo ne vietasse il rimpatrio, molte autorità locali trovarono *escamotage* di ogni genere pur di allontanare i profughi irredenti dalle proprie provincie e lasciare il fardello dell'assistenza in mano ad altri. Diventa perciò palese la condizione degli stessi, che anche negli anni precedenti avevano vissuto da separati in casa.

[83] S. BENVENUTI (ed), *La terza relazione del generale Guglielmo Pecori-Girardi*, p. 61.

[84] FMST, Arch. Nn, b. 1, fasc. 1, cc. 25-27, Relazione sull'opera svolta dal Governatorato di Trento dal 4 novembre al 19 dicembre 1918.

Non si crea pertanto in Italia la cosiddetta «comunità di destino» o la consapevolezza di far parte di un'entità comune tra profughi ed ospitanti, perché ospiti e locali non dialogano. Ancora peggiore, se possibile, è il rapporto tra profughi da una parte e le autorità – comprese le elite di fuoriusciti irredenti – dall'altra. Il contatto con il nuovo Stato acquisisce pertanto tratti negativi, che non mutano nella vicenda del rimpatrio e che si specchiano nelle opinioni dei prefetti.

Si delinea così un insieme di esperienze che, invece di avvicinare i trentini allo Stato italiano, li irrigidisce su costrutti di senso più legati alla patria locale, alla comunità di riferimento e, non di rado, ad elementi di nostalgia asburgica, legati al fatto che non si era fatta esperienza degli aspetti deteriori della dittatura militare o del profugato in Austria, mentre la memoria tendeva a idealizzare un impianto amministrativo funzionante che veniva di continuo messo a raffronto con le inefficienze dell'amministrazione pubblica italiana, di cui invece i profughi avevano fatto larga esperienza.

Si tratta di un esito per molti aspetti contrario rispetto a quello vissuto da chi era stato evacuato nelle regioni interne dell'Austria o da coloro che avevano vissuto sulla loro pelle la dittatura militare, privazioni alimentari estreme e saccheggi da parte delle proprie truppe in Trentino. Prendeva così corpo una delle paure degli irredentisti più accorti, che vedevano nelle mancanze dell'assistenza materiale e morale ai profughi sfollati in Italia un ostacolo all'integrazione ideale dei trentini nel nuovo Stato.

## 3. *«I più che soffrono sono i poveri profughi e se li riguarda come fossero zavorra». Gli sfollati in regione*

Tra i 105.000 evacuati trentini bisogna conteggiare anche i 13.000 circa che vissero il periodo della guerra come sfollati all'interno del proprio *Land*. A differenza degli altri, costoro rimasero al di fuori dell'assistenza statale fino al settembre 1917. Questa circostanza fa sì che essi non compaiano nei resoconti scritti e nella documentazione ministeriale[85]. Di essi, pertanto, si disinteressa per lungo periodo la burocrazia; si disinteressano i comitati di assistenza[86]; si interessa solo parzialmente il clero dei profughi[87]. Il risultato è la loro scomparsa storiografica, poiché non c'è traccia di loro nelle attestazioni scritte delle autorità centrali[88]. La narrazione delle loro vicissitudini è parzialmente diversa da quella dei profughi in Italia o in Austria, poiché vissero in un contesto particolare. Non entravano per la prima volta in contatto con istituzioni o popolazioni diverse, fatti salvi i casi di coloro che decisero di sfollare ad Innsbruck e dintorni, città che comunque era il capoluogo regionale; non conobbero inoltre il concentramento in *Lager* o colonie. Nonostante la scarsità di informazioni archivistiche, si possono comunque delineare alcune ipotesi sull'esperienza di profugato di questo gruppo, tenendo presente che la vicenda può essere letta nel contesto più generale delle condizioni di vita della popolazione civile del Trentino e del Tirolo durante la guerra[89].

All'interno di questo gruppo di 13.000 profughi bisogna compiere alcune distinzioni. Un primo gruppo, di norma afferente a vallate laterali lontane dalle linee ferroviarie (Alto bacino del Chiese, val di Fassa, val di Fiemme), cui si sommano alcune centinaia di possidenti, rimane in Trentino. Si tratta in tutto di circa 6.000 persone. Un secondo scaglione è composto da profughi volontari o da benestanti, cui venne concessa

85 Si veda a titolo d'esempio HHStA, AVA, MdI, Präs. Varia, K. 31, n. 61735/17, Übersicht der mittellosen Kriegsflüchtlinge aus dem Stände vom 1. September 1917.

86 ADTn, Commissario Vescovile Germano Dalpiaz, s.n., Bereisungsgebiete der Delegierten, Hilfskomitee für die Flüchtlinge aus dem Süden, s.d.

87 ADTn, Commissario Vescovile Germano Dalpiaz, s.n., Bereisungsgebilte der Delegierten.

88 Uniche eccezioni: M. Peghini, *Avio 1914-1918*. Una breve disamina anche in Laboratorio di storia di Rovereto (ed), *Gli spostati*, II, pp. 195-199.

89 K. Eisterer - R. Steiniger (edd), *Tirol und der Erste Weltkrieg*; M. Rettenwander, *Eroismo silenzioso?*; G. Pircher, *Militari, amministrazioni e politica in Tirolo*; H. Kuprian - O. Überegger (edd), *Der Erste Weltkrieg*; O. Überegger, *L'altra guerra* e, a cura dello stesso autore, *Heimatfronten*; O. Überegger - M. Rettenwander, *Leben im Krieg*.

la possibilità di dimorare in Tirolo a nord del Brennero, al di fuori dell'assistenza pubblica, per un totale di altre 6.000 persone. Un terzo gruppo, meno numeroso, è composto da coloro che trovarono rifugio nei paesi sotto controllo italiano e non vennero sfollati nel Regno (meno di 1.000 persone).

Si delinea così una geografia piuttosto definita del profugato in regione. La gran parte dei profughi che vissero l'esperienza di guerra in regione è concentrata in tre soli distretti: quello di Tione (4.700 sfollati), quello di Innsbruck (3.837) e quello di Cles (938). Gli altri distretti regionali ospitarono profughi trentini solo in misura limitata, con le parziali eccezioni del distretto di Trento, del Vorarlberg (465 profughi) e della cittadina di Avio (448 profughi).

In questo quadro, lo sfollamento a nord del Brennero si differenzia da quello in Trentino per alcuni motivi: chi varca il Brennero lo fa di norma su base volontaria e dispone di denaro liquido o di rendite e pensioni per potersi sostentare al di fuori dell'assistenza statale. In particolare, chi raggiunge il Vorarlberg ripercorre i consueti flussi dell'emigrazione stagionale o temporanea, sapendo di poter contare in loco su disponibilità di lavoro in opifici e su reti di conoscenze. Questo gruppo si distingue da quello dei profughi rimasti in Trentino per il fatto di essere inserito in un contesto linguistico alieno da quello di partenza, in cui i rapporti con l'altro si fanno molto difficili in seguito all'ingresso in guerra dell'Italia. L'esperienza di profugato di questi ultimi pertanto si può assimilare, senza grandi criticità, a quella degli altri profughi nell'Impero. Al contempo, i profughi che trovano rifugio in Trentino, pur non essendo inviati in località di lingua diversa e pur non essendo soggetti alla discriminazione nazionale da parte dei propri conterranei, sono soggetti come gli altri trentini alle maglie rigide della dittatura militare. Cominciamo pertanto l'analisi del profugato in regione dalla sorte di questi ultimi.

Gli evacuati delle valli laterali del Trentino che trovano rifugio nei distretti di Tione, Trento e Cles sono all'apparenza quelli che subiscono il trauma minore in seguito all'evacuazione. La loro mobilità spaziale è limitata e vengono inseriti in un contesto di cui conoscono lingua, costumi, pratiche agricole e sociali. Per molti di essi poi l'esperienza di profugato non coincide col periodo bellico: sia l'evacuazione che la possibilità di rimpatrio non sono direttamente relazionate con l'inizio e la fine delle ostilità. Ciò significa che vivono da profughi un periodo limitato della guerra e non l'intero conflitto. Ciononostante, dietro questa apparenza, si nasconde un'esperienza lacerante. Questa è legata alle particolari condizioni politico-militari del Trentino durante il conflitto, territorio amministrato dai militari come una terra d'occupazione[90]. Ciò fa sì che gli esiti della parabola identitaria di questi 6.000 profughi siano, seppur per motivi diversi, accomunabili a quella degli altri profughi sfollati nelle regioni interne dell'Austria.

Il primo aspetto da mettere in luce è ricavabile da una valutazione di Luciana Palla che, avendo analizzato cronache parrocchiali, memorie, diari e testimonianze redatte da civili che trascorsero il periodo bellico in Trentino, sostiene che

> «... ci troviamo di continuo di fronte ad annotazioni che documentano episodi di delazione degli uni contro gli altri, di calunnie, di usura, e testimoniano il venir meno della solidarietà e l'esclusione del più debole»[91].

In questo quadro la popolazione profuga nei distretti trentini andava a occupare l'ultimo gradino della gerarchia sociale e, trovandosi in una regione esclusa dal principio del *welfare* statale per gli sfollati, poteva contare solo sugli introiti derivanti dalle indennità riservate ai famigliari dei richiamati e sul fatto che l'autorità militare necessitava di manodopera militarizzata.

Perciò le condizioni degli sfollati diventano in breve tempo assimilabili dal punto di vista materiale a quelle di coloro che erano stati sfollati in Boemia e Moravia e che alla fine della guerra vivevano in condizione di forte difficoltà. Ciò per due motivi: l'inflazione galoppante e il razionamento dei generi alimentari. Gli sfollati in Trentino in effetti vennero impiegati nelle compagnie di lavoro militarizzate, ma le paghe erogate

[90] G. Pircher, *Militari, amministrazione e politica in Tirolo*; O. Überegger, *Heimatfronten*.

[91] L. Palla, *Le popolazioni trentine*, p. 95.

dall'autorità militare persero il loro potere d'acquisto con velocità sorprendente. Nelle grandi città i prezzi dei generi alimentari crebbero vertiginosamente già tra il 1914 e il 1916: a Innsbruck in questi due anni il costo del latte era aumentato del 150%, quello delle patate del 340%, quello della carne del 400%, quello delle rape del 480%, quello delle uova del 566%, quello del lardo addirittura del 755%[92].

L'acquisto di beni alimentari direttamente dal produttore non era poi più agevole: a causa dell'inflazione il denaro aveva infatti perso la propria utilità immediata e non veniva più considerato merce di scambio. Come riportato dal diario di don Degara, parroco di Breguzzo,

> «... la gente per salvare la pelle nascondeva nel fosso, nel letto ... grano, fagioli, spesso patate, mentre non si curava di nascondere il denaro che in generale non mancava, perché con questo nulla si poteva comprare per saziare la fame. L'unico mezzo per procurarsi la farina, lo zucchero, la carne, il caffè era il cambio con generi»[93].

Il guadagno da lavoro, in breve, non garantiva la possibilità di acquistare generi alimentari, in una regione in cui la produzione di materie prime stava calando drasticamente[94]. Dal maggio 1917 venne perciò introdotta per profughi e residenti la tessera annonaria, con la quale si aveva diritto a distribuzioni di cibo, che però non riuscivano a coprire la richiesta[95].

In una situazione di questo tipo si crea pertanto una gerarchia della miseria in cui i possessori di fondi agricoli riescono in qualche modo ad integrare le distribuzioni pubbliche col prodotto della terra che viene nascosto durante le requisizioni, mentre chi dipende dalla carità pubblica si trova in condizioni di estrema indigenza. Ne consegue che proprio nelle aree a maggiore presenza di profughi (Giudicarie, Rendena) – o a

92 H. Heiss, *Andere Fronten*, p. 156.

93 FMST, ASP, Silvio Degara, Cronaca di Breguzzo. Memorie della terribile guerra scoppiata all'1° agosto 1914 - 3 novembre 1918 in quanto riguarda il paese di Breguzzo, cc. 15-16.

94 H. Löwenfeld-Russ, *Die Regelung der Volksernährung*, pp. 139, 330-335.

95 L. Palla, *Le popolazioni trentine*, p. 107.

minore presenza di produttori agricoli, come quelle cittadine (Trento, Innsbruck) – si registrino manifestazioni di donne contro l'autorità al fine di ottenere più cibo mediante le tessere annonarie[96].

Perciò, pur non essendo oggetto della discriminazione nazionale da parte delle comunità locali, i profughi vengono comunque relegati in condizioni di marginalità, non trovano un contesto solidale e vengono percepiti come un peso di cui sarebbe meglio liberarsi. Daniele Speranza, maestro del Bleggio, trascrive il 27 aprile 1917 nel proprio diario le seguenti impressioni:

«Non essendo stata distribuita la farina della tessera secondo il solito, la gente soffre la fame! I prati e i campi sono ovunque rovistati per cogliere le erbe da cuocere. I più che soffrono sono i poveri profughi – e se li riguarda come fossero zavorra»[97].

La situazione andò peggiorando col tempo: sempre Speranza riporta nel diario il 19 aprile 1918 come

«... iersera furono qui due profughi da Fiavè, e raccontarono come tutti i profughi del Lomaso sono in generale malvoluti dai paesi e dalle famiglie dove abitano, e oltre l'avvilimento morale la disgrazia dell'evacuazione sentono pure il peso di un trattamento slegato ostile come importuni»[98].

Tutte le valutazioni trovano riscontro anche in lettere private[99] e nelle rilevazioni dell'Ufficio censura[100]. Le distribuzioni pubbliche di generi alimentari non fanno che certificare questa situazione allarmante: i nullatenenti ricevevano nel 1918 in media 165 grammi di pane al giorno e potevano acquistare 250 grammi di farina ogni settimana mediante la tessera annonaria[101].

[96] *Ibidem*, p. 111, cita il diario di Daniele Speranza, conservato presso FMST, ASP, Daniele Speranza; D. PERLI, *Diario*, p. 76.

[97] L. PALLA, *Le popolazioni trentine*, p. 104, dal diario di Daniele Speranza.

[98] *Ibidem*, p. 111, dal diario di Daniele Speranza.

[99] *Scritture di guerra 4, Luigia Senter Dalbosco*, c. 102.

[100] HHStA, AVA, MdI, All. 19, Zl. 7553, GZNB Zensurabteilung, Angelegenheiten der Flüchtlinge in der Monarchie, Dezember-Jänner Bericht, 31 gennaio 1918, Filomena Callegari Flüchtlinge in Brez, Val di Non, an Carlo Callegari, Kgf. in San Vito al Monte, 29 novembre 1917.

[101] M. RETTENWANDER, *Eroismo silenzioso?*, p. 231.

Al contempo i profughi si trovavano a dover competere sul mercato alimentare contro un nemico ben più aggressivo rispetto ai calmieri e alle tessere annonarie. Il Trentino ospitava centinaia di migliaia di soldati, che effettuavano requisizioni con la più totale disinvoltura nel territorio di operazioni ristretto, eludendo completamente la legge sulle prestazioni belliche[102]. Accadeva così che la stessa Luogotenenza notasse che

> «... il popolo del Tirolo italiano patisce la fame ed è dissanguato dagli acquartieramenti. A parte le consegne di bestiame, generi alimentari e foraggio, i militari si impadroniscono di gran parte della produzione locale e dei sussidi civili con atti di violenza bruta oppure offrendo prezzi superiori ai calmieri»[103].

A questo si aggiungevano i furti di patate dai campi e le violenze alla popolazione civile, legate in parte alle necessità alimentari di un esercito allo sbando dal punto di vista degli approvvigionamenti, in parte alla consapevolezza di trovarsi in una zona franca dove tutto era possibile a causa della presunta infedeltà dell'elemento italiano[104]. In questo contesto, che vedeva i contadini pressati da un lato dai militari e dall'altro dai profughi, nonostante essi stessi faticassero a sostentarsi e fossero soggetti a requisizioni periodiche, si capisce come i profughi avessero la peggio e come i calmieri sui prezzi esistessero solo sulla carta.

Pertanto, sebbene i profughi collocati in Trentino non avessero fatto conoscenza dell'altro da sé nella figura della popolazione ospitante, videro irrigidirsi i confini di gruppo sotto altra forma, come accadde a gran parte della popolazione trentina durante il periodo bellico: vennero infatti a contatto con un esercito che si mostrava differente da quello immaginato o idealizzato[105]. Questo esercito si comportava in maniera repressiva

[102] TLA, *Statth.*, Präs 1918, 2658 - XII 76e, Bezirkshauptmann Riva an Statth. Präs., Innsbruck.

[103] TLA, *Statth.*, Präs 1918, 4040 - XII 76e, Statth. Innsbruck an Min. des Innern, 8 settembre 1918.

[104] M. RETTENWANDER, *Eroismo silenzioso?*, p. 239.

[105] H. HEISS, *Andere Fronten*, p. 152.

e non trattava i trentini come cittadini dell'Impero che stava difendendo. Il sospetto, la delazione, la dittatura militare si potevano percepire nel momento dell'evacuazione, nelle misure economiche, scolastiche o linguistiche, nella cattura di ostaggi.

Gli sfollati inoltre vedevano le proprie abitazioni occupate e saccheggiate dai militari, sia durante le frequenti visite ai propri beni abbandonati, sia al rientro dal profugato, che avveniva in molti casi prima della fine delle ostilità. Le proprie truppe e il proprio esercito diventano perciò un nemico molto più concreto, diretto e distruttore che non le truppe nemiche che premevano sul fronte meridionale, conosciute solo sulla base della propaganda. Perciò, come notato da Hans Heiss, Matthias Rettenwander e Gerd Pircher, non stupisce che questi, al pari di molti altri civili trentini, identificassero «la fine di questa condizione di vita opprimente con la separazione dallo Stato austriaco»[106].

Questa affermazione trova supporto in numerosi spezzoni di diari e memorie analizzati dalla storiografia trentina. Nel diario di Donato Perli, si può infatti leggere in data 31 agosto 1917 come

«... i tedeschi anche durante questa guerra non avrebbero potuto fare di più di quanto han fatto e detto per incarnare nelle popolazioni nostre e fin nelle rocce stesse un odio incancellabile contro tutto ciò che è tedesco»[107].

Lo scrivente, che all'inizio della guerra mostrava forti sentimenti filo-imperiali, a un anno di distanza scriveva (18 ottobre 1918):

«Le ingiurie le più sanguinose, i torti più sfacciati, le crudeltà più barbare, le depredazioni più assassine, le minacce più audaci che ci regalarono soltanto durante la presente guerra ingenerarono nella popolazione tanto odio contro tutto ciò che sa di tedesco da farci vomitare loro in faccia qualunque proposta e promessa, per quanto lusinghiera, che avessero a farci ora per tenerci legati o meglio aggiogati al loro carro»[108].

[106] M. Rettenwander, *Eroismo silenzioso?*, p. 239. O. Überegger, *Heimatfronten*, pp. 928-1070.

[107] D. Perli, *Diario*, p. 84.

[108] *Ibidem*, p. 131.

La popolazione che era rimasta in Trentino, e tra questa i profughi, aveva così visto mutare le proprie convinzioni e le proprie percezioni identitarie in maniera netta durante il conflitto, al pari delle profughe sfollate nelle regioni interne dell'Impero. Il lealismo tirolese era scomparso; l'attaccamento all'Austria come costrutto statale era andato scemando; il rapporto con l'altro, rappresentato in questo caso dall'esercito multinazionale e dall'autorità militare, aveva irrigidito i confini invisibili di gruppo e portato ad un'identificazione netta delle proprie peculiarità linguistiche, in contrasto con le politiche germanizzatrici promosse dal Comando militare di Innsbruck a partire dal 1916.

Non è molto diversa la parabola dei profughi che furono inviati o che scelsero di andare oltre Brennero. La dinamica della carenza progressiva di generi alimentari colpì infatti in maniera incisiva anche coloro che ripararono nel Tirolo settentrionale. Per prima cosa gli sfollati trentini, potendo scegliere liberamente la propria località di stanziamento in quanto *bemittelte*, si erano ammassati nella quasi totalità dei casi nella città di Innsbruck. Questa scelta, guidata dalla possibilità di ricevere l'aiuto di parenti e conoscenti e, in molti casi, di continuare a svolgere le mansioni impiegatizie prebelliche, si rivelò infelice per il semplice fatto che nelle grandi città la penuria di cibo era più marcata[109].

Questo aspetto era enfatizzato da un secondo elemento, ovvero dalla provenienza socio-economica dei profughi. Nel contesto economico che si veniva a creare, «ai margini della società venivano a trovarsi soprattutto i disoccupati, ma anche impiegati e addetti agli uffici della pubblica amministrazione»[110]. In breve, i percettori di reddito fisso e rendite vedevano il potere d'acquisto delle proprie paghe, pensioni o risparmi erodersi con velocità e non avevano, al contempo, altre possibilità di impiego. Entrambi questi gruppi descrivevano bene la condizione dei profughi trentini sfollati nel Tirolo settentrionale. Non migliore era la situazione di coloro che lavoravano a cottimo

[109] D. Leoni - C. Zadra (edd), *La città di legno*, pp. 144-149.

[110] H. Heiss, *Andere Fronten*, p. 160.

o a giornata – ovvero la parte restante dei profughi – poiché le paghe vennero innalzate solo del 40-60% entro la metà di agosto del 1918, mentre il costo della vita era aumentato dalle 6 alle 15 volte per quanto concerne i generi alimentari e dalle 5 alle 30 volte per quanto riguardava altri beni di uso quotidiano[111]. Questa massa di persone, partita dal Trentino spesso su base volontaria e potendo contare su risparmi, pensioni, capacità lavorative qualificate, si trovava perciò a vivere in condizioni di estrema indigenza.

A questa prima linea di rottura interna alla società tirolese, che rendeva gli approvvigionamenti alimentari delle città molto più difficili di quelli delle campagne, doveva aggiungersene una seconda, altrettanto significativa per i profughi: la divisione geografica tra zona di guerra ristretta e zona di guerra allargata, che era segnata dal passo del Brennero. Questa linea divisoria immaginaria, che separava la regione tirolese in due entità, aveva ripercussioni importanti sulle possibilità di movimento di merci e persone. Ne conseguiva che il Tirolo storico veniva spazialmente diviso in due aree impermeabili tra loro, tra le quali era permesso il transito solo mediante legittimazione militare[112]. Ciò faceva sì che i profughi, sebbene avessero abbandonato le proprie abitazioni per scelta volontaria anche da territori che non erano stati interessati da bombardamenti, non poterono più tornare alle proprie abitazioni fino a che il Ministero dell'Interno non stabilì un regolamento generale per il rimpatrio e, nella maggior parte dei casi, fino alla fine delle ostilità. Questo confine invisibile diventava perciò un potenziale elemento di rottura, che poteva connotare la percezione di trovarsi in patria o «in terre straniere».

Un ultimo elemento concorre a rendere particolare questa esperienza: a differenza dei profughi che avevano trovato rifugio in Trentino, costoro conobbero l'altro da sé in un contesto particolare. Vissero il periodo della guerra in una regione di retrovia, dove le sofferenze legate al conflitto erano quotidianamente visibili e dove erano stati coltivati sia dalla propaganda

[111] *Ibidem.*

[112] *Ibidem*, p. 150.

che dai partiti tedesco-nazionali la diffidenza e l'odio verso la popolazione di lingua italiana. Conobbero, in sostanza, la discriminazione nazionale, con punte di ostilità così alte da risultare addirittura superiori rispetto a quelle registrate in Alta e Bassa Austria nell'estate 1915. Gli esempi al riguardo sono numerosi e vanno dai comportamenti della stampa a quello dei partiti politici, da quello delle popolazioni a quello delle autorità. Può così capitare di leggere, in alcuni *memorandum* inviati da consigli comunali del Tirolo alla Luogotenenza nel 1918, che sarebbe stato opportuno «smettere di coccolare l'elemento italiano fedifrago, che covava tradimento e lavorava solo per la frantumazione della nostra cara patria»[113].

Il clima generale non concorreva poi certo a calmare gli animi: la stessa popolazione tirolese di lingua tedesca stava covando un sempre maggiore risentimento nei confronti di governo e autorità militari; il clima sociale veniva descritto come costantemente irritato ed eccitato a partire dall'ultimo anno di guerra[114]. La conseguenza politica di questa insoddisfazione prendeva le forme di un nuovo partito, che raccoglieva rappresentanti dei partiti borghesi del Tirolo, pantedeschi, cristiano-sociali, tedesco-nazionali e conservatori. I contenuti politici veicolati da questo movimento, nato nel 1918, proponevano un avvicinamento all'Impero tedesco e non mancavano di sottolineare una sempre più aperta ed incolmabile ostilità nei confronti dei trentini[115]. Chi ci andava di mezzo erano, in prima istanza, i profughi[116], che diventavano il simulacro tangibile degli italiani approfittatori e vivevano in un ambiente avvelenato dalla presenza assillante delle parole d'ordine della stampa radical-nazionale di lingua tedesca[117].

[113] TLA, *Statth.*, Präs 1918, 4381 - XII 76e, Consiglio comunale Kufstein a Luogotenenza Tirolo.

[114] TLA, *Statth.*, Präs 1918, 3530 - XII 76e, Min. des Innern an Statth. Tirol, 28 giugno 1918.

[115] G. Pircher, *Militari amministrazione e politica in Tirolo*, p. 239.

[116] *Scritture di guerra 4, Adelia Parisi Bruseghini*, cc. 59-67.

[117] G. Pircher, *Militari amministrazione e politica in Tirolo*, p. 142.

Nasceva così nei trentini residenti temporaneamente a nord del Brennero la consapevolezza che l'orientamento prevalente dei partiti tedeschi rappresentati nella Dieta di Innsbruck fosse loro ostile. Il problema stava nel fatto che questi stessi partiti proponevano pubblicamente la volontà di mantenere misure discriminatorie per l'assetto del Trentino anche al termine delle ostilità: si proponeva il «trasferimento coatto di tutti quegli italiani che non avevano dato prova di essere buoni austriaci e tirolesi»; si suggeriva il trasferimento degli italiani dalla porzione meridionale della provincia e la loro sostituzione con coloni tedeschi; era infine avanzata di frequente l'ipotesi di continuare a mantenere una vasta porzione del Trentino sotto amministrazione militare anche in periodo di pace, con l'abolizione dei diritti costituzionali nella provincia[118].

In un contesto di tal genere, non stupiscono né i comportamenti discriminatori della popolazione tedesca del Tirolo nei confronti dei profughi, dipinti come avanguardia di una popolazione infedele, né la circostanza che i trentini stessi (profughi e non) cominciassero a mostrare evidenti segni di scollamento rispetto all'idea imperiale. Pertanto i capitani distrettuali riscontravano, nel 1918, la progressiva caduta del senso di attaccamento dei trentini all'idea di Stato asburgico. Era ormai pressoché inutile parlare di nesso tirolese, poiché il rapporto coi tedeschi della stessa regione si era incancrenito; le dimostrazioni di fedeltà allo Stato asburgico erano andate scemando ed un'eventuale scelta di campo a favore dell'Austria da parte della popolazione italofona poteva essere guidata secondo i capitani distrettuali di Cles, Trento, Riva, Cavalese, Mezzolombardo e Rovereto quasi esclusivamente da valutazioni di ordine economico, ma non certo ideale; l'unico legame che veniva ancora individuato era quello con la figura dell'imperatore[119].

Il risultato era, anche per questo gruppo di profughi, come per quelli inviati nelle regioni interne della monarchia, il palesarsi di un processo progressivo di scollamento rispetto all'ideale

[118] *Ibidem*, p. 143.

[119] *Ibidem*, pp. 144-147.

asburgico e di una ridefinizione dei confini del proprio spazio di riferimento, che passava da entità polisemica (Stato, regione, Trentino, luogo/vallata natia) a entità connotata ed esclusiva, che si limitava però ai territori italofoni a sud del Brennero.

C'è infine un terzo gruppo di esuli in patria. Questo è di entità minore, ma vive difficoltà materiali simili, anche se non è connotato da un travaglio identitario altrettanto individuabile. Si tratta delle poche centinaia di profughi che, a sud del fronte, dovettero abbandonare le aree maggiormente a rischio e riparare in comuni occupati dall'esercito italiano, senza per questo essere sfollati nel Regno.

In valle del Chiese e in Vallagarina si può così riscontrare il ripetersi delle stesse dinamiche già evidenziate per coloro che, a nord del fronte, avevano trovato alloggio temporaneo in Trentino. Il periodo di profugato era legato all'andamento delle operazioni militari e non era di solito coincidente con le date di inizio e fine della guerra italo-austriaca; i profughi erano esclusi dalle sovvenzioni statali, poiché ufficialmente non si trovavano nel Regno d'Italia; la vicinanza al fronte implicava la convivenza forzata con i soldati, in contesti abitativi disagiati o di fortuna; il controllo delle opinioni e dei comportamenti devianti dalla norma imposta era marcato e oggetto di attenzione continua.

Il caso di Avio rappresenta, in questo contesto, l'esempio più significativo. Nella cittadina occupata dal Regio esercito infatti erano censiti ben 448 profughi al 1° aprile 1917, ovvero il 15% della popolazione civile lì residente[120]. Questi, al pari dei loro corrispettivi al nord del fronte, potevano sostentarsi solo mediante il proprio lavoro o i sussidi per richiamati nell'esercito imperial-regio, diventando di fatto dipendenti direttamente dalle Congregazioni di carità o dalla beneficienza del comune[121]. Nel frattempo le razioni di cibo distribuite gratuitamente dall'autorità militare italiana non sempre erano sufficienti a coprire il bisogno di tutti e, soprattutto, scarseggiavano gli

[120] M. PEGHINI, *Avio 1914-1918*, p. 126.

[121] *Ibidem*.

alloggi, che dovevano essere contesi con le truppe[122]. Rispetto agli sfollati nel Trentino a nord del fronte, la situazione era tuttavia meno drammatica per ciò che riguardava l'approvvigionamento alimentare. Anche nelle aree occupate dal Regio esercito si registrò una decisa riduzione dei consumi e fu necessario introdurre la tessera annonaria, ma qui la crisi alimentare non raggiunse punte estreme: nell'ottobre 1917, nel punto più basso delle distribuzioni gratuite di cibo, si potevano ritirare con la tessera 250 grammi di pane, 30 di farina bianca e 200 di farina gialla[123]. Quantità limitate, ma pur sempre doppie rispetto alle distribuzioni che, nello stesso periodo, venivano effettuate a nord del fronte. Le stesse dinamiche, seppur in misura ancora inferiore, si possono registrare per la comunità di Storo, che diede ospitalità a 127 sfollati[124].

In breve, sebbene a sud del fronte le condizioni di vita degli «esuli in patria» non fossero contrassegnate dallo spettro persistente della fame e della discriminazione tra pari, la condizione di marginalità legata all'assenza di assistenza statale e di tutela portò a difficoltà materiali e disagi simili a quelli dei profughi sfollati nei distretti trentini dall'autorità militare asburgica. Vivere da esuli in patria, anche nei territori occupati dagli italiani, significava entrare nella marginalità sociale e vivere, di fatto, in terra d'occupazione. L'esiguità del campione rende tuttavia difficile formulare delle valutazioni attendibili per quanto riguarda l'esperienza di guerra di questa fetta di sfollati.

In conclusione, si può ragionevolmente ritenere che i 13.000 profughi che trascorsero il periodo bellico in Trentino o in Tirolo fecero esperienza dello stesso travaglio identitario degli altri profughi evacuati nelle regioni interne dell'Impero, pur sulla base di dinamiche e situazioni diverse. Lo scarso numero di sfollati che vissero nei distretti occupati dagli italiani non permette invece di avanzare conclusioni verosimili, che vadano oltre la certificazione delle difficoltà materiali e di sostentamento.

122 *Ibidem*, p. 127.

123 *Ibidem*, p. 138.

124 G. Zontini, *Storo*, p. 178.

# Cittadini dimezzati

Il 19 dicembre 1918, a guerra appena terminata, il generale Pecori Giraldi, governatore militare della Venezia Tridentina, spiega con queste parole il motivo per il quale intende dare la precedenza al rimpatrio dei profughi sfollati in Austria-Ungheria rispetto al rientro degli sfollati in Italia: «per ragioni di equità e di dignità nazionale era necessario far rimpatriare i profughi *internati* nelle provincie austriache ove la loro ulteriore permanenza poteva pregiudicare gravemente la loro salute». Al contempo, «la massa degli emigrati nel Regno invece, largamente soccorsi e fraternamente assistiti, potrà rientrare in patria alquanto più tardi»[1].

La citazione sembra, a prima vista, innocua. Nasconde però tre indicazioni importanti, che ci permettono di chiudere temporalmente l'analisi della vicenda e proporre delle conclusioni. La prima osservazione è determinata dal fatto che, appena finita la guerra, stava già prendendo piede, nella narrativa ufficiale e nel linguaggio pubblico, l'idea che gli sfollati trentini in Austria fossero stati 'internati', mentre quelli evacuati in Italia fossero da considerare 'emigranti'. Il generale è ben conscio della differenza dei termini, ma li utilizza a scopo politico.

Si pone così la prima pietra della *Erinnerungskultur* della vicenda che, nel breve lasso di tempo di un anno, si appiattisce sulle esperienze delle elite[2]. L'esperienza dei profughi trentini in Italia diventa un dispositivo narrativo di second'ordine rispetto

1 FMST, Arch. Nn, b. 1, fasc. 1, cc. 25-27, Relazione sull'opera svolta dal Governatorato di Trento dal 4 novembre al 19 dicembre 1918.

2 G. Marzani (ed), *Il martirio del Trentino.*

a quella dei fuoriusciti e dei volontari trentini nel Regio esercito e viene di conseguenza rappresentata come il primo contatto con la madrepatria; l'esperienza dei profughi trentini in Austria viene ricompresa nella categoria concettuale del martirio – di evidente filiazione battistiana – e subordinata all'esperienza degli internati[3], col corollario di sottacere i tentativi delle autorità civili austriache di creare un meccanismo assistenziale e un sistema di tutele che limitassero gli inconvenienti iniziali, che trova definizione organica nell'emanazione di una legge a difesa dei profughi nel dicembre 1917[4].

Ciò non stupisce, se teniamo conto delle vicende belliche delle classi dirigenti trentine, che poi diventano depositarie della memoria dell'evento: dei 112 fondatori della Società trentina di Scienze storiche, ad esempio, 56 vissero il periodo bellico in Italia, in gran parte come fuoriusciti, emigrati volontari prima della guerra o volontari nell'esercito italiano; al contempo, altri 22 vennero internati o confinati dalle autorità austriache. Nel complesso solo tre – tutti ecclesiastici – vissero il periodo bellico da profughi[5]. La conseguenza pratica di questo iato tra le esperienze delle elite e quelle della popolazione comune sta nel fatto che la vicenda dei profughi trentini viene trascinata velocemente nell'oblio[6], per riemergere solo negli anni Ottanta, grazie alle ricerche di Diego Leoni e Camillo Zadra[7]. Le classi dirigenti infatti interpretarono la vicenda bellica secondo la propria prospettiva, che spesso coincideva con quella tramandata dalla vulgata patriottica ufficiale.

3 *Ibidem.*

4 Si veda in tal senso la redazione di una legge a tutela dei profughi nel dicembre 1917: Gesetz vom 31. Dezember 1917, in «Reichsgesetzblatt», n. 15/ex 1918, betreffend den Schutz der Kriegsflüchtlinge, in HHStA, KA MK, Zl. 11197/1918. I decreti attuativi sono di poco seguenti: HHStA, AVA, MdI, All. 19, Zl. 2806, Gesetz betreffend den Schutz der Kriegsflüchtlinge; Durchführungsverordnung und Durchführungserlass, 16 gennaio 1918.

5 F. Frizzera, *Storici e intellettuali trentini.*

6 Laboratorio di storia di Rovereto (ed), *Gli spostati*, II, pp. 20-24.

7 D. Leoni - C. Zadra (edd), *La città di legno.*

Quel che più conta sottolineare all'interno di questo processo di creazione della memoria, è determinato dal fatto che la narrazione proposta dalle elite, incentrata sui temi del fuoriuscitismo e sulla sorte degli internati, non coincide con quanto abbiamo messo in mostra nel corso dell'analisi. Difficilmente si può sostenere la tesi dei trentini «largamente soccorsi e fraternamente assistiti» all'interno del Regno d'Italia; la cifra di questa esperienza è addirittura opposta. Al contempo è chiaro che tra profughi ed internati in Austria ci fu un discrimine, quantomeno dal punto di vista giuridico. È probabilmente molto più interessante notare come Pecori Giraldi usi scientemente – e in maniera strumentale – le categorie di profugato volontario e di spostamento forzato per distinguere le due vicende, deducendone una differenza morale tra autorità austriache ed italiane. Proprio questo elemento, così sottile e sfumato, costituisce perciò il cuore della vicenda che abbiamo sviscerato, dal momento dell'evacuazione fino a quello della creazione della memoria dell'evento.

## 1. *Lo spostamento forzato*

La prima valutazione di ordine generale che emerge dall'analisi, in dissonanza con la relazione di Pecori Giraldi, è data dal fatto che la vicenda dei trentini profughi in Austria-Ungheria e in Italia durante la Grande guerra può ascriversi alla categoria degli spostamenti forzati di popolazione. Va da sé che esistano differenti modalità di spostamento, accompagnate da progettualità statali sempre più radicali a seconda degli obiettivi che le autorità si prefiggono nel momento in cui optano per la rimozione della popolazione civile. Tuttavia le modalità di evacuazione dei trentini sono tali che questa categoria interpretativa può essere impiegata, sia per gli sfollati in Austria-Ungheria, che per coloro che furono sfollati in Italia.

È evidente in entrambi i casi che le popolazioni coinvolte non si sarebbero mosse volontariamente, dato che chi voleva fuggire lo aveva già fatto. Sebbene non si possano negare motivazioni puramente militari o umanitarie connesse con lo sfollamento di molti centri abitati, non si può nascondere il fatto che i militari asburgici gradissero liberare una fascia di territorio dalla popolazione civile nei pressi della linea del fronte per il timore dell'affidabilità della stessa. Allo stesso tempo, l'azione dei militari italiani mostra una volontà di accaparramento nazionale delle popolazioni conquistate che è legata a obiettivi politici immediati. In entrambi i casi si nota inoltre, sottotraccia ma sempre presente, come la minaccia dell'uso della violenza o di misure repressive sia connaturata all'ordine di evacuazione: la forza verrà usata solo in casi singoli e circoscritti (Roncegno, Brentonico, Vallarsa); nondimeno, gli evacuati sapevano di non avere alternativa alla partenza.

Il fatto che queste misure andassero oltre le semplici precauzioni umanitarie è poi certificato da altri fattori: la minaccia dello sfollamento è utilizzata per imporre misure politiche nel Trentino settentrionale; lo sfollamento è funzionale alla requisizione di beni materiali e alla raccolta di forza lavoro coatta; il rimpatrio viene a lungo negato anche in località del Trentino settentrionale che si trovano a debita distanza dal fronte. Sia nel caso asburgico che italiano, infine, le misure di allontanamento della popolazione sono accompagnate da un massiccio internamento delle classi dirigenti: si tratta di un elemento che da sé chiarisce come da entrambe le parti le autorità militari ritenessero la popolazione amministrata scarsamente affidabile. A questo si deve aggiungere il fatto che, a partire dal 1917, nei circoli militari asburgici e negli ambienti tedesco-nazionali del Tirolo si ventilasse l'ipotesi di sostituire parte della popolazione italofona inaffidabile del Trentino meridionale con coloni tedeschi: un progetto – solo abbozzato – di «ingegneria demografica» che mostra come l'evacuazione dei trentini affondasse le radici in pregiudizi nazionali radicati, almeno in parte del corpo ufficiali e dello spettro politico tedesco-nazionale.

L'insieme di questi elementi esclude così i trentini dalla categoria dei fuggiaschi o dei *refugees* per collocarli in quella delle *internally displaced persons*. Questa differenza, apparentemente di natura accademica (ma ben chiara alle autorità preposte alla gestione del problema), portava delle conseguenze pratiche per quanto riguarda la qualità dell'assistenza.

L'essere evacuati rendeva più complessa una presentazione positiva nel discorso pubblico. Di conseguenza diventava più difficile mobilitare la solidarietà dal basso nei confronti degli evacuati, dato che questi venivano nascosti alla vista, presentati negativamente e, per di più, portavano su di sé caratteristiche che li avvicinavano allo stereotipo della marginalità sociale di fine Ottocento, date le modalità di sfollamento. Ciò si nota con evidenza nel caso della mostra sull'assistenza ai profughi organizzata dal Ministero per l'Interno asburgico nel 1916: in primo luogo, questa è nota soprattutto per aver rappresentato l'unico – e molto modesto – tentativo del governo viennese di dare pubblicità al proprio sforzo a favore dei profughi. Il fatto che nella scelta delle immagini e dei testi si mettesse in evidenza l'intento civilizzatore dello sforzo governativo anziché calcare la mano sul fatto che gli sfollati si trovavano nell'interno per sfuggire al nemico, che aveva invaso larghe porzioni di territorio imperiale, compromette in partenza qualsiasi tentativo di organizzare una qualsivoglia forma di aiuto dal basso. Il fatto che in Italia il tema venga politicamente passato sotto silenzio – non viene organizzata nemmeno una mostra pubblica – ostacola nella stessa maniera la nascita di organismi assistenziali terzi. Se nello stesso contesto erano poi presenti altri profughi, che potevano opporre una narrativa positiva – come accade ai fuoriusciti o ai fuggiaschi di Caporetto – gli evacuati andavano ad occupare l'ultimo gradino della scala sociale della marginalità.

Il fatto che l'evacuazione fosse coatta e accompagnata da internamenti faceva poi sì che i meccanismi di controllo prendessero il sopravvento su quelli di cooptazione nella gestione dell'aiuto. Questo elemento si porta dietro la necessità di integrare i trentini all'interno del sistema dei *Lager* in Austria, sebbene fosse chiaro al Ministero dell'Interno austriaco che quel modello di stanziamento fosse molto più costoso della dispersione in villaggi e molto meno funzionale in termini di igiene e sostentamento. Al contempo, gli sfollati in Italia sono soggetti a misure repressive e di controllo che non scemano nel tempo e che, anzi, si intensificano nel 1918: per costoro l'internamento è un fantasma sempre presente.

Questo insieme di elementi fa sì che in entrambi i contesti l'evacuato diventi una figura ibrida, a prescindere dalle progressive precisazioni delle circolari ministeriali. Lo stigma dell'evacuazione coatta trasforma lo sfollato in un potenziale sospetto, sia agli occhi delle autorità preposte all'assistenza, sia agli occhi della popolazione ospitante. Questa condizione, che mette l'accento sul controllo ossessivo dei comportamenti e sulla limitazione delle libertà, fa sì che si svuoti progressivamente il concetto di cittadinanza dello sfollato: in Austria questo passa da cittadino ad oggetto da amministrare; in Italia non diventa mai cittadino a pieno titolo durante la guerra. Entrambi i gruppi vivono così in una condizione di cittadinanza amputata: cittadini dai diritti dimezzati in Austria; cittadini in prova in Italia.

## 2. *Le trasformazioni del mondo mentale*

Pieter Judson incentra la porzione finale della sua recente analisi sull'Impero asburgico nel dimostrare come le autorità statali riescano a dilapidare nel corso del conflitto un patrimonio di fedeltà e lealtà che, per quanto sfaccettato, era ben radicato nella percezione dei cittadini dell'Impero, indipendentemente dalla lingua d'uso[8]. Secondo l'autore, le autorità chiedono ai propri cittadini prove durissime, ma al contempo si dimostrano incapaci di garantirne la sussistenza. I comandi militari inoltre mostrano una diffidenza immotivata nei confronti delle popolazioni di confine, che porta poi ad uno scollamento tra queste e l'idea di Impero[9]. Nel suo studio sui prigionieri di guerra austro-ungarici in Russia, Alon Rachamimov giunge a conclusioni simili: la sua tesi prevede che, agli occhi dei prigionieri, sia lo Stato ad averli abbandonati e non viceversa[10]; la

[8] P.M. Judson, *The Habsburg Empire*, pp. 394 ss.

[9] *Ibidem.*

[10] A. Rachamimov, *POWs and the Great War*, p. 213.

posizione è rafforzata dalla constatazione che i prigionieri, pur lamentandosi della propria condizione nelle lettere intercettate dalla censura, non esprimessero posizioni eversive, fatti salvi casi sporadici[11]. Le autorità, invece, interpretavano i comportamenti dei singoli secondo un doppio standard, che divideva gruppi nazionali percepiti come leali ed altri percepiti come inaffidabili, fallendo nel riconoscere il sincero senso di attaccamento che caratterizzava la grandissima parte dei richiamati ed attirandosi col tempo il biasimo dei prigionieri[12]. L'analisi della vicenda dei profughi trentini si presta bene ad essere messa in relazione con queste due analisi, con cui condivide molti spunti concettuali: il risultato che ne emerge in termini di evoluzione della percezione di gruppo è aderente in toto a quanto notato dai due autori citati.

Se non si cade nell'errore di immaginare i meccanismi di identificazione delle persone comuni come rigidi ed esclusivi – come invece avrebbero voluto militari ed attivisti nazionali coevi – scopriamo come le sfere di appartenenza e di relazione delle profughe trentine, analizzate attraverso le scritture soggettive, mutino nel corso del tempo. Pur nella soggettività delle singole esperienze, si passa da meccanismi di identificazione sfaccettati e fluidi, che nella loro complessità enfatizzano il legame col costrutto asburgico, a schemi di identificazione più rigidi ed esclusivi.

La guerra, l'esperienza di profugato e la convivenza forzata con altri gruppi linguistici in contesti di marginalità e difficoltà economica portano ad un irrigidirsi dei confini di gruppo. Le profughe trentine si identificano sempre più su base linguistica ed anche i confini dello spazio immaginato si definiscono e diventano in molti casi coincidenti col Trentino. Si nota una *pars destruens*, un ripiegamento su elementi di senso locale, che segnalano l'affievolirsi del nesso asburgico o di alcuni suoi aspetti. Al contempo manca, pressoché del tutto, una *pars construens*: non è ravvisabile in Austria l'opera di attivisti nazionali italiani; non nasce tra le profughe alcun movimento

[11] *Ibidem*, p. 195.

[12] *Ibidem*, pp. 134-135.

spontaneo di adesione dal basso alla nuova sfera di appartenenza statale italiana, come invece accade in altri contesti, come quello dei prigionieri di guerra italofoni concentrati nel campo di Kirsanov[13].

L'acquisizione della cittadinanza italiana per le profughe in Austria non è attivamente cercata, ma è piuttosto il prodotto di un processo di sottrazione, che vede elementi di senso di lungo periodo scomparire progressivamente, fino al punto in cui è lo Stato austriaco stesso che amputa il nesso coi profughi e li esclude dalla cittadinanza. Al contempo, sarebbe scorretto sostenere che l'ingresso nel nuovo costrutto statale sia subìto controvoglia. Molte profughe vivono con sollievo evidente l'intervento delle autorità militari italiane, che ne organizzano il rimpatrio e mettono fine alla situazione di eccezionalità. Il nuovo nesso statale viene quindi accettato senza gli scossoni evidenti che invece si sarebbero percepiti nel 1915.

Laurence Cole, sviluppando l'intuizione di Rachamimov citata poc'anzi, ha recentemente ribaltato la tradizionale chiave di lettura che vede i movimenti nazionali come motori prevalenti della disgregazione della monarchia danubiana e ha ipotizzato che sia lo Stato a liberarsi dei propri cittadini, piuttosto che il contrario[14]. La vicenda dei profughi di guerra rafforza questa interpretazione e ne costituisce un tassello importante. La sfiducia dei militari, che porta ad evacuazioni più incisive del previsto, va sommata alle misure imposte dalle autorità civili, che vanno dall'accentuazione dei meccanismi di controllo su quelli di cooptazione, fino allo svuotamento dei diritti e all'esclusione formale dei profughi dalla cittadinanza al termine del conflitto. In questo insieme di elementi, che rappresentano solo gli aspetti più macroscopici di questo processo complesso, spicca l'assenza dei movimenti nazionali e degli agitatori politici. Si mettono così in moto dinamiche distanti dall'operato degli attivisti nazionali, ma molto più profonde nelle ripercussioni di lungo periodo, poiché colpiscono i processi di identifica-

[13] S.A. Bellezza, *Tornare in Italia*, pp. 218-219.

[14] L. Cole, *Military Culture*; A. Rachamimov, *POWs and the Great War*, p. 213.

zione[15]. Prescindendo dall'operato di irredentisti e agitatori nazionali, i profughi trentini in Austria avevano quindi visto sfaldarsi lentamente la propria fiducia nei confronti dello Stato o, quantomeno, nella possibilità di convivenza con altri gruppi nazionali all'interno dello stesso quadro politico-amministrativo.

Alexander Watson, nell'analizzare la vicenda dei profughi in Austria-Ungheria, è molto duro nel valutare le *performance* assistenziali del costrutto imperiale[16]. Le sue posizioni andrebbero almeno in parte mitigate, dato che esistono, perlomeno all'inizio del conflitto, casi di aiuto dal basso e di nascita di sistemi assistenziali paralleli allo Stato che mostrano come all'interno dell'Impero esistessero solidarietà ed appartenenze trasversali[17]. Tuttavia a livello generale la sua analisi coglie nel segno: il fatto che il costo sociale dell'assistenza ai profughi danneggiò la convivenza tra gruppi nazionali sul lungo periodo, con la conseguenza di esacerbare tensioni sociali e provocare conseguenze negative in termini di tenuta del fronte interno, si può difficilmente mettere in discussione[18]. Le vicissitudini degli evacuati di lingua italiana concorsero ad accelerare questo processo, sia indebolendo la fiducia degli sfollati nello Stato, sia inasprendo le tensioni fra gruppi linguistici nei luoghi di stanziamento.

Una parabola simile, ma di segno opposto, si può intuire per il gruppo di profughi sfollato in Italia. In tal caso si può fare riferimento solo marginale alle evidenze degli ego-documenti redatti dalle profughe, ma le fonti istituzionali delineano comunque un *trend*, che enfatizza un irrigidimento dei meccanismi di identificazione di gruppo delle profughe.

Queste, accaparrate materialmente alla nuova patria, potrebbero essere integrate nell'assistenza e inglobate nella nuova

[15] Questo processo non riguarda solamente i trentini, ma anche gli altri gruppi di sfollati. Su tutti i profughi di religione ebraica: M.L. ROZENBLIT, *Reconstructing a National Identity*.

[16] A. WATSON, *Ring of Steel*, p. 199.

[17] C. MORELON, *L'arrivée des réfugiés*, pp. 7-8.

[18] A. WATSON, *Ring of Steel*, p. 205.

comunità nazionale. Alcune disposizioni – come l'equiparazione nella corresponsione dei sussidi – e la presenza di un nucleo di attivisti molto numeroso e fortemente politicizzato (7.000 fuoriusciti e 2.600 ex *kirsanover* trentini) farebbero propendere per uno sviluppo in tal senso. La vicenda mette invece in luce le incapacità dei fuoriusciti trentini di diventare vettore di un discorso patriottico, chiarendo mediante una lunga serie di episodi come gli attivisti fatichino a conquistare la fiducia delle persone comuni.

Anche se ci troviamo tecnicamente al di fuori dei confini dell'Impero asburgico, si notano con evidenza le stesse dinamiche messe in mostra da Judson nel noto studio *Guardians of the Nation*: gli attivisti nazionali che operano tra le popolazioni soggette agli Asburgo hanno successo nel radicalizzare la lotta nazionale e nell'enfatizzare la presenza di frontiere e comunanze linguistiche, ma falliscono nel diventare rappresentanti di un movimento di massa e nel plasmare in profondità le sfere di identificazione delle persone comuni[19]. La stessa dinamica si evidenzia anche se si analizza la vicenda dei profughi trentini sfollati in Italia, dove i fuoriusciti irredentisti faticano a diventare vettore di una propaganda nazionale. Si nota così come gli elementi di senso quotidiano e i meccanismi di appartenenza che caratterizzavano le popolazioni dell'Impero non fossero deboli o superficiali[20], come, invece, a lungo ha trasmesso la vulgata della monarchia danubiana parlando di «prigione di popoli».

La vicenda mostra al contempo come anche lo Stato italiano fallisca nell'accaparrarsi la fiducia dei suoi nuovi amministrati. L'incongruenza delle disposizioni crea una gestione del problema del profugato carente dal punto di vista materiale. Il ritardo con cui si delineano i quadri legislativi mostra la scarsa importanza della questione nel quadro della politica interna italiana. L'enfasi sul controllo, anziché sulla cooptazione nell'assistenza, diventa un fattore di disturbo e sfiducia, fino a limitare la possibilità di contatto positivo tra i profughi e la

19 P.M. Judson, *Guardians of the Nation*, p. 6.

20 L. Cole - D. Unowsky (edd), *The Limits of Loyalty*, pp. 1-8.

popolazione locale. L'insieme di queste dinamiche trova sbocco nella mole di internamenti cui sono soggetti i profughi irredenti nel 1918, a cui fanno da corollario la richiesta di rimpatrio in Valsugana e il progressivo processo di espulsione semi-legale degli sfollati dalle province italiane non appena se ne rende possibile l'allontanamento.

L'insieme di queste disposizioni restrittive e di questa sfiducia delle classi dirigenti statali nei confronti dei nuovi potenziali cittadini del Regno non deve però stupire: secondo autori affermati come Antonio Gibelli, è infatti

> «... opinione consolidata che gli italiani non esistessero prima della guerra, nel senso che mancava una forte identità collettiva in cui tutti si riconoscessero al di là delle differenze regionali e sociali ... Il senso dell'appartenenza nazionale non fu dunque un presupposto dell'intervento»[21].

Gli irredenti in Italia, ed i profughi in particolare, si trovavano di conseguenza in buona compagnia agli occhi di autorità ed elite sociali che in precedenza avevano privilegiato «operazioni di pedagogia politica volte alla divulgazione della religione della patria» che raramente «erano andate oltre la cerchia delle città»[22]. I profughi trentini si identificavano in misura marginale col costrutto nazionale ed erano recalcitranti nei confronti della guerra al pari di una fetta consistente della popolazione del Regno. In un contesto di questo tipo, il concetto di fronte interno si caricò di valenze e significati particolari. Si prefigurava una divisione ideale tra l'Italia in trincea, fatta ad immagine dell'interventismo, ed un'Italia nelle retrovie, che non di rado acquisiva i caratteri sfumati del nemico interno, del neutralismo, del mondo degli imboscati. Questa visione, che attecchiva bene nell'immaginario degli ufficiali di complemento provenienti dalla piccola e media borghesia e nella visione del Comando supremo, implicava «un programma di lotta ad oltranza contro quanti non avevano approvato l'intervento e si mantenevano tiepidi di fronte ai richiami patriottici»[23]. In un contesto di

21 A. Gibelli, *La Grande guerra*, pp. 11-12.

22 *Ibidem*, p. 94.

23 *Ibidem*, p. 174.

questo genere, i profughi irredenti potevano opporre una narrativa di gruppo piuttosto debole e, di conseguenza, erano oggetto privilegiato delle misure di controllo e internamento.

Come conseguenza a questo autoritarismo nella gestione dei civili sfollati, nel caso italiano, paradossalmente, si irrigidiscono in molte profughe i meccanismi di identificazione che mettono l'accento sul nesso asburgico, come contrappasso al primo contatto negativo con l'Italia e le sue istituzioni. Per molte delle profughe trentine in Italia e per molti internati dalle autorità italiane, il passaggio dalla cittadinanza austriaca a quella italiana fu per molti versi più subíto e incisivo che non per le profughe sfollate in Austria, Boemia e Moravia.

La costante dei due casi invece è data dalla constatazione che l'identità ed i meccanismi di identificazione non vanno intesi come costrutti monolitici, come invece avrebbero voluto le autorità militari di entrambi gli Stati, che chiedevano agli sfollati prese di posizioni dicotomiche. Entrambe le esperienze mettono in luce come i meccanismi di identificazione siano soggetti a pressioni che, in particolari contesti, portano a mutamenti nei confini del gruppo di riferimento. Le dinamiche economiche e dei rapporti tra gruppi incidono su questi processi in maniera più profonda e radicale di quanto non lo facciano anni di propaganda degli attivisti nazionali o statale.

## 3. *Continuità oltre la guerra*

La chiave di lettura scelta per l'analisi permette valutazioni conclusive di più ampio respiro. Le evidenze emerse nel corso dello studio non si limitano a mostrare come la vicenda dei profughi trentini sia un buon campione per mettere alla prova sul gruppo degli italofoni alcune teorie riguardo all'identificazione dei civili residenti nell'Impero asburgico col costrutto statale. L'orizzonte trasversale di questa esperienza, che supera i confini politici e le cesure cronologiche, lascia spazio per una riflessione più generale.

Il primo aspetto di questa riflessione riguarda le continuità di lungo periodo. La vicenda degli sfollati trentini e quella dei profughi nell'Impero asburgico più in generale, chiarisce come gli spostamenti di popolazione del primo conflitto mondiale non rappresentino un *unicum* concettuale, determinato dallo stato di eccezione, ma evidenzia come queste migrazioni forzate siano da mettere in relazione dialettica e continuativa con quelle dei decenni successivi.

Le dinamiche di evacuazione ed espulsione sviluppate e plasmate dalla burocrazia imperiale trovano infatti continuità in quelle degli Stati successori dell'Impero. Politiche esclusive, in cui si replica l'uso massiccio di *know how* mutuati dalle prassi amministrative dell'Impero si possono riconoscere in Ungheria[24], Austria tedesca[25] e Cecoslovacchia[26]: in tutti questi Stati i profughi vengono espulsi progressivamente dalla comunità politica e sociale tra la fine della guerra e gli anni Venti. Il caso dell'Austria tedesca è quello che descrive meglio come queste politiche, sviluppatesi durante la guerra, trovino continuità dopo la firma dell'armistizio, in particolare in relazione al divieto di permanenza di profughi di religione ebraica sul territorio della neonata Repubblica austriaca e alla loro esclusione dalla cittadinanza[27].

Ne consegue che, per molti aspetti, l'episodio bellico dà il via a prassi di gestione delle popolazioni di confine o di minoranza che prima non erano nemmeno prese in considerazione. Durante la guerra le necessità militari diventano in determinati casi il chiavistello per imporre un diverso ordine politico-demografico: ciò si nota con evidenza nel caso dei ruteni e si rileva attraverso la progettualità dei partiti tedesco-nazionali nel caso del Trentino. In casi meno connotati da violenza, lo spettro dell'evacuazione viene usato come mezzo di pressione implicito per placare le popolazioni di confine più inquiete, con

24 R. NEMES, *Refugees and Antisemitism*, pp. 236-254.

25 M. GRANDNER, *Staatsbürger und Ausländer*, pp. 60-85.

26 R. KLEIN-PEJŠOVÁ, *Beyond the «Infamous Concentration Camps of the Old Monarchy»*, pp. 150-166.

27 U. VON HIRSCHHAUSEN, *From Imperial Inclusion*, pp. 561-562; F. FRIZZERA, *Dai pieni diritti all'esclusione*, pp. 43-63.

particolare evidenza nei contesti multinazionali[28]. La gestione dei flussi di profughi e la frequente enfasi sul controllo più che sull'assistenza fanno sì che si creino *expertise* e modalità di gestione del problema che diventano elementi immanenti della prassi burocratica di molti Stati, anche al termine delle ostilità militari[29]. Non stupisce pertanto scoprire che dopo il conflitto gli Stati successori facciano ricorso a queste esperienze e che l'idea dello spostamento forzato o dello scambio bilaterale di popolazione faccia capolino tra le possibili soluzioni a questioni di ordine interno o internazionale, rappresentando un semplice problema di opportunità politica e di organizzazione materiale, ma non più un tabù concettuale[30]. Ciò trova applicazione in particolare nell'area che Lewis Namier ha definito «medio oriente europeo», ovvero quella porzione d'Europa che era costituita dai quattro imperi crollati a seguito della Prima guerra mondiale[31].

La seconda riflessione conclusiva riguarda la dimensione spaziale del fenomeno e le continuità al di là dei confini politici. Non bisogna infatti dimenticare come la doppia militarizzazione e il doppio sfollamento che vivono i trentini, pur sembrando un'eccezione nel contesto europeo, è in realtà molto spesso la regola. Esistono infatti molti altri gruppi che subiscono una sorte analoga, come gli ebrei, i ruteni, gli sloveni, le cui esperienze sono però al momento state studiate solo selettivamente e sulla base dell'elemento della cittadinanza. L'analisi di questa vicenda ha mostrato come il profugo di guerra sia una figura debole al di là dei confini, perché ammantata da pregiudizi; l'elemento determinante che incide sulle diverse politiche di gestione statale è dato dalla provenienza da aree di confine o di occupazione, caratterizzate dalla presenza di popolazioni con identità ibride. Se lo Stato tenta di integrare la vicenda dei profughi all'interno della narrativa patriottica

28 P. Panayi - P. Virdee, *Preface*, pp. XI-XII.

29 Per il caso italiano: G. Procacci, *L'internamento dei civili*, pp. 33-66.

30 N. Pianciola, *L'Europa degli spostamenti forzati*, pp. 19-44.

31 A. Ferrara, *Esodi, deportazioni, stermini*, pp. 453-454.

e supporta attivamente le iniziative assistenziali private è più facile per gli sfollati uscire dal vortice di negatività che circonda la figura del profugo; altrimenti, se lo Stato nasconde, punisce e controlla, il profugo è destinato a rimanere una figura socialmente marginale e ghettizzata. Esemplare in tal senso il caso dei profughi della Prussia orientale in Germania, analizzato da Watson: questi concorrono a rafforzare il fronte interno, il senso di comunità nazionale e la percezione condivisa che la guerra fosse difensiva. In un contesto molto simile, la vicenda dei profughi galiziani e quella dei profughi del sud nell'Impero asburgico viene invece presentata nel discorso pubblico in maniera negativa, concorre a disgregare i legami di solidarietà tra pari, enfatizza le differenze tra gruppi e mina alle fondamenta la tenuta del fronte interno[32].

La costante nelle dinamiche di trattamento dei profughi italofoni in Austria-Ungheria ed in Italia che abbiamo cercato di evidenziare in questo studio è tuttavia proprio l'accento posto sul controllo e sulla supposta incapacità del profugo di autogestirsi e autodeterminarsi, cui consegue il fatto che viene amministrato e trattato come un pericolo sociale anziché come un cittadino. Nel momento in cui lo sfollato diventa concettualmente un oggetto da amministrare, come accade durante la Prima guerra mondiale ai trentini, si pone perciò il primo tassello che porta a ipotizzare lo scambio bilaterale di popolazione o l'espulsione come soluzione a problemi internazionali o di politica interna anche in tempo di pace.

[32] A. WATSON, *Ring of Steel*, pp. 203-205.

# Note biografiche sui testimoni

Qui di seguito sono elencati i diari e le memorie consultati. In questa panoramica di testimoni sono presenti, senza particolari eccezioni, tutte le anime del profugato trentino. Gli ego-documenti consultati sono stati redatti prevalentemente da donne. Sono presenti testi di profughe che hanno vissuto l'esperienza del *Lager*; di altre che hanno vissuto nei villaggi di Boemia e Moravia; di alcuni ed alcune che hanno trascorso il periodo di profugato in Trentino o in Tirolo, oppure che sono stati testimoni dello stesso. Vi sono testimonianze di persone che sono state sfollate in Italia, parte in colonie strutturate, parte in villaggi. Infine non mancano testi di internate o confinate.

Non tutti i diari e le memorie consultate sono state citate nello studio, in ragione delle differenze tipologiche che caratterizzano i singoli testi. Per ragioni di metodo, alcuni ego-documenti sono stati scartati al momento di proporre valutazioni generali. Ad esempio, le memorie redatte a posteriori che mostrano in maniera palese il sovrapporsi confuso di narrative patriottico-nazionali postume e ricordi personali sono state espunte dalle valutazioni generali (Clementina Buffa, Mario Rizzi, Caterina Minatti).

Altre, pur essendo utili per comprendere il quadro generale, non sono rientrate nelle valutazioni sul profugato per il semplice fatto di essere memorie o diari scritti da internate (Oliva Cristoforetti, Maria Boso, Carmen Negri).

Altre ancora non sono state utilizzate per l'analisi semantica, ma sono tornate utili per descrivere il contesto, poiché gli scritti in questione hanno il carattere di cronaca più che di diario. Avendo come movente implicito di scrittura la possibilità di essere letti da terzi, l'immediatezza sparisce e questi testi diventano meno indicativi del sentire intimo dello scrivente (don Brachetti, don Degara, don Perli). Altri ancora, pur interessanti, sono stati espunti dall'analisi semantica per il semplice fatto di essere scritti in versi, col corollario di utilizzare termini artificialmente ricercati al solo scopo di produrre rime e musicalità (Maria Ferrari, Giovanna Merler).

Altri sono stati omessi semplicemente perché confusionari o incoerenti (per esempio Giacomina Purin) o non sono stati utilizzati per proporre valutazioni diacroniche, perché circoscritti a un momento limitato dell'esperienza di profugato (Arlanch Giuseppe).

Il campione utilizzato per sostenere l'argomentazione e in particolare quello sfruttato per l'analisi semantica rappresenta pertanto una selezione all'interno di questa panoramica di testi: selezione che è stata basata su criteri finalizzati al rigore metodologico e alla comparabilità dei testi.

Ai conoscitori più accorti della materia non sfuggirà come le opinioni di testimoni espunti dall'analisi semantica per motivi formali (testo scritto in versi, cronaca anziché diario, memoria o diario limitato a una parte dell'esperienza) collimino in grandissima parte con le opinioni che ritroviamo nei testi, più strutturati e completi, che abbiamo utilizzato per sostenere l'argomentazione, pur nella soggettività dell'esperienza.

Arlanch Giuseppe

Nasce ad Arlanch di Vallarsa nel 1858. In un quaderno narra gli avvenimenti dal momento della fuga all'arrivo nel campo di Mitterndorf. Il diario si limita all'esperienza della fuga. Diario parzialmente edito in A. Martini - A. Miorelli, *Una vitta nuova in quieta.*

Bais Valeria

Nasce a Sant'Ilario, presso Rovereto nel 1900. Lascia una memoria dell'esperienza di profugato, probabilmente frutto dell'elaborazione di appunti precedenti: Si narra dell'evacuazione e la vita da profuga in Alta Austria, in *Scritture di guerra 4*, pp. 15-34.

Bianchi Sidonia

Nasce a Crosano nel 1898. Diciassettenne, sfollata con la famiglia in Italia, racconta in una breve memoria la partenza, il viaggio e la sistemazione a Bergamo, dopo una prima tappa a Foggia. Diario pubblicato da Q. Antonelli, *Un'altra cosa non si noma*, pp. 22-31.

Boccher Filomena

Nasce a Roncegno nel 1879. Profuga con la famiglia a Mitterndorf, insegna nella scuola del *Lager* e scrive un diario ricco di commenti e riflessioni, che copre tutto l'arco temporale analizzato. Diario pubblicato in F. Boccher, *Diario di una maestra.*

Bonatti Procura Pinter Angela

Nasce a Verona nel 1888, operaia della Manifattura Tabacchi di Rovereto, vive l'esperienza dello sfollamento in parte a Braunau, in parte a Katzenau. Lascia la propria memoria all'interno del coperchio di un baule da viaggio, riportato in *Scritture di guerra 5*, pp. 15-22.

Bonvecchio Rosina
Nasce a Trento, sfollata in Moravia, racconta in un diario ricco di annotazioni il viaggio, la permanenza in esilio ed i rapporti con la popolazione locale. Allegato al diario è conservato anche un quadernetto-vocabolario della lingua morava e boema, in FMST, ASP, Rosina Bonvecchio.

Boso Maria
Nasce a Castello Tesino nel 1865. Arrestata dai carabinieri nel 1916, deve lasciare la famiglia poiché viene internata in Italia. Scrive una breve memoria, in FMST, ASP, Maria Boso.

Bracchetti Carlo
Nasce a Rovereto nel 1869. Sacerdote, sfollato a Braunau assieme ai suoi parrocchiani di Sacco. Lascia un dettagliato diario degli anni dell'esilio, durante i quali si occupa dell'ospedale del campo e della cura d'anime. Il testo somiglia molto ad una cronaca parrocchiale, conservato presso la Biblioteca Civica di Rovereto, *Fondo manoscritti*, 54.43/2.

Brocchi Giorgina
Nasce a Mori nel 1897, commerciante, si trasferisce ad Innsbruck allo scoppio della guerra. Lascia un diario dell'esperienza di profugato, pubblicato, in *Scritture di guerra 5*, pp. 23-48.

Broz Amabile Maria
Nata a Pezzati di Vallarsa nel 1982, viene sfollata nel 1916 dall'esercito italiano ed inviata in prima istanza a Legnago, poi a Celle Ligure. Lascia una ricca memoria, redatta durante il periodo di sfollamento. Il testo è l'unico ego-documento in nostro possesso che descrive l'esperienza dello sfollamento in Italia dall'inizio alla fine secondo caratteri di continuità e contemporaneità agli eventi narrati, trascritto in M. Broz, *Profughi trentini* (1990-1991).

Buffa Clementina

Originaria di Pieve Tesino, lascia una memoria postuma di 5 fogli intitolata «Memorie ed impressioni degli anni di guerra», in cui ricordi di guerra, esperienza di profugato e nozioni posteriori si intersecano, rendendo il testo poco immediato e piuttosto stratificato, in FMST, ASP, Clementina Buffa.

Capra Biatel Enrica
Nasce a Carzano. Nella sua memoria racconta lo sgombero del paese e il trasferimento in Austria Inferiore, nel campo di Mitterndorf. Dalla morte del marito in poi il testo diventa più intimistico. Diario conservato in FMST, ASP, Erica Capra Biatel.

Caracristi Elena
Nasce a Borgo Sacco nel 1894, operaia della Manifattura Tabacchi. Lascia un quaderno con numerosi componimenti in versi relativi all'evacuazione e alla permanenza a Mitterndorf, in *Scritture di guerra 5*, pp. 49-70.

Cattoi Giuseppina
Nasce a Lizzana nel 1896. Operaia della Manifattura Tabacchi di Borgo Sacco, viene sfollata in Boemia. Lascia un *memorandum* dell'esperienza di guerra, in *Scritture di guerra 4*, pp. 75-98.

Corradi Corina
Nasce a Roncegno nel 1886. Viene sfollata con la famiglia a Mitterndorf, dove il padre viene assunto come direttore didattico del campo. La sua memoria riguarda i primi anni di permanenza nel campo, in *Scritture di guerra 5*, pp. 71-106.

Cristoforetti Oliva
Nata ad Avio nel 1899, maestra elementare, dopo il conflitto, venne internata dalle truppe italiane e visse il periodo bellico in differenti luoghi di internamento del centro-sud Italia. Durante l'esperienza sviluppò una spiccata avversità nei confronti nell'Italia e delle sue istituzioni, in FMST, ASP, Oliva Cristoforetti.

Daldoss Dominica
Nasce a Vermiglio nel 1892. Nel dettagliato diario che lascia descrive il viaggio, lo stanziamento a Mitterndorf,

le condizioni di vita nel campo ed il rientro in val di Non, prima di poter rioccupare la propria casa. Il testo è conservato in FMST, ASP, Dominica Daldoss.

Degara Silvio
Parroco di Breguzzo, nell'alta valle del Chiese, lascia una memoria intitolata «Cronaca di Breguzzo. Memorie della terribile guerra scoppiata al 01.08.1914-03.11.1918», in FMST, ASP, Silvio Degara.

Depretis Maria
Sfollata da Vermiglio a Mitterndorf, lascia una memoria dello sfollamento e del periodo del profugato. La memoria, scritta a posteriori, termina di fatto la narrazione degli eventi con il rientro in val di Non, in FMST, ASP, Maria Depretis.

Ferrari Maria
Profuga dalla Vallarsa a Mitterndorf, lascia un quaderno che contiene una composizione in versi che descrive l'esperienza dell'esilio. Quaderno conservato in FMST, ASP, Maria Ferrari.

Filippi Manfredi Giuseppina
Nasce a Sacco nel 1887. Operaia della Manifattura Tabacchi, è sfollata a Tabor (Boemia) con quattro figli. Lascia un ricco diario che descrive l'esperienza di profugato e che si gioca su un continuo dialogo con il marito assente, in *Scritture di guerra 4*, pp. 99-132.

Giongo Anna
Nata a Lavarone nel 1897, sarta. Lascia una memoria piuttosto interessante relativa alla vita nell'accampamento di Braunau, che comprende anche un testo in versi, in FMST, ASP, Anna Giongo.

Job Ambrogio
Nasce a Cunevo nel 1862. Frate cappuccino, viene sfollato assieme agli abitanti di Condino nel 1915 e trova rifugio in Piemonte. Lascia un ricco diario di questa esperienza, in I. BUTTERINI (ed), *Condino-Piemonte e ritorno*.

Menestrina Anna
Nasce a Trento nel 1883. Durante la guerra si rifugia in val di Non, a Vervò, e collabora con la Croce Rossa. Compila un diario in cui descrive il processo di spoliazione della città di Trento da parte dei militari, in Q. ANTONELLI (ed), *Diario di una città fortezza*.

Merler Giovanna
Profuga da Trento a Braunau. Lascia un quadernetto intitolato «Ricordi delle baracche», contenente un testo in versi di 28 pagine, vergato nel giugno 1916, relativo alla vita nell'accampamento di Braunau, in FMST, ASP, Giovanna Merler.

Minatti Caterina
Originaria di Grigno, lascia una breve memoria scritta a posteriori dal titolo «Prima guerra mondiale 1914-1918». L'esperienza di profugato è descritta in pochissime pagine e l'esperienza personale si assomma a quella di altri gruppi di persone, provenienti dallo stesso paese. Ne consegue una narrazione breve e confusa. Il testo è depositato in FMST, ASP, Caterina Minatti.

Moiola Melania
Nasce a Besagno nel 1904. Sfollata a Mitterndorf, lascia una breve ma interessante memoria dell'esperienza vissuta, trascritta in *Scritture di guerra 5*, pp. 107-118.

Negri Carmen
Nasce a Trento nel 1886. Il padre, avvocato, viene internato a Katzenau. Lei si trasferisce a Mayrhofen con la famiglia, soggetta presumibilmente a disposizione di confino. Nel diario sono registrate soprattutto le preoccupazioni per i familiari internati, in FMST, ASP, Carmen Negri.

Parisi Bruseghini Adelia
Nasce a Sacco nel 1887 ed è operaia presso la Manifattura Tabacchi di Rovereto. Sfollata con sette figli nell'Austria Inferiore, provvede da sola al sostentamento della famiglia e narra nella sua memoria la prima parte di questa esperienza, trascritto in *Scritture di guerra 4*, pp. 133-192.

Perli Donato

Nato ad Andalo nel 1861, prete dal 1885, è parroco a Tione nel periodo bellico e redige un accurato diario dell'esperienza di guerra in val Rendena. Il diario trae la sua importanza dal fatto che don Donato era stato nominato dall'autorità militare austro-ungarica responsabile del Comitato di approvvigionamento del Distretto di Tione. Testimonianza pubblicata in D. PERLI, *Diario*.

Pontalti Antonia

Sfollata da Villazzano e diretta in Moravia, Pontalti ci lascia una lunga e dettagliata memoria, vergata a posteriori (1974) probabilmente sulla base di appunti o di un diario preesistente non pervenutoci, che descrive il viaggio, lo stanziamento in Moravia ed i rapporti con i locali. Diario conservato in FMST, ASP, Antonia Pontalti

Purin Giacomina

Profuga della Valsugana, lascia la val Campelle nel 1916 e viene sfollata prima in val di Fiemme e poi in Boemia. La memoria, scritta a posteriori, breve e a tratti confusionaria, descrive la separazione della famiglia in due tronconi, l'uno sfollato in Austria, l'altro in Italia. Diario conservato in FMST, ASP, Giacomina Purin.

Rizzi Mario

La memoria ripercorre le vicende che precedono lo scoppio della guerra italo-austriaca a Rovereto e si concentra poi sull'esperienza dell'esilio. Scritta a posteriori, risente in maniera evidente della pedagogia nazionale riversata sul Trentino dopo il conflitto. Lo scritto si conserva in FMST, ASP, Mario Rizzi.

Rizzi Pizzini Cecilia

Nasce a Nomesino nel 1891. Sfollata in Boemia coi parenti e due bambini, lascia un ricco diario dove annota avvenimenti ed esperienze personali, cui si aggiungono alcune notizie relative al paese di provenienza. Il testo è riportato in *Scritture di guerra 5*, pp. 119-212.

Segato Francesco
Nasce a Rovereto nel 1844, sfollato ad Innsbruck (Hötting). Registra nel proprio diario, piuttosto interessante, mutamenti climatici, di abitudini alimentari, la progressiva carenza di cibo e l'insorgere dell'inflazione. Muore in esilio nel 1917. Testimonianza parzialmente citata in D. LEONI - C. ZADRA (edd), *La città di legno*, pp. 144-149.

Senter Dalbosco Luigia
Contadina di Noriglio (1882), viene sfollata a Police, in Boemia con i figli. Lascia un diario, trascritto su un quadernetto, che si caratterizza per la forte presenza dell'oralità e del dialetto, riportato in *Scritture di guerra 4*, pp. 193-284.

Speranza Daniele
Maestro e oste del Bleggio Superiore, lascia due diari che narrano gli eventi bellici dell'area, con particolare attenzione alle dinamiche sociali. Gli scritti si trovano in FMST, ASP, Daniele Speranza

Tranquillini Virginia
Nata nel 1901 e morta nel 1916 a Hohenberg (Bassa Austria) lascia un quadernetto di ricordi dell'evacuazione e dello stanziamento. Trascritto in *Scritture di guerra 5*, pp. 213-224.

Vivaldelli Amelia
Nasce a Varone nel 1986. Viene sfollata con la famiglia nella Boemia meridionale. Lascia una memoria dell'esperienza, corredata di poesie e canti, pubblicata in *Scritture di guerra 5*, pp. 225-294.

Zanghielli Ines
Nasce a Mori nel 1897. Viene sfollata con la famiglia in Boemia. Racconta in una memoria la partenza e l'esperienza di profugato, in *Scritture di guerra 5*, pp. 295-313.

# Abbreviazioni

| | |
|---|---|
| ACS | Archivio Centrale dello Stato, Roma |
| MdG | Ministero della Guerra |
| CS | Comando Supremo |
| SGAC | Segretariato Generale per gli Affari Civili |
| MdI | Ministero dell'Interno |
| DGPS | Direzione Generale della Pubblica Sicurezza |
| PCM | Presidenza del Consiglio dei Ministri |
| ADTn | Archivio Diocesano Tridentino, Trento |
| ASTn | Archivio di Stato di Trento |
| AUSSME | Archivio Ufficio Storico dello Stato Maggiore, Roma |
| FMST | Fondazione Museo storico del Trentino, Trento |
| Arch. E | Archivio storico |
| Arch. J | Carte Giovanni Pedrotti |
| Arch. L | Commissione Centrale di Patronato tra fuoriusciti adriatici e redenti |
| Arch. Nn | Governatorato Militare di Trento |
| ASP | Archivio della Scrittura Popolare |
| HHStA | Haus-, Hof-, und Staatsarchiv, Wien |
| AVA | Allgemeines Verwaltungsarchiv |
| MdI | Ministerium des Innern |
| KA | Kriegsarchiv |
| KM | Kriegsministerium |
| FA | Feldakten |
| AOK | Armeeoberkommando |
| GZNB | Gemeinsames Zentralnachweisbüro |
| NFA | Neue Feldakten |
| KÜA | Kriegsüberwachungsamt |
| ADR | Archiv der Republik |
| BKA | Bundeskanzleiamt |
| KFL | Kriegsflüchtlingsfürsorge |
| NÖLA | Niederösterreichisches Landesarchiv, Sankt Pölten |
| *Statth.*, Präs. | *Statthalterei*/Präsidium |

| | |
|---|---|
| OÖLA | Oberösterreichisches Landesarchiv, Linz |
| *Statth.*, Präs. | *Statthalterei*/Präsidium |
| TLA | Tiroler Landesarchiv, Innsbruck |
| *Statth.*, Präs. | *Statthalterei*/Präsidium |

# Bibliografia

*1914-1918-online. International Encyclopedia of the First World War*, a cura di U. DANIEL et al., disponibile all'indirizzo www.1914-1918-online.net.

*Alla ricerca dei nostri profughi. Da Campobasso ad Ancona*, in «La Libertà», 20, 16 giugno 1917.

ALPINO, *Discutendo*, in «La Libertà», 33, 15 settembre 1918.

AMARA M., *Des Belges à l'épreuve de l'Exil. Les réfugiés de la Première Guerre mondiale. France, Grande-Bretagne, Pays-Bas, 1914-1918*, Bruxelles, Edition de l'Université de Brussels, 2008.

AMBROSI C., *Vite internate. Katzenau, 1915-1917*, Trento, Fondazione Museo storico del Trentino, 2008.

ANTONELLI Q., *Un'altra cosa non si noma. Per una raccolta di canti popolari trentini*, in «Materiali di lavoro», 16-17, 1982, pp. 22-31.

– (ed), *Diario di una città fortezza. Trento 1915-18*, Trento, Museo storico del Trentino, 2004.

– *I dimenticati della Grande Guerra. La memoria dei combattenti trentini (1914-1920)*, Trento, Il Margine, 2008.

– *La guerra delle donne*, disponibile all'indirizzo http:// fondazione.museostorico.it/index.php/Archivi-e-collezioni/Fondi-e-collezioni/Archivio-della-scrittura-popolare, 19 settembre 2016.

AUDOIN-ROUZEAU S. - BECKER A., *14-18. Retrouver la Guerre*, Paris, Gallimard, 2000.

BALKELIS T., *The Making of Modern Lithuania*, New York, Routledge, 2009.

BATTISTI C., *Scritti politici*, a cura di E. BITTANTI ved. BATTISTI, Trento, La Finestra, 2006.

BAUERKÄMPER A. - JULIEN E. (edd), *Durchhalten! Krieg und Gesellschaft im Vergleich 1914-1918*, Göttingen, Vandenhoeck & Ruprecht, 2010.

BECKER A., *Oubliés de la Grande Guerre. Humanitaire et culture de guerre, 1914-1918. Populations occupées, déportés civils, prisonniers de guerre*, Paris, NoeFsis, 1998.

BELLABARBA M., *L'impero asburgico*, Bologna, Il Mulino, 2014.

BELLEZZA S.A., *Tornare in Italia. Come i prigionieri trentini in Russia divennero italiani (1914-1920)*, (Annali dell'Istituto storico italo-germanico in Trento. Monografie, 66) Bologna, Il Mulino, 2016.

BENVENUTI S. (ed), *La seconda relazione del generale Guglielmo Pecori-Giraldi al Comando Supremo sull'opera svolta dal Governatorato militare di Trento da 20 dicembre 1918 al 10 febbraio 1919*, in «Bollettino del Museo Trentino del Risorgimento», 34, 1985, 3, pp. 25-53.

– (ed), *La terza relazione del generale Guglielmo Pecori-Giraldi al Comando Supremo sull'opera svolta dal Governatorato militare di Trento dall'11 febbraio al 30 aprile 1919*, in «Bollettino del Museo Trentino del Risorgimento», 35, 1986, 1, pp. 49-65.

*Besuch des Statthalters bei den Südtiroler Flüchtlingen in Mitterndorf*, in «Deutsches Volksblatt», 31 agosto 1915.

BIANCHI R., *Social Conflict and Control, Protest and Repression (Italy)*, in *1914-1918-online. International Encyclopedia of the First World War* (10 agosto 2014), disponibile all'indirizzo http://dx.doi.org/10.15463/ie1418.10367.

BOCCHER F., *Diario di una maestra in esilio nel Lager di Mitterndorf*, a cura di L. BOCCHER - V. MODENA, Roncegno (Trento), Cassa Rurale di Roncegno, 1983.

BRENTARI O., *Relazione della Lega Nazionale Italiana sulle condizioni materiali e morali dei profughi*, in «Italia Nostra», 9, 4 giugno 1916, p. 1.

BROZ M., *Profughi trentini in Italia durante la prima guerra mondiale 1915-1918*, tesi di laurea, Facoltà di Magistero, Università degli studi di Verona, a.a. 1990-1991 (rel. E. Franzina).

– *Profughi trentini in Italia durante la prima guerra mondiale 1915-1918*, in «Archivio trentino di storia contemporanea», 2, 1993, pp. 21-45.

BUTTERINI I. (ed), *Condino-Piemonte e ritorno. Memorie del cappuccino padre Ambrogio sull'esodo dal convento di Condino nella prima Guerra mondiale*, Storo (Trento), Il Chiese, 1989.

CAFFARENA F., *Lettere dalla Grande guerra. Scritture del quotidiano, monumenti della memoria, fonti per la storia. Il caso italiano*, Milano, Unicopli, 2005.

CAHALAN P., *Belgian Refugee Relief in England during the Great War*, New York, Garland, 1982.

CAMERA DEI DEPUTATI, *Atti parlamentari*, XXIV Legislatura, I° Sessione, Discussioni, 11 dicembre 1915.

CAZALS R. - ROUSSEAU F., *14-18, le cri d'une génération*, Toulouse, Privat, 2001.

CECCHINATO E., *Sotto l'uniforme. I volontari nella Grande Guerra*, in M. ISNENGHI - D. CESCHIN (edd), *Gli italiani in guerra. Conflitti, identità, memorie dal Risorgimento ai giorni nostri*, III: *La Grande guerra: dall'intervento alla vittoria mutilata*, Torino, UTET, 2008, pp. 176-186.

CESCHIN D., *La popolazione dell'Alto vicentino di fronte alla Strafexpedition: l'esodo, il profugato, il ritorno*, in V. CORÀ - P. POZZATO (edd), *1916. La Strafexpedition. Gli altipiani vicentini nella tragedia della Grande guerra*, Udine, Gaspari, 2003, pp. 248-280.

– *Gli esuli di Caporetto. I profughi in Italia durante la Grande Guerra*, Roma - Bari, Laterza, 2006.

– *I profughi in Italia dopo Caporetto: marginalità, pregiudizio e controllo sociale*, in B. BIANCHI (ed), *La violenza contro la popolazione civile nella grande guerra: deportati, profughi, internati*, Milano, Unicopli, 2006, pp. 259-279.

– *Culture di guerra e violenze ai civili. Una «nouvelle histoire» della Grande Guerra?*, in «Ricerche di Storia Politica», 1, 2010, pp. 43-55.

– *Italiani rifugiati*, in N. LABANCA (ed), *Dizionario storico della prima guerra mondiale*, Roma - Bari, Laterza, 2014, pp. 311-323.

CLARK C., *I sonnambuli. Come l'Europa arrivò alla Grande guerra*, Roma - Bari, Laterza, 2013.

COCEANI B., *L'opera della Commissione Centrale di Patronato tra fuoriusciti adriatici e trentini durante la guerra*, Trieste, Editoriale Libraria, 1938.

COLE L., *Für Gott, Kaiser und Vaterland. Nationale Identität der deutschsprachigen Bevölkerung Tirols 1860-1914*, Frankfurt a.M., Campus, 2000.

– *Nationale Identität eines «auserwählten Volkes»: zur Bedeutung des Herz Jesu-Kultes unter der deutschsprachigen Bevölkerung Tirols 1859-96*, in H.-G. HAUPT - D. LANGEWIESCHE (edd), *Nation und Religion in der deutschen Geschichte*, Frankfurt a.M., Campus, 2001, pp. 480-515.

– *Military Veterans and Popular Patriotism in Imperial Austria, 1870-1914*, in L. COLE - D. UNOWSKY (edd), *The Limits of Loyalty*, pp. 36-61.

– *Alla ricerca della frontiera linguistica: nazionalismo e identità nazionale nell'Austria imperiale*, in «Quaderni storici», 43, 2008, 2, pp. 501-514.

– *Differentiation or Indifference? Changing Perspectives on National Identification in the Austrian Half of the Habsburg Monarchy*, in M. VAN GINDERACHTER - M. BEYEN (edd), *Nationhood from Below. Europe in the Long Nineteenth Century*, New York, Palgrave Macmillan, 2012, pp. 98-114.

– *Military Culture and Popular Patriotism in Late Imperial Austria*, Oxford, Oxford University Press, 2014.

– UNOWSKY D. (edd), *The Limits of Loyalty. Imperial Symbolism, Popular Allegiances, and State Patriotism in the Late Habsburg Monarchy*, Oxford, Berghahn, 2007.

CORSINI U., *Il colloquio De Gasperi-Sonnino. I cattolici trentini e la questione nazionale*, Trento, Monauni, 1975.

– *La questione nazionale nel dibattito trentino*, in A. CANAVERO - A. MOIOLI (edd), *De Gasperi e il Trentino tra la fine dell'800 e il primo dopoguerra*, Trento, Luigi Reverdito Editore, 1985, pp. 593-667.

*Dalle colonie profughi. I profughi a Santa Maria Ligure*, in «La Libertà», 71, 8 giugno 1918.

DOWDALL A., *Communities under Fire: Civilians on the Western Front, 1914-1918*, PhD Thesis, Trinity College Dublin, a.a. 2014-2015 (rel. J. Horne).

DUARA P., *Historicizing National Identity, or Who Imagines What and When*, in G. ELEY - R.G. SUNY (edd), *Becoming National. A Reader*, New York - Oxford, Oxford University Press, 1996, pp. 151-201.

EGGER M., *Aristokratische Kriegserfahrungen 1914-1918 am Beispiel des Grafen Markus Spiegelfeld*, in «Tiroler Heimat. Jahrbuch für Geschichte und Volkskunde Nord, Ost- und Südtirols», 79, 2015, pp. 215-248.

EISTERER K. - STEINIGER R. (edd), *Tirol und der Erste Weltkrieg*, Innsbruck - Wien, Österreichischer Studien Verlag, 1995.

ELLERO E., *Autorità militare italiana e popolazione civile nell'Udinese (maggio 1915 - ottobre 1917). Sfollamenti coatti ed internamenti*, in «Storia contemporanea del Friuli», 28, 1998, 29, pp. 3-108.

F.Z. *I nostri profughi nella provincia di Novara*, in «La Libertà», 66, 4 maggio 1918.

FELLNER F., *Schicksalsjahre Österreichs 1908-1919. Das politische Tagebuch Joseph Redlichs*, II: *1915-1919*, Graz - Köln, Kommission für neuere Geschichte, 1953.

FERRARA A., *Esodi, deportazioni e stermini. La «guerra-rivoluzione» europea (1912-1939)*, in «Contemporanea», 1, 2006, pp. 449-475.

– *Storia, politica e storiografia delle migrazioni forzate in Europa*, tesi di dottorato, Facoltà di Scienze Politiche, Università degli Studi di Napoli Federico II, a.a. 2007-2008 (rel. A. Graziosi).

– *Beyond Ethnic Cleansing: Demographic Surgery in European History*, in M. BEHRENSEN - L. LEE - A.S. TEKELIOGLU (edd), *Modernities Rivisited*, Wien, IWM, 2011.

– PIANCIOLA N., *L'età delle migrazioni forzate. Esodi e deportazioni in Europa 1853-1953*, Bologna, Il Mulino, 2012.

FERRARI O., *I profughi trentini a Firenze*, in «La Libertà», 15, 12 maggio 1917.

– *Una bella colonia a Celle Ligure*, in «La Libertà», 18 agosto 1917.

FONTANA N., *La regione fortezza. Il sistema fortificato del Tirolo. Pianificazione, cantieri e militarizzazione del territorio da Francesco I alla Grande Guerra*, Rovereto (Trento), Museo storico italiano della guerra, 2016.

FOUCAULT M., *Sorvegliare e punire. Nascita della prigione*, Torino, Einaudi, 1976.

FRANK M., *Making Minorities History. Population Transfer in Twentieth-Century Europe*, Oxford, Oxford University Press, 2017.

FRIZZERA F., *L'evacuazione dei profughi trentini durante la Prima guerra mondiale. Tutelati dallo Stato o considerati inaffidabili?*, in «Qualestoria», 42, 2014, 1-2, pp. 15-40.

– *Refugees (Austria-Hungary)*, in *1914-1918-online. International Encyclopedia of the First World War* (8 ottobre 2014), disponibile all'indirizzo http://dx.doi.org/10.15463/ie1418.11171.

– *I profughi trentini nella Grande Guerra. Identità multiple, fedeltà percepita, welfare statale*, tesi di dottorato, Dipartimento di Lettere e Filosofia, Università degli Studi di Trento, a.a. 2014-2015 (G. Corni).

– *Il rimpatrio dei profughi trentini dalle regioni interne dell'Austria-Ungheria. Un processo pluriennale, specchio delle difficoltà economiche di un Impero*, in «Studi Trentini. Storia», 94, 2015, 2, pp. 413-450.

– Recensione a: LABORATORIO DI STORIA DI ROVERETO (ed), *Gli spostati. Profughi, Flüchtlinge, Uprchlíci. 1914-1919*, in «Studi Trentini. Storia», 95, 2016, 2, pp. 641-646.

– *Storici e intellettuali trentini prima e dopo la Grande Guerra. Note quantitative, riviste di riferimento e prosopografia*, in «La storia va alla guerra. Storiografi dell'area trentino-tirolese tra polemiche nazionali e primo conflitto mondiale», Convegno di studi, 20-21 ottobre 2016, Dipartimento di Lettere e Filosofia, Trento (manoscritto).

– *La doppia evacuazione. I profughi trentini durante la Grande guerra*, in L. GORGOLINI (ed), *Le migrazioni forzate nella storia d'Italia del XX secolo*, Bologna, Il Mulino, 2017, pp. 11-35.

– *Spostamenti forzati, controllo poliziesco e politiche di assistenza. I profughi trentini nel contesto europeo*, in M. BELLABARBA - G. CORNI (edd), *Il Trentino e i trentini nella Grande guerra. Nuove prospettive di ricerca* (Annali dell'Istituto storico italo-germanico in Trento. Quaderni, 100), Bologna, Il Mulino, 2017, pp. 11-42.

– *Dai pieni diritti all'esclusione dalla cittadinanza. I profughi di guerra nell'Impero asburgico e negli Stati successori*, in S. LORENZINI - S.A. BELLEZZA (edd), *Sudditi o cittadini? L'evoluzione delle appartenenze imperiali nella Prima guerra mondiale*, Roma, Viella, 2018, pp. 43-63.

FÜHR C., *Das k.u.k. Armeeoberkommando und die Innenpolitik in Österreich, 1914-1917*, Graz - Wien - Köln, Böhlau, 1968.

GARBARI M., *Il Circolo Trentino di Milano. L'irredentismo trentino nel Regno*, Trento, Museo trentino del Risorgimento e della Lotta per la Libertà, 1979.

GATRELL P., *A Whole Empire Walking. Refugees in Russia during World War I*, Bloomington IN, Indiana University Press, 2005.

– *World Wars and Population Displacement in Europe in the Twentieth Century*, in *World Wars and Population Displacement in the Twentieth Century*, numero speciale di «Contemporary European History», 16, 2007, 4, pp. 415-426.

– *Refugees and Forced Migrants during the First World War*, in «Immigrants & Minorities», 26, 2008, 1-2, pp. 82-110.

– *Refugees*, in *1914-1918-online. International Encyclopedia of the First World War* (8 ottobre 2014), disponibile all'indirizzo http://dx.doi.org/10.15463/ie1418.10134.

– NIVET P., *Refugees and Exiles*, in J. WINTER (ed), *The Cambridge History of the First World War*, III: *Civil Society*, Cambridge, Cambridge University Press, 2014, pp. 186-216.

– ZHVANKO L. (edd), *Europe on the Move. Refugees in the Era of the Great War*, Manchester, Manchester University Press, 2017.

GIBELLI A., *L'officina della guerra. La grande guerra e le trasformazioni del mondo mentale*, Torino, Bollati Boringhieri, 2007.

– *La Grande guerra degli italiani, 1915-1918*, Milano, BUR, 2014.

GRANDNER M., *Staatsbürger und Ausländer. Zum Umgang Österreichs mit den jüdischen Flüchtlingen nach 1918*, in G. HEISS - O. RATHKOLB (edd), *Asylland wider Willen, Flüchtlinge in Österreich im europäischer Kontext seit 1914*, Wien, J&W, 1996, pp. 60-85.

GUMZ J.E., *The Resurrection and Collapse of Empire in Habsburg Serbia, 1914-1918*, Cambridge MA, Cambridge University Press, 2009.

HAGEN M. VON, *War in a European Borderland: Occupations and Occupation Plans in Galicia and Ukraine, 1914-1918*, Seattle WA, Westview Press, 2007.

HASLINGER P. - VON PUTTKAMER J., *Staatsmacht, Minderheit, Loyalität. Konzeptionelle Grundlagen am Beispiel Ostmittel- und Südosteuropas in der Zwischenkriegszeit*, in P. HASLINGER - J. VON PUTTKAMER (edd), *Staat, Loyalität und Minderheiten in Ostmittel- und Südosteuropa 1918-1941*, München, Oldenbourg, 2007, pp. 1-16.

HAUS DER ABGEORDNETEN, *Stenographisches Protokolle*, 18. Sitzung der XXII Session am 12. Juli 1917.

HAUTMANN H., *Die österreichisch-ungarisch Armee auf dem Balkan*, in F.W. SEIDLER - A.M. DE ZAYAS (edd), *Kriegsverbrechen in Europa und im Nahen Osten im 20. Jahrhundert*, Hamburg - Berlin - Bonn, Mittler und Sohn, 2002, pp. 36-41.

HEALY M., *Vienna and the Fall of the Habsburg Empire: Total War and Everyday Life in World War I*, Cambridge, Cambridge University Press, 2004.

HEISS H., *Andere Fronten. Volksstimmung und Volkserfahrung in Tirol während des Ersten Weltkrieges*, in K. EISTERER - R. STEININGER (edd), *Tirol und der Erste Weltkrieg*, Innsbruck - Wien, Studien Verlag, 1995, pp. 139-177.

– *Man pflegt Südtirol zu sagen und meint, damit wäre alles gesagt. Beiträge zur einer Geschichte des Begriffes Südtirol*, in «Geschichte und Region / Storia e regione», 9, 2000, pp. 85-110.

– *Così vicini, così lontani. Presentazione di «Gli Spostati. Profughi, Flüchtlinge, Uprchlíci. 1914-1919»*, in «Geschichte und Region / Storia e regione», 24, 2015, 2, pp. 197-202.

HILFSKOMITEE FÜR DIE FLÜCHTLINGE AUS DEM SÜDEN, *Tätigkeits-Bericht*, Wien, Guberner-Hierhammer, 1916.

– *Zweiter Tätigkeits-Bericht*, Wien, Guberner-Hierhammer, 1917.

HIRSCHHAUSEN U. VON, *From Imperial Inclusion to National Exclusion: Citizenship in the Habsburg Monarchy and in Austria 1867-1923*, in «European Review of History: Revue européenne d'histoire», 16, 2009, 4, pp. 551-573.

HOFFMANN G. - GOLL N.M. - LESIAK P., *Thalerhof 1914-1936. Die Geschichte eine vergessenen Lagers und seiner Opfer*, Herne, Schäfer, 2010.

HOFFMANN-HOLTER B., *«Abreisendmachung». Jüdische Kriegsflüchtlinge in Wien 1914 bis 1923*, Wien - Köln - Weimar, Böhlau, 1995.

HOLZER H., *Das Lächeln der Henker. Der unbekannte Krieg gegen die Zivilbevölkerung 1914-1918*, Darmstadt, Primus Verlag, 2008.

HORNE J. - KRAMER A., *German Atrocities 1914. A History of Denial*, New Haven CT, Yale University Press, 2001.

HUTCHINSON J., *Nations as Zones of Conflict*, London, SAGE, 2005.

JANZ O., *1914-1918. La Grande Guerra*, Torino, Einaudi, 2014.

JASSER H. - LEOPOLD H., *Das Flüchtlingslager Landegg, N.Ö., von 1915 bis 1918*, Potterndorf, Burckert-Druck, 2002.

JUDSON P.M., *Guardians of the Nation. Activists on Language Frontiers of Imperial Austria*, Cambridge - London, Harvard University Press, 2006.

– *The Habsburg Empire. A New History*, Cambridge MA, Harvard University Press, 2016.

K.K. MINISTERIUM DES INNERN, *Staatliche Flüchtlingsfürsorge im Kriege*, Wien, Hof-und Staatsdruckerei, 1915.

KE-CHIN H., *War, Welfare and Social Citizenship: The Politics of War Victim Welfare in Austria, 1914-1925*, PhD Thesis, University of Chicago, 2013.

KLEIN-PEJŠOVÁ R., *Beyond the «Infamous Concentration Camps of the Old Monarchy»: Jewish Refugee Policy from Wartime Austria-Hungary to*

*Interwar Czechoslovakia*, in «Austrian History Yearbook», 45, 2014, pp. 150-166.

KOSER K., *Refugees, Transnationalism and the State*, in «Journal of Ethnic and Migration Studies», 33, 2007, 2, pp. 233-254.

KUČERA R., *Rationed Life, Science, Everyday Live, and Working-Class Politics in the Bohemian Lands, 1914-1918*, New York, Berghahn, 2016.

KULISHER E.M., *Europe on the Move. War and Population Changes, 1917-1947*, New York, Columbia University Press, 1948.

KUPRIAN H., *«Entheimatungen». Flucht und Vertreibung in der Habsburgermonarchie während des Ersten Weltkrieges und ihre Konsequenzen*, in H. KUPRIAN - O. ÜBEREGGER (edd), *Der Erste Weltkrieg im Alpenraum*, pp. 289-305.

– *«Frondienst redivivus im XX. Jahrhundert». Arbeitszwang am Beispiel von Flucht, Vertreibung und Internierung in Österreich während des Ersten Weltkrieges*, in «Geschichte und Region / Storia e Regione», 12, 2013, 1, pp. 15-38.

– *Zwangsmigration*, in H. KUPRIAN - O. ÜBEREGGER (edd), *Katastrophenjahre. Der Erste Weltkrieg und Tirol*, Innsbruck, Wagner, 2014, pp. 217-240.

– ÜBEREGGER O. (edd), *Der Erste Weltkrieg im Alpenraum. Erfahrung, Deutung, Erinnerung – La Grande Guerra nell'arco alpino. Esperienze e memoria*, Innsbruck, Wagner, 2006.

LABANCA N., *La guerra sul fronte italiano e Caporetto*, in S. AUDOIN-ROUZEAU - J.-J. BECKER (edd), *La prima guerra mondiale*, a cura di A. GIBELLI, I, Torino, Einaudi, 2007, pp. 463-476.

– *Cultura di guerra. Note su una categoria storica*, in P. DEL NEGRO - E. FRANCIA (edd), *Guerra e culture di guerra nella storia d'Italia*, Milano, Unicopli, 2011, pp. 13-23.

– *Introduzione. Per una storia transnazionale*, in N. LABANCA - O. ÜBEREGGER (edd), *La guerra italo-austriaca (1915-1918)*, Bologna, Il Mulino, 2014, pp. 7-23.

LABORATORIO DI STORIA DI ROVERETO (ed), *Gli spostati. Profughi, Flüchtlinge, Uprchlíci. 1914-1919*, 2 voll., Trento, Provincia Autonoma di Trento, 2015.

LATINI C., *I pieni poteri in Italia durante la prima guerra mondiale*, in D. MENOZZI - G. PROCACCI - S. SOLDANI (edd), *Un paese in guerra. La mobilitazione civile in Italia (1914-1918)*, Milano, Unicopli, 2010, pp. 87-103.

LEIDINGER H. - MORITZ V. - MOSER K. - DORNIK W., *Habsburgs schmutziger Krieg. Ermittlungen zur österreichisch-ungarischen Kriegsführung 1914-1918*, Vienna, Residenz Verlag, 2014.

LEISEROWITZ R., *Population Displacement in East Prussia during the First World War*, in P. GATRELL - L. ZHVANKO (edd), *Europe on the Move. Refugees in the Era of the Great War*, Manchester, Manchester University Press, 2017, pp. 23-44.

LEONHARD J., *Die Büchse der Pandora. Geschichte des Ersten Weltkrieges*, München, Beck Verlag, 2014.

LEONI D. - ZADRA C. (edd), *La città di legno. Profughi trentini in Austria (1915-1918)*, Trento, Temi, 1981.

– ZADRA C., *Classi popolari e questione nazionale al tempo della prima guerra mondiale: spunti di ricerca nell'area trentina*, in «Materiali di lavoro», 1, 1983, pp. 5-26.

LIVIO A., *L'amministrazione dell'internamento della popolazione di lingua italiana in Austria-Ungheria. Prime ricerche*, in M. BELLABARBA - G. CORNI (edd), *Il Trentino e i trentini nella Grande guerra. Nuove prospettive di ricerca* (Annali dell'Istituto storico italo-germanico in Trento. Quaderni, 100), Bologna, Il Mulino, 2017, pp. 43-68.

– *The Wartime Treatment of the Italian-Speaking Population in Austria-Hungary*, in «European Review of History: Revue européenne d'histoire», 24, 2017, 2, pp. 185-199.

*Lontani da casa. Profughi giudicariesi nella Grande Guerra*, Tione di Trento, Centro studi Judicaria, 2016.

LÖWENFELD-RUSS H., *Die Regelung der Völksernährung im Kriege*, Wien, Hölder-Pichler-Tempsky, 1926.

LÜDTKE A., *Explaining Forced Migration*, in R. BESSEL - C.B. HAAKE (edd), *Removing Peoples. Forced Removal in the Modern World*, Oxford, Oxford University Press, 2009, pp. 13-32.

M.U., *La colonia profughi di Celle Ligure*, in «La Libertà», 17 agosto 1918.

MALKKI L., *National Geographic: The Rooting of Peoples and the Territorialisation of National Identity among Scholars and Refugees*, in «Cultural Anthropology», 7, 1992, 1, pp. 24-44.

MALNI P., *Fuggiaschi. Il campo profughi di Wagna 1915-1918*, San Canzian d'Isonzo (Friuli-Venezia Giulia), Edizioni del Consorzio Culturale del Monfalconese, 1998.

– *Fra due patrie. Profughi trentini e giuliani nella Grande Guerra*, in F. RASERA (ed), *Trento e Trieste. Percorsi degli italiani d'Austria dal '48 all'annessione*, Rovereto (Trento), Osiride, 2014, pp. 395-426.

MARRUS M., *The Unwanted. European Refugees in the Twentieth Century*, Oxford, Oxford University Press, 1985.

MARTINI A. - MIORELLI A., *Una vitta nuova in quieta e in soportabile: profughi di Vallarsa nella prima guerra mondiale*, Vallarsa (Rovereto), Longo, 1994.

MARZANI G. (ed), *Il martirio del Trentino*, Trento, Commissione dell'emigrazione trentina in Milano, 1921.

MATTEI G., *Le Provvidenze legali per i profughi di guerra con uno sguardo retrospettivo annotazioni e commenti*, Vienna, Comitato di soccorso per i profughi meridionali, 1917.

MAZZINI F., *«Cose de laltro mondo». Una cultura di guerra attraverso la scrittura popolare trentina 1914-1918*, Firenze, ETS, 2013.

– *Rappresentazione e realtà nell'esperienza dei soldati italiani*, in N. LABANCA - O. ÜBEREGGER (edd), *La guerra italo-austriaca (1915-18)*, Bologna, Il Mulino, 2014, pp. 165-186.

MEDEOT C., *Storie di preti isontini internati nel 1915*, Gorizia, Centro studi Rizzatti, 1969.

MELOGRANI P., *Storia politica della grande guerra: 1915-1918*, Milano, Mondadori, 1998[2].

MENESTRINA F., *In attesa della Guerra contro l'Italia: da documenti segreti austriaci del marzo-maggio 1915*, in «Studi trentini», 5, 1924, 3, pp. 193-217.

MENTZEL W., *Kriegsflüchtlinge in Cisleithanien im Ersten Weltkrieg*, Dissertation, Geistwissenschaftlichen Fakultät der Universität Wien a.a. 1996-1997 (rel. H. Staudinger).

– *Kriegserfahrungen von Flüchtlingen aus dem Nordosten der Monarchie während des Ersten Weltkrieges*, in B. BACHINGER - W. DORNIK (edd), *Jenseits des Schützengrabens. Der Erste Weltkrieg im Osten: Erfahrungen – Wahrnehmungen – Kontext*, Innsbruck - Wien - Bozen, Studienverlag, 2013, pp. 359-390.

MILLS S., *Discourse*, London - New York, Routledge, 2004.

MILOCCO S. - MILOCCO G., *«Fratelli d'Italia»: gli internamenti degli italiani nelle «terre liberate» durante la grande guerra*, Udine, Gaspari, 2002.

MINISTERO PER LE TERRE LIBERATE, *Censimento dei profughi di guerra. Ottobre 1918*, Roma, Tipografia del Ministero dell'Interno, 1919.

MIORELLI A., *«Senza una metta, senza destinazione». Diari, ricordi, testimonianze di profughi trentini in esilio 1914-1919*, Mori (Trento), La Grafica, 1989.

– *Trentini internati in Italia (1915-1920)*, in «Annali Museo Storico Italiano della Guerra», 17-22, 2009-2014, pp. 203-256.

MOLINARI A., *Una patria per le donne. La mobilitazione femminile nella Grande guerra*, Bologna, Il Mulino, 2014.

MONDINI M., *La guerra italiana: partire, raccontare, tornare. 1914-1918*, Bologna, Il Mulino, 2014.

– *L'historiographie italienne face à la Grande Guerre: saisons et ruptures*, in «Histoire et Politique», 22, 2014, 1, pp. 69-84.

- *Il capo. La Grande Guerra del generale Luigi Cadorna*, Bologna, Il Mulino, 2017.
- *Lo sguardo bloccato. Il difficile rinnovamento della storiografia italiana sulla Grande guerra*, in M. Bellabarba - G. Corni (edd), *Il Trentino e i trentini nella Grande guerra. Nuove prospettive di ricerca* (Annali dell'Istituto storico italo-germanico in Trento. Quaderni 100), Bologna, Il Mulino, 2017, pp. 175-193.
- Frizzera F., *Beyond the Borders. Displaced Persons in the Italian Linguistic Space during the First World War*, in P. Gatrell - L. Zhvanko (edd), *Europe on the Move*, Manchester, Manchester University Press, 2017, pp. 177-196.

Monteleone R., *La politica dei fuorusciti irredenti nella guerra mondiale*, Udine, Del Bianco, 1972.
- *Un documento inedito: gli appunti di Giovani Pedrotti sull'opinione pubblica trentina alla vigilia della I° guerra mondiale*, in «Materiali di lavoro», 1, 1983, pp. 27-34.
- *Il Trentino alla vigilia della prima guerra mondiale*, in «Annali Museo Storico Italiano della Guerra», 17-22, 2009-2014, pp. 13-32.

Morelon C., *L'arrivée des réfugiés de Galicie en Bohême pendant la Première Guerre mondiale: rencontre problématique et limites du patriotisme autrichien*, in «Histoire et Politique», 28, 2016, 1, pp. 5-18.

Motyl A.J., *Revolutions, Nations, Empires: Conceptual Limits and Theoretical Possibilities*, New York, Columbia University Press, 1999.

Naimark N.M., *La politica dell'odio. La pulizia etnica nell'Europa contemporanea*, Roma - Bari, Laterza, 2002.

Nemes R., *Refugees and Antisemitism in Hungary during the First World War*, in R. Nemes - D. Unowsky (edd), *Sites of European Antisemitism in the Age of Mass Politics 1880-1918*, Waltham MA, Brandeis, 2014, pp. 236-254.

Nivet P., *Les réfugiés français de la Grande Guerre. Les Boches du nord 1914-1920*, Paris, Economica, 2004.
- *Rifugiati*, in S. Audoin-Rouzeau - J.J. Becker (edd), *La Prima guerra mondiale*, a cura di A. Gibelli, II, Torino, Einaudi, 2007, pp. 234-245.

Özkirimli U., *Contemporary Debates on Nationalism. A Critical Engagement*, Basinstoke, Palgrave Macmillan, 2005.

Palla L., *L'irredentismo nel Trentino. Uno scritto inedito di Conrad von Hötzendorf*, in «Archivio trentino di storia contemporanea», 3, 1993, pp. 5-53.
- *Il Trentino orientale e la Grande Guerra. Combattenti, internati, profughi di Valsugana, Primiero e Tesino (1914-1920)*, Trento, Museo del Risorgimento e della lotta per la libertà, 1994.

– *Scritture di donne. La memoria delle profughe trentine nella prima guerra mondiale*, in «DEP. Deportate, esuli, profughe», 1, 2004, pp. 45-52.

– *Le popolazioni trentine sotto la pressione della guerra (1914-1918)*, in «Annali Museo Storico Italiano della Guerra», 17-22, 2009-2014, pp. 93-130.

PANAYI P. - VIRDEE P., *Preface: Key Themes, Concepts and Rationale*, in P. PANAYI - P. VIRDEE, *Refugees and the End of Empire. Imperial Collapse and Forced Migration in the Twentieth Century*, London, Palgrave Macmillan, 2011.

PARMEGGIANI G., *Il burocrate va alla guerra. La burocrazia di guerra del Segretariato generale per gli affari civili nella gestione dei territori occupati e nel rapporto con amministratori e popolazione locali. Il caso della Vallagarina*, in «Annali Museo Storico Italiano della Guerra», 17-22, 2009-2014, pp. 131-201.

PEDRAZZI O., *La fede dei profughi*, in «Il Nuovo Giornale», s.d.

PEGHINI M., *Avio 1914-1918. Un paese tra due frontiere. Da periferia dell'Impero austro-ungarico a «terra redenta»*, Avio (Trento), Biblioteca Comunale di Avio, 2009.

PEROTTI B., *Cronaca di guerra della Bassa Vallagarina*, in «Alba trentina», 6, 1922, 11-12, pp. 256-270; 7, 1923, 1-2, pp. 11-22; 7, 1923, 3-4, pp. 57-69.

PIANCIOLA N., *L'Europa degli spostamenti forzati di popolazione, 1912-1953*, in C. VON HARTUNGEN - F. MIORI - T. ROSANI (edd), *Le lettere aperte. 1939-43: l'Alto Adige delle Opzioni*, I, Bolzano, La Fabbrica del Tempo, 2006, pp. 19-44.

PIRCHER G., *Militari, amministrazione e politica in Tirolo durante la Prima guerra mondiale*, Trento, Società di Studi trentini di Scienze storiche, 2005.

PISSARRI M., *I crimini contro la popolazione civile in Serbia durante la Prima Guerra Mondiale*, tesi di dottorato, Dipartimento di Studi Umanistici, Università Ca' Foscari Venezia, a.a. 2010-2011 (B. Bianchi).

PROCACCI G., *L'internamento di civili in Italia durante la Prima Guerra Mondiale. Normativa e conflitti di competenza*, in «DEP», 5-6, 2006, pp. 33-66.

– *Warfare-welfare. Intervento dello Stato e diritti dei cittadini (1914-18)*, Roma, Carocci, 2013.

PROST A. - WINTER J., *Penser la Grande Guerre*, Paris, Seuil, 2004.

PRUSIN V., *Nationalizing a Borderland: War, Ethnicity, and Anti-Jewish Violence in East Galicia, 1914-1920*, Tuscaloosa AL, University of Alabama Press, 2005.

PURSEIGLE P., *A Wave on to Our Shores: The Exile and Resettlement of Refugees from the Western Front, 1914-1918*, in «Contemporary European History», 16, 2007, 4, pp. 427-444.

Quercioli A., *Irredenti, irredentisti e fuoriusciti*, in M. Isnenghi - D. Ceschin (edd), *Gli italiani in guerra. Conflitti, identità, memorie dal Risorgimento ai giorni nostri*, III: *La Grande guerra: dall'intervento alla vittoria mutilata*, Torino, UTET, 2008, pp. 114-128.

– *«Italiani fuori d'Italia»: i volontari trentini nell'esercito italiano (1915-1918)*, in F. Rasera - C. Zadra (edd), *Volontari italiani nella Grande Guerra*, Rovereto (Trento), Museo Storico italiano della Guerra, 2008, pp. 201-214.

Rachamimov A., *Imperial Loyalties and Private Concerns: Nation, Class and State in the Correspondence of Austro-Hungarian POWs in Russia*, in «Austrian History Yearbook», 31, 2000, pp. 87-105.

– *POWs and the Great War. Captivity on the Eastern Front*, New York - Oxford, Berg Publishers, 2002.

Rasera F. - Zadra C., *Patrie lontane. La coscienza nazionale negli scritti dei soldati trentini 1914-1918*, in «Passato e presente», 14-15, 1987, pp. 37-73.

Rauchensteiner M., *Der Erste Weltkrieg und das Ende der Habsburgermonarchie 1914-1918*, Wien - Köln - Weimar, Böhlau, 2013.

Rechter D., *Galicia in Vienna. Jewish Refugees in the First World War*, in «Austrian History Yearbook», 28, 1997, pp. 113-130.

– *The Jews of Vienna and the First World War*, London, Littman Library of Jewish Civilization, 2001.

Redlich J., *Österreichs Regierung und Verwaltung im Weltkrieg*, Wien, Hölder-Pichler-Tempsky, 1925.

*Refugees and the Nation-State in Europe*, a cura di M. Frank - J. Reinisch, numero speciale di «Journal of Conteporary History», 49, 2014, p. 3.

Regio Commissariato dell'Emigrazione, *Censimento generale dei profughi di guerra*, Roma, Cooperativa tipografica Manuzio, 1918.

Rettenwander M., *Eroismo silenzioso? Storia economica e sociale del Tirolo nella Prima guerra mondiale*, Trento, Società di Studi trentini di scienze storiche, 2006.

Ritter von Wieser F., *Staatliche Kulturarbeit für Flüchtlinge*, in «Österreichische Rundschau», 45, 1915, 5, pp. 203-211.

Rizzi B. (ed), *Pagine di guerra e della vigilia dei legionari trentini*, Trento, Temi, 1932.

Rousseau F., Recensione a: *'14-'18 Retrouver la Guerre*, in «The Journal of Military History», 65, 2001, 1, pp. 215-216.

– *La guerre censurée. Une histoire des combattants européens de 14-18*, Paris, Seuil, 2003.

Rozenblit M.L., *Reconstructing a National Identity: The Jews of the Habsburg Austria during World War I*, Oxford, Oxford University Press, 2001.

RUMPLER H. - SCHMIED-KOWARZIK A. (edd), *Weltkriegsstatistik Österreich-Ungarn 1914-1918. Bevölkerungsbewegung, Kriegstote, Kriegswirtschaft*, 11/2: *Die Habsburgermonarchie 1848-1918*, Wien, Österreichische Akademie der Wissenschaften, 2014.

SCHIAVON E., *Interventiste nella Grande guerra. Assistenza, propaganda, lotta per i diritti a Milano e in Italia (1911-1919)*, Milano, Mondadori Education, 2015.

SCHOBER R., *Theodor Freiherr von Kathrein (1842-1916). Landeshauptmann von Tirol. Briefe und Dokumente zur katholische-konservativen Politik um die Jahrhundertwende*, Innsbruck, Universitätsverlag Wagner, 1992.

SCOTONI I., *Le dimissioni dell'Alto Commissariato e le condizioni dei profughi*, in «La Libertà», 80, 10 agosto 1918.

– *L'assistenza ai profughi*, in «La Libertà», 86, 21 settembre 1918.

*Scritture di guerra 4, Valeria Bais, Amabile Maria Broz, Giuseppina Cattoi, Giuseppina Filippi Manfredi, Adelia Parisi Bruseghini, Luigia Senter Dalbosco*, a cura di Q. ANTONELLI et al., Trento - Rovereto, Fondazione Museo Storico del Trentino - Museo storico italiano della guerra, 1996.

*Scritture di guerra 5, Antonietta Angela Bonatti Procura, Giorgina Brocchi, Elena Caracristi, Corina Corradi, Melania Moiola, Cecilia Rizzi Pizzini, Virginia Tranquillini, Amelia Vivaldelli, Ines Zanghielli*, a cura di Q. ANTONELLI et al., Trento - Rovereto, Fondazione Museo Storico del Trentino - Museo storico italiano della guerra, 1996.

SEGRETARIATO GENERALE PER GLI AFFARI CIVILI, *La gestione dei servizi civili*, Treviso, Stabilimento ausiliario Longo, 1916.

SONDHAUS L., *In the Service of the Emperor. Italians in the Austrian Armed Forces. 1814-1918*, New York, Columbia University Press, 1990.

SPITZER L., *Italienische Kriegsgefangenenbriefe*, Bonn, Hanstein, 1921.

STADERINI A., *L'amministrazione italiana nei territori occupati: il Segretariato Generale per gli Affari Civili*, in E. FRANZINA (ed), *Una trincea chiamata Dolomiti. 1915-1917. Una guerra, due trincee – Ein Krieg, Zwei Schützengräben*, Udine, Gaspari, 2003.

STAUTER-HALSTED K., *The Nation in the Village. The Genesis of Peasant National Identity in Austrian Poland 1948-1914*, Ithaca NY, Cornell University Press, 2001.

STOLA D., *Forced Migrations in Central European History*, in «International Migration Review», 26, 1996, 2, pp. 324-341.

STORR K., *Excluded from the Record: Women, Refugees and Relief, 1914-1929*, Oxford, Peter Lang Publishing, 2010.

STOURZH G., *The Ethnicizing of Politics and «National Indifference» in Late Imperial Austria*, in G. STOURZH (ed), *Der Umfang der österreichischen*

*Geschichte. Ausgewählte Studien 1990-2010*, Wien - Köln - Graz, Böhlau, 2011, pp. 283-323.

STÜRGKH K., *Denkschrift über die von der k. k. Regierung aus Anlass des Krieges getroffenen Maßnahmen*, Wien, K.u.k. Hof- und Staatsdruckerei, 1915.

THALER P., *Una nazione non è fatta solo di nazionalisti*, in «Quaderni storici», 43, 2008, 2, pp. 515-526.

THER P., *The Dark Side of Nation-States. Ethnic Cleansing in Modern Europe*, New York, Berghahn Books, 2014.

THORPE J., *Displacing Empire: Refugee Welfare, National Activism and State Legitimacy in Austria-Hungary in the First World War*, in P. PANAYI - P. VIRDEE (edd), *Refugees and the End of Empire*, pp. 102-126.

TONEZZER E., *Il corpo, il confine, la patria. Associazionismo sportivo in Trentino (1870-1914)*, (Annali dell'Istituto storico italo-germanico in Trento. Monografie, 60) Bologna, Il Mulino, 2011.

ÜBEREGGER O., *L'altra guerra. La giurisdizione militare in Tirolo durante la prima guerra mondiale*, Trento, Società di Studi trentini di scienze storiche, 2004.

– *Heimatfronten. Dokumente zur Erfahrungsgeschichte der Tiroler Kriegsgesellschaft im ersten Weltkrieg*, Innsbruck, Universitätsverlag Wagner, 2006.

– RETTENWANDER M., *Leben im Krieg. Die Tiroler «Heimatfront» im Ersten Weltkrieg*, Bozen, Athesia, 2004.

UNOWSKY D., *The Pomp and Politics of Patriotism: Imperial Celebrations in Habsburg Austria, 1848-1916*, West Lafayette IN, Purdue University Press, 2005.

WALLECZEK-FRITZ J., *Kriegsgefangenschaft und Kriegsgefangenenlager in Österreich-Ungarn während des Ersten Weltkriegs*, in «Österreichische Zeitschrift für Kunst und Denkmalpflege», 3-4, 2015, pp. 272-281.

– *The Social Degeneration of the Habsburg Home Front. 'Forbidden intercourse' and POWs during the First World War*, in «European Review of History: Revue européenne d'histoire», 24, 2017, pp. 273-287.

WATSON A., *Ring of Steel. Germany and Austria-Hungary at War, 1914-1918*, London, Penguin, 2014.

WINGFIELD N.M., *Emperor Joseph II in the Austrian Imagination up to 1914*, in L. COLE - D. UNOWSKY (edd), *The Limits of Loyalty*, pp. 62-85.

WINTER J., *Remembering War. The Great War Between Memory and History in the Twentieth Century*, New Haven CT - London, Yale University Press, 2006.

– (ed), *The Cambridge History of the First World War*, 3 voll., Cambridge MA, Cambridge University Press, 2013-2016.

– PROST A., *The Great War in History. Debates and Controversies, 1914 to the Present*, Cambridge MA, Cambridge University Press, 2005.

WOLFF L., *The Idea of Galicia. History and Fantasy in Habsburg Political Culture*, Stanford CA, Stanford University Press, 2010.

YUVAL-DAVIS N., *The Politics of Belonging. Intersectional Contestations*, London, SAGE, 2011.

ZAHRA T., *Kidnapped Souls: National Indifference and the Battle for Children in the Bohemian Lands, 1900-1948*, Ithaca NY, Cornell University Press, 2008.

– *Imagined Noncommunities: National Indifference as a Category of Analysis*, in «Slavic Review», 69, 2010, 1, pp. 93-119.

ZONTINI G., *Storo. Un paese al fronte*, Storo (Trento), Biblioteca Comunale di Storo, 1981.

# Indice delle tavole

Finito di stampare nel mese di ottobre 2018
presso LegoDigit s.r.l. - Lavis (TN)